高等院校应用型人才培养“十四五”规划教材

U0960364

新媒体营销综合案例教程

（第2版）

天津滨海迅腾科技集团有限公司　编著
李增绪　慕晓涛　主编

天津大学出版社
TIANJIN UNIVERSITY PRESS

图书在版编目(CIP)数据

新媒体营销综合案例教程（第2版）/ 天津滨海迅腾科技集团有限公司编著；李增绪，慕晓涛主编. -- 天津：天津大学出版社，2022.2（2025.2重印）
高等院校应用型人才培养“十四五”规划教材
ISBN 978-7-5618-7140-9

Ⅰ. ①新… Ⅱ. ①天… ②李… ③慕… Ⅲ. ①网络营销－高等学校－教材 Ⅳ. ①F713.365.2

中国版本图书馆CIP数据核字(2022)第030046号

XINMEITI YINGXIAO ZONGHE ANLI JIAOCHENG

出版发行　天津大学出版社
地　　址　天津市卫津路92号天津大学内(邮编:300072)
电　　话　发行部:022-27403647
网　　址　www.tjupress.com.cn
印　　刷　廊坊市海涛印刷有限公司
经　　销　全国各地新华书店
开　　本　185mm×260mm
印　　张　15.5
字　　数　449千
版　　次　2022年2月第1版　2024年1月第2版
印　　次　2025年2月第3次
定　　价　69.00元

高等院校应用型人才培养
“十四五”规划教材
指导专家

基于工作过程项目式教程
《新媒体营销综合案例教程》

主　编　李增绪　慕晓涛

副主编　张　颖　李　姗　赵儒和
　　　　　路　涛　张伟刚　齐亚琴
　　　　　艾静蕊　冯　怡　张曼莉

前　　言

本书为培养新媒体营销全面人才的教材，针对行业对新媒体营销岗位的最新需求，采用“逆向制定法”设计教材内容，即根据新媒体营销职业的工作内涵，分析对应的知识、技能与素质要求，确立每个模块的知识与技能组成，对内容进行甄选与整合，实现知识传授与技能培养并重，更好地适应职业岗位对新媒体营销人才培养的需求。同类型的书籍中，内容大多是关于知识点的介绍以及案例，缺乏真实项目在营销过程各个时期中所遇到的问题。而本书由浅入深，全面、系统地介绍了微信、微博、头条、社群、直播、H5、短视频等平台的运营实例，讲授内容定位、图文设计、内容优化、吸粉引流、社群构建等实训项目，全面剖析新媒体营销与运营的方法，帮助学生掌握运营技巧，从而综合提升学生的营销实战能力。

本书由李增绪、慕晓涛共同担任主编，张颖、李姗、赵儒和、路涛、张伟刚、齐亚琴、艾静蕊、冯怡、张曼莉担任副主编。教材编写紧紧围绕“以行业及市场需求为导向，以职业专业能力为核心”的编写理念，融入符合新时代的新政策、新需求、新信息、新方法，以新媒体营销方法为主线，共包含 11 个项目，即新媒体营销的基础知识、工作流程与应用技术，新媒体用户与内容定位，新媒体营销方案的制定，微信营销的方法与实践，微博营销的方法与实践，社群营销的方法与实践，短视频营销的方法与实践，H5 营销的方法与实践，直播营销的思路与实践，头条营销的思路与实践，新媒体营销效果的数据分析。每个项目都按照学习目标、学习路径、任务描述、任务技能、任务实施、任务总结、英语角等讲解相应的知识点。结构合理、条理清晰、内容详细，使读者在学习过程中体会到新媒体营销的乐趣。

本书理论内容简明扼要，实例操作讲解细致，步骤清晰，实现了理论与实践相结合。操作步骤后有相对应的效果图，便于读者直观、清晰地看到操作效果，使读者对新媒体营销的相关知识的学习更加顺畅。

由于编者水平有限，书中难免出现错误与不足，恳请读者批评指正和提出改进意见和建议。

编者

2021 年 11 月

目　录

项目一　新媒体营销的基础知识、工作流程与应用技术

学习目标

本项目通过学习新媒体营销的基础知识，使读者熟悉新媒体营销的工作流程与应用技术，了解新媒体营销的岗位需求，具备新媒体营销应用技术的统计与分析能力。在任务实施过程中：

- 掌握新媒体营销的基础知识；
- 熟悉新媒体营销的工作流程；
- 熟悉新媒体营销的应用技术；
- 了解新媒体营销的岗位需求。

学习路径

新媒体营销的基础知识、工作流程与应用技术

任务实施：本次任务主要通过技能点的学习，加深读者对新媒体营销基础知识的理解与认识，并培养读者从事新媒体营销相关工作的实践能力。

学习目标：
1. 掌握新媒体营销的基础知识
2. 熟悉新媒体营销的工作流程
3. 熟悉新媒体营销的应用技术
4. 了解新媒体营销的岗位需求

任务技能：
1. 新媒体营销的基础知识
2. 新媒体营销的工作流程
3. 新媒体营销的应用技术
4. 新媒体营销的岗位需求

任务描述：【情境导入】做有质量、有价值、有包装、有运营、有推广、有营销、有利润的内容产品，是新媒体应该做的事情，也是优秀的新媒体未来的真正出路

任务描述

如今“媒体”已经不是专有名词了。是互联网改变了这一切，在新时代，信息发布的成本近乎为零，你可以以极其简单的方式建立自己的微博、微信、博客账号，也可以在视频和声音网站上建立自己的频道，或者轻而易举地做一个 APP（手机软件）上传到手机里，然后随时随地把自己的观点和声音发布出去。在国内，有博客、微博、微信、陌陌、优酷、手机新闻客户端等；在国际上，有 Twitter（推特）、Facebook（脸书）、Youtube（优兔）、Google（谷歌）等。这样一些新的媒体形式，日渐成为人们日常获取新闻和信息，进行交流和沟通的重要途径。

新媒体的定义中涵盖了一系列的内容。从技术方面来说，新媒体依托数字技术、网络技术、移动技术；从传播渠道方面来说，新媒体通过互联网、移动互联网以及手机、电脑、平板电脑与数字电视等终端向外传播；从特性方面来说，新媒体具有快速即时、交互、共享、海量等特点，并且通过多媒体和超文本来突显人类的个性化和社群化；从作用方面来说，新媒体向用户提供了信息和娱乐。相对于传统媒体来说，新媒体是继报纸、广播和电视之后发展起来的新型媒体形态。

在互联网出现以后，信息量飙升，资源以海量级别汇聚起来。在人类文明史上，90% 以上的信息是最近 5 年内产生的。但是，随着信息海量爆发，我们发现大量的信息缺乏可信度和值得深思的内容。也就是说，人类被过多的垃圾信息或者自己不需要的信息包围着。信息狂热使新奇和好玩成为吸引消费者眼球的重要标准。优秀内容被掩盖，内容的深度价值难以被挖掘，价值的重要性大大被削弱。对信息的整合和提炼就成为一个极其关键的问题，而这种需求就成为云计算和大数据等新兴科技产生和发展的前提，而对海量信息价值的发掘和整理，也推动了新媒体快速的迭代和更新。

消费者在经历了信息爆炸之后，开始转而寻求更好的内容、更有价值的信息，这就要求新媒体对自身产品品质的控制也要达到一个新的高度。可以说，生产更好的信息产品是新媒体最重要的任务。在新媒体时代，读者会追求自己想要看到的内容，从搜索引擎、社交媒体，再到新闻网站，最后点开自己最想看的链接。在这个过程中，读者已经大大忽视了特定媒体平台、载体本身，而更加关注内容这个核心要素。因此，满足需求的内容到哪儿，用户的眼光就在哪儿，新媒体就应该到哪儿，而广告商也会随之而来。但是，这对新媒体来说，无疑是一个更大的挑战。如何把用户的关注吸引过来，通过怎样的运营来达到吸引用户的目的，是新媒体无法回避的问题。

在全民自媒体的时代，要以“加强全媒体传播体系建设，塑造主流舆论新格局”为目标，强化学生的法律意识，提高新媒体营销人员的综合素养，培养学生的职业道德；同时，培养学生爱国、敬业、诚信的社会主义核心价值观。

本项目主要通过学习新媒体营销的基础知识，使读者熟悉新媒体营销的工作流程与应用技术，了解新媒体营销的岗位需求，具备新媒体营销应用技术的统计与分析能力。

任务技能

技能点一　新媒体营销的基础知识

一、认识新媒体营销

（一）新媒体的概念

新媒体是互联网和移动互联网技术支持体系中的媒体形态，相对于传统的报刊、广播、电视和户外媒体来说，新媒体也被称为“第五媒体”。

从互联网兴起以来，新媒体的承载形式实际上一直都在变动。最初对于报刊来讲，数字杂志、数字报纸、数字广播、手机短信、移动电视等都是新媒体。网络平民化之后，网络门户网站、桌面视窗、数字电视、网络电影、触摸媒体又成为新媒体。而现在，基于移动互联网的各种媒体平台出现了，新浪微博、腾讯微信、每日头条、网易新闻客户端等自媒体平台里面均进驻了大量的自媒体。

新媒体的出现使生产和传播信息的载体由过去固定的传统媒体机构组织逐渐转移到普通人。新媒体成为一种消除剂，它把传统的电视、广播、报纸、通信之间的边界消解掉了，而且把信息发布者和接受者之间的壁垒抹平了，使产业和社群的边界消弭于无形。

在技术上，新媒体依托的是互联网的数字技术、网络技术、移动技术以及大数据、云计算等技术；在传播渠道上，新媒体依靠的是互联网、无线通信网、有线网络等；在工具上，新媒体依托的是个人电脑、手机、平板电脑、数字电视机等终端设备；在满足用户需求上，新媒体会向用户提供新闻和娱乐信息，还会向用户提供各类商业信息，以满足用户的综合需求。

（二）新媒体的特性

1. 传递速度快

从新媒体的表象上可以看出，它的第一个典型的特点就是传递速度快。不管是多大的文件，多么五花八门的媒介形式，它都能将其转化为数据流，通过互联网渠道瞬间传递。而从目前的演进速度来看，只要人类有需求，信息的传递速度还会加快。

2. 交互性

新媒体消除了泾渭分明的传播壁垒，人与人之间的交流和互动变得便捷化、即时化、碎片化。这样不仅能使信息量呈现海量规模，而且在交互中各类信息还能共享，也能通过多种多样的介质实现新媒体的个性化和社群化。

未来的新媒体会有一种新型的商业模式，那就是继续以内容收费，但并不是像古老的付费阅读那么简单。买单人还是阅读者，但是买什么样的内容就会分得很细。这个“细”具体表现在:用户需要什么,新媒体就生产什么。然后一手交钱,一手交货。

也就是说,新媒体可以从单纯的内容,或者单纯的广告中脱离出来,另外创造出一套赢利模式。通过不同的人吸引不同的广告商入驻,会成为一种新媒体赢利的辅助形式。这就是新媒体,依旧是深耕内容的媒介,而赢利模式呈现在对内容需求人群的细分和随之而来的运营、营销中。

3. 去中心化

以用户为中心,个性化、人性化、体贴化。你需要什么,它提供什么。

然而,新媒体作为一场革命的意义远非上述表象可以表达清楚。从对未来新媒体发展的预判来看,新媒体将来会和移动互联网一样,成为另一种基础设施,只不过它或许会以泛组织的形式存在,这表明我们周边的环境不仅是移动互联网化的,而且是泛媒介化的,即在媒介中还存在多种多样的形态。这些形态会像老树在土地下盘根错节的根系一样,深刻地影响着人类的经济社会生活。

(三)新媒体营销

新媒体会改变人类长期以来所遵循和延续的互动方式和聚集模式,并带来整个社会结构的变革。物联网、互联网是最新的社会互动方式,把旧的壁垒砸掉,把边界抹平。原先的社会格局变化之后,人们的思想和文化观念会因为大规模的流动而改变。当人们的思想和文化观念都被改变之后,人的行为也会随之改变,具体表现就是参与度增大,更为开放,更加多元。

新媒体是建立在互联网系统之上的更为高级的发展模式。它会非常注重每一个人的差异和情绪变化,通过对每一个人信息和数据的分析,将有形或者无形的商品和服务呈现到受众面前。而新媒体营销就好比一个系统工程,涉及很多方面,需要结合企业自身的实际情况,对市场进行需求分析,做好新媒体营销计划,最终才能够充分利用新媒体这个资源跳板,为企业的发展壮大贡献重要力量。

二、新媒体营销的特点

新媒体营销具有传统营销所不具备的许多独特的、十分鲜明的特点。组织和个人之间进行信息传播和交换是市场营销的本质,因此,新媒体营销呈现出传播的超时空性、交互的便捷性、个性化等特点。

(一)传播的超时空性

营销的最终目的是占有市场份额。互联网能够超越时间和空间限制进行信息交换,使得营销脱离时空限制进行交易变为可能。企业有了更多的时间和更大的空间进行营销,可每周 7 天、每天 24 小时随时随地提供全球性营销服务。

(二)交互的便捷性

利用网站在线提交表单、留言、E-mail(电子邮件)、QQ、旺旺、微信等的双向交流,使得顾客可以在对某种产品产生需求时,就能够有针对性地及时地了解产品和服务信息。

由此商家通过提供良好的在线客服,快速地了解消费者需求,增强了客户信赖感,并提高了成交率。例如现在很多公司都开设微信公众号,微信公众号上有产品的详细介绍,客户还可以向企业提出他们想了解的问题,公司可及时解答这些问题,这就提高了企业与客户之间的交互性，从而增强了客户的信赖感和对企业的认可度。

（三）个性化

新媒体营销（图 1.1）打破了传统营销的限制，为客户提供全天候 24 小时的服务，客户可以根据自己的时间安排接受服务。即便客户深夜想到异地旅行，也可以立即在网上查询订票。

新媒体营销可根据客户需要提供产品。如客户在戴尔公司的网站购买计算机（图 1.2），可以自己设计，然后由戴尔公司根据客户的要求迅速组装，改变了“企业提供什么，用户就接受什么”的传统方式，变成了“用户需要什么，企业就提供什么”的新方式。

图 1.1　新媒体营销

图 1.2　戴尔计算机

（四）成长性

新媒体数据无时无刻不在进行着更新、替换。这时产品的换代也更加频繁，正因为如此，企业才能及时发现自身产品的不足之处并加以改进，使产品随着互联网的发展而不断成长。互联网用户数量快速增长并遍及全球，用户大多年轻，属于中产阶级，具有高学历，由于这部分群体购买力强而且具有很强的市场影响力，因此极具开发潜力。

1. 规模浩大

截至 2020 年 12 月，我国网民规模达 9.89 亿，手机网民规模达 9.86 亿。即时通信用户规模达 9.81 亿，网络购物用户规模达 7.82 亿，短视频用户规模达 8.73 亿。中国网民的人均每周上网时长为 30.8 个小时，较 2018 年年底增加 3.2 个小时。受 2020 年初新冠肺炎疫情影响，网民上网时长有明显增长。

截至 2020 年 6 月，中国电商直播、短视频及网络购物用户规模较 3 月增长均超过 5%，电商直播用户规模达 3.09 亿，较 2020 年 3 月增长 4 430 万，规模增速达 16.7%，电商直播成为上半年增长最快的个人互联网应用。网络零售用户规模达 7.49 亿，占网民整体的 79.7%，市场连续 7 年保持全球第一。

2. 商品的发展趋势

现在，新媒体营销的运用十分广泛。企业只要熟悉特定的某件商品，并调查这件商品的独特卖点以及受众人群，就能通过新媒体深度挖掘出此商品的自身价值和发展前景。

（五）整合性

新媒体营销是对各种营销工具和手段的系统化整合，根据环境进行即时性的动态修正，以使交互双方在交互中实现价值增值的营销理念与方法。

大家都知道美国有一个人叫贝拉克•侯赛因•奥巴马。2009 年 1 月 21 日 1 点，这位名不见经传的黑人，成为美国历史上的第 44 任总统，也是美国历史上的第一位黑人总统。

据报道，奥巴马在竞选中投入新媒体政治广告的支出占了美国 2008 年所有互联网政治广告的 50%，远超其他候选人的总和。除了新媒体广告，奥巴马还在自己的官方网站、Facebook、MySpace 等都开设了个人主页，与网民拉近距离、互动交流。这些新媒体营销手法不仅帮奥巴马赢得了捐款，还帮他赢得了选票。

从奥巴马的筹款来源可以看出，奥巴马绝大多数的支持都来自互联网。奥巴马也是美国历史上第一位没有动用竞选资助金的总统，他的自筹款总额达 6.2 亿美元，其中超过 85% 来自互联网，且绝大部分是不足 100 美元的小额捐款。这一点充分证明了奥巴马利用新媒体所取得的成绩。

那么，奥巴马和他的竞选团队在大选期间是如何整合互联网资源，让他顺利登上总统宝座的呢？

1. 视频疯狂传播

奥巴马的竞选团队在一个星期内将 70 多条奥巴马的相关视频上传至最流行的视频类网站 YouTube，视频内的奥巴马看起来平易近人，视频效果毫不逊色于制作精良的电视广告。

2. 建立竞选官方网站

奥巴马的竞选官方网站内容丰富，充分利用了博客、视频、投票等互动环节。这个网站的基调以“开放”为主，通过信息共享与互动来争取舆论支持。

3. 购买搜索引擎关键字广告

奥巴马购买 Google 的“关键字广告”之后，任何一个美国选民在 Google 中输入奥巴马的名字 Barack Obama，搜索结果页面的右侧就会出现奥巴马的视频宣传广告以及奥巴马的博客等。因此，美国人日常搜索的关键词都打上了奥巴马的烙印，想不关注奥巴马都难。

据美国 ClickZ 统计，从 2008 年 1 月到 8 月，奥巴马在新媒体广告的投入达 500 多万美元，其中有 300 多万美元投入搜索引擎营销中，即有 70% 的费用投入搜索引擎营销中。许多搜索引擎用户在看到相关的广告并点击后，都到奥巴马相关竞选网站上注册成为志愿者，或者捐赠金钱等。

由此可以看出，搜索引擎的营销方式在美国总统竞选中发挥着重要的作用。

4. 在游戏中植入竞选广告

如今，游戏是数字时代不可缺少的娱乐方式。在 2008 年，为进一步争取选民，奥巴马竞选团队更是有史以来第一次投入了电子游戏广告。他们在美国一些最热卖的电子游戏中植入了竞选广告。

（六）超前性

毫无疑问，新媒体营销是功能最强大的营销方法。利用互联网的先进工具，它可以实现促销、购物、渠道、客服、市场信息分析等强大功能。实际上，它具备一对一营销能力，正符合未来的营销趋势——个性化营销，其也将成为未来主要的营销手段（图 1.3）。

图 1.3　个性化营销

（七）高效性

电子设备可储存大量的信息，可传送的信息数量与精确度，远超过其他媒体，传播速度很快，能及时顺应市场需求，更新产品或调整价格，因此能及时有效地了解并满足顾客的需求。利用新媒体收集有价值的信息，将对企业的发展起到指导作用。新媒体工具可以使营销的过程更加快速机动，可以不断提高产品的点击率与转化率，高效提高回报率。

在新媒体营销时代，我们不但可以简单快捷地了解到某家餐厅的具体情况，还可以从其他用户的反馈信息里得到更多实际有效的信息。聪明的商家已经认识到新媒体营销给他们带来的高效性，利用售后点评的力量，形成了从线上到线下再回到线上的营销闭环。

（八）经济性

新媒体营销不但可以减少印刷宣传册的成本，还免去了店面租金、雇佣店员、店面水电费等成本，大大减少了人力、物力和财力。

企业可以根据产品的特性、目标顾客群等具体情况，免费创建属于自己的微博、微信或抖音等自媒体账号，发布一些与业务相关的有价值的文章或视频。当然，新媒体营销需要进行精确定位、详细规划以及经营，才能取得预期的效果。

技能点二　新媒体营销的工作流程

一、定位

（一）概念

对于自媒体的定位，可以先参考一下品牌定位理论。所谓品牌定位理论，就是一个商业实体在市场和产品定位的基础上，要建立一个与目标用户群的文化和个性差异有关的商业性决策，通过这个决策来创建一个针对目标用户群体的特定品牌。比如，一说怕上火就会想到加多宝；一说过年送礼就会想到脑白金。针对新媒体的定位要考虑以下两点。

1. 市场细分

一个新媒体在定位时，最好是思考做一个小而美的垂直品牌，先服务好一部分人群，不要追求大而全，大而全不符合新媒体发展的趋势。比如说，罗振宇的“罗辑思维”，属于知识分享类的自媒体；还有专而精的垂直类的自媒体，他们会专注于单一领域人群的需求。比如，情感领域的陆琪自媒体，专注男性或者儿童需求的其他自媒体。

2. 网民参与

新媒体的定位要针对特定的用户群体，这些用户对某些领域是感兴趣的、熟悉的，甚至是专业的。所以真正的新媒体内容，在制作生产时一定要有用户参与，选择的信息也要有针对性，做出来的内容更要分享给参与的用户，供用户检验。

（二）定位要点

定位要点如表 1.1 所示。

表 1.1 定位要点

定位	1. 定位要精准，在传播内容和传播平台上要有侧重点，要能够发现用户需求； 2. 明确企业新媒体要做什么，谁是精准客户，他们想要什么
产品	1. 遵循既好玩又好用的原则，这是吸引用户的关键，也是成功的标准； 2. 内容要有可读性，同时还要有一定的服务价值
自媒体传播	1. 企业的媒体属性相对较弱，有必要借助自媒体吸引用户眼球； 2. 要不断积累有影响力的自媒体资源，并与之建立良好的关系
免费分享	企业内部可以适当进行免费分享
吸引粉丝	1. 微信公众号可以巧妙利用热点事件，进行恰当的热点事件营销，用以吸引粉丝，从而将其转化为用户； 2. 公众号内容要优质实用
文案策划	1. 用深谙大众心理的标题吸引关注，引起共鸣； 2. 策划出实用性、分享性、互动性极强的文案
增加知名度	1. 增加媒体的曝光度； 2. 活跃在移动互联网的各大媒体平台
创造价值	在内容和产品上要有独特的价值，有价值用户才会分享，从而实现吸引更多粉丝的目的

（三）案例分析

定位成功的案例有很多，比如说《百家讲坛》专门讲“三国”的易中天老师，他只讲跟“三国”有关的一两本书，就能获得庞大的粉丝群，然后注册了博客、微博，他的收入在中国作家里也位列前茅。还有讲汉朝历史的王立群老师，每天都在微博上与大家互动，只要有什么历史方面的活动，他就跟粉丝们交流沟通，大家只要对汉朝历史有疑问都会找他问一问、聊一聊。这说明只要定位明确，就能专门在这个领域里服务用户、服务粉丝，与粉丝互动时间长了，就可以形成一个庞大的市场。

再比如，在 2018 年春节期间引发社会关注和热议的《博士返乡日记》这个热点，就是由一个新媒体——识局智库来引燃的。识局智库是由几位财经媒体记者创建的。他们在新媒体定位方面的经验十分值得借鉴。

1. 用户定位

习近平总书记在 2013 年 4 月作出了建设中国特色智库的重要批示，这些触觉敏感的财经媒体人对这条信息非常关注，于是就创立了新媒体识局智库。这个创业团队中的成员相对比较了解媒体、政府和金融服务领域，大家一致认为，政府机构工作人员、企事业单位工作人员等群体对经济领域的政策分析有着非常大的需求。

经过两年的运营，识局智库已经成为政策领域中最权威的民间智库之一，其粉丝以政府官员和企业家为主。他们在自贸区、国资混改、产业园区等领域的人群中具有较强的影响力，光是在微信公众账号上的粉丝就达 30 多万人，而且其中 30% 是政府公务员。这说明中高端群体对识局智库是非常关注的。

2. 产品定位

经过一番调研，识局智库团队给出的产品定位是：做政策领域的综合服务商。用 O2O（在线离线 / 线上到线下）模式的话来解释，就是要致力于"打通政策最后一公里（千米）"。具体说来，就是从事政策类新媒体资讯和咨询的工作。

基于识局智库自身的定位，他们为用户提供了很多"接地气"的政策咨询服务，而且其出发点都是实用的解决方案，在咨询报告中加入了案例式的分析内容，非常有针对性。而且对于政府部门和企事业单位来说，这些咨询报告在拿到手之后，就可以立即借鉴使用，因而这些服务很受欢迎。

3. 载体定位

选择做新媒体也是一种顺应流行趋势的做法。因为纸媒体的创立和运营成本很高，也不符合信息流通发展的规律，而新兴的移动互联网是更为便利的交互平台。有了这个基本的判断，识局智库在开始的时候就舍弃了传统媒体和 PC（个人电脑）端，把精力集中在移动互联网上。比如，利用微信平台和手机应用。

一个新媒体具有明确定位，目标受众就会慢慢参与进来，然后再拉动这个新媒体继续发展，这是一个良性循环。在这个过程中，新媒体和目标群体之间交互的平台、渠道是无缝连接的；同时，原先一盘散沙的消费者被聚合起来，形成很多基于个性化和共同需求的不同风格的群体。这样就更决定了新媒体在定位时，最好是在小而美、专而精的方向上下功夫。

二、发展

新媒体是一种工具、手段或者方式，通过新媒体的运营工作，实现使拥有新媒体的机构、组织、企业或个人赢利的目的。新媒体运营者要充分考虑用户的需求，围绕这些需求，通过文字、图片、视频、声音等各种传播方式，将海量信息推送到用户和消费者跟前。掌握各种新媒体平台和新媒体模式的特点，才能最终达到新媒体平台应有的效果。

（一）运营思路

新媒体的运营，无论是基于何种背景，都要秉承以下两点思路。

1. 尊重

做好产品、做好服务就是对用户最大的尊重，不能为追求浅层次和短期小利益而盲目运营，尊重是一种隐含在深处的赢利态度。

2. 推广

不能有“酒香不怕巷子深”的思想，有了好的作品或产品，如果不通过适合的方式运营和推广，就无法影响用户并促使他们消费。

（二）运营内涵

新媒体的运营大致包含两方面内涵，一个是新媒体的内容开发、生产和管理，另一个是新媒体的推广。新媒体运营的最终目标是实现赢利和可持续发展。不论一个新媒体的产品是可看的、可用的、可玩的还是可乐的，对产品的运营都很关键。运营好了可以增加产品的生命力和活力，并且让新媒体获利，可持续地发展下去。

1. 内容

新媒体需要的是专门针对自身产品特点定制的内容，这就需要运营人员下大力量创作质量较高的原创内容。这样的内容商业价值大，可以引起消费者和投资商的关注。就新媒体近两年的发展态势来看，转载内容、恶搞内容等新媒体内容的红利期已过；对于具有爆炸性的信息，受众也已经习以为常。而只有好的原创内容加上优秀的推广计划，再配合合适的时机，才能引起消费者的注意。

实际上，内容不仅仅是内容，更是一种创造性的产品，是企业本身的产品之外的另一种更加高级的产品。新媒体人不仅要创作出优秀的内容产品，还需要经营新媒体这个新产品。经营的方式就是要有意识、有目的地设计、开发、包装、推广、营销，运用数据分析等工具来分析和研究每一个环节的优点和问题，从而不断地建立起一类又一类的新媒体产品生产模型，以适应不同用户的不同需求。

2. 互动

在运营新媒体的过程中，还可以和用户进行多种多样的互动，在微博、微信公众号、头条号的平台上都会给运营者提供很多关于活动的支持插件，诸如抽奖、促销活动、答题赢奖品、投票攒积分等形式都可以利用。其实，新媒体平台运营就是要把这些活动都活学活用起来，调动用户的激情和活力，让用户完全参与进来。只要坚持这样做下去，就一定会对老用户产生作用，而且还能聚集不少新用户的目光。

3. 推广

新媒体推广的方式是多种多样的，但主要包含以下 3 种形式。

第一，活动策划。除了投票、抽奖、征名，还可以利用红包和点赞等方式来进行活动推广。

第二，软文推广。指在各大媒体进行免费的软文宣传，只要能接触到客户的平台都可以进行宣传。比如，在微信群发布软文进行推广，可利用原创内容制作出更软性、更利于受众接受的广告内容。

第三，异业合作。寻找合作伙伴，彼此之间互相推广产品和内容。再有就是找到和本身新媒体用户群合拍的“大号”、KOL（Key Opinion Leader，关键意见领袖）去推广，吸引粉丝。

（三）岗位要求

从事新媒体工作不是一件简单的事情。一个新媒体从业者要了解新媒体的特质，还要熟悉新媒体的运作方式以及如何运营和推广。其实说到底，运营新媒体是一项非常系统的工作，涵盖了很多方面，因此其需要的是全方位的综合性人才。在新媒体中，对不同级别、部门或位置的人的要求也都不一样。

对于高级管理人员来说，新媒体的运营目标是首先要明确的，不管产品是可看的文章，还是可用的货品，高级管理者都必须根据产品策略来决定新媒体的运营策略，策划和推进整个业务运营的战略，并且做好每个部门之间的协调工作。在日常工作中，新媒体需要有相关的制度体系和业务流程，从而实现规范、高效的运营管理。

对于中级管理者来说，要根据运营策略进行市场发展的跟踪和策略的调整，积极协调组织内部的重大运营计划；要针对自己所管理部门的发展战略和业务拟订计划，协调内部各项工作，把自己的运营团队凝聚起来。此外，中级管理者还需要制订基层人员的运营指标和整个部门或者分部的年度客户发展计划，确保这些工作顺利完成。

由此可见，新媒体的运营不是一项简单的线性工作，而是一个系统性和合作性很强的网状体系，新媒体内部之间要互相协调配合、新媒体部门除了要把自己的内容做好，还要与产品生产端和销售端做好衔接、交流和沟通。在新媒体健康可持续发展的过程中，所有的环节都不可或缺，但内容始终是最核心的关键因素。新媒体的快速发展，离不开内容的强有力支撑，内容是新媒体的生命力所在。尤其是在传统媒体渠道的垄断被打破的时候，内容已经成为新媒体最根本的竞争优势。

总之，运营新媒体需要首先从内部下功夫，整理好内部管理思路；然后再通过从外部做推广活动来形成广泛的粉丝基础。做好原创内容，营造互动氛围，生产用户认可的产品，这样就可以实现赢利目标和新媒体的可持续发展。

三、营销

新媒体在运营过程中，会融入自身的商业策略，而新媒体的营销则是这种商业策略在前端的实现。在运营中，特定产品会被加入概念诉求和问题分析等因素，从而对消费者进行有针对性的引导。而这种引导内容则体现在新媒体的营销中，因此在环节上，营销是运营的一部分。

在新媒体的营销过程中，通过合适的媒体语言进行宣传，使消费者认同产品的概念，认同其中的观点和分析思路，最终实现产品销售的目标，并使新媒体品牌及产品深入消费者的心中。

（一）新媒体营销的思路与技能

在进行新媒体营销的过程中，必须具备特殊的思路和技能。

（1）注重数据结果。

数据结果是商业目标可以量化的基础，从中可以了解新媒体营销的商业目标。

（2）快速自主学习。

快速自主学习即注重在该领域内的知识更新。

（3）研究优秀案例。

从优秀案例中学习营销经验，取长补短。

（4）亲历实践工作。

要亲自参与营销每个环节的工作，不能只凭想象而不实干，积极进行文案写作、粉丝推广、活动策划、线上线下沟通，把自己打造成实干型的人才。

（二）新媒体营销的优势

（1）免费的营销平台。

在传统媒体阶段，品牌的运营、宣传、推广、营销要花费巨大的资金来运作；而在新媒体平台上，好的创意和内容即价值千金。优质的内容吸引消费者转发，可以引发病毒式传播，快速扩大和积累粉丝基数。

除此之外，平台上还有许多免费资源。你可以在微博上建立账户，在微信上建立公众号，在豆瓣上建立兴趣小组，在 QQ 上建立粉丝群，也可以在自己的官网上发布信息，并且能通过上述新媒体工具与来自各方的粉丝进行有效互动。

（2）共赢模式。

在营销过程中，新媒体引导用户创造产品或内容，提供销售平台，大家一起分享利润，保证了产品的多元化和创造力，从而新媒体也拥有了大量黏性很高的粉丝。在用户参与的过程中，新媒体平台会帮助用户把自己的印记打在产品上，使用户的成就感更强，并且新媒体平台会慷慨地与用户分享利润，从而使用户参与的积极性更高。

比如在苹果公司的 AppStore（苹果商店）中，用户可以上传自己编写的应用程序，并由平台统一进行销售和下载，如果售卖出去一次，用户就可以得到一定比例的分成，这样苹果公司和程序作者就实现了共赢。这种共赢的模式，能够大大地提高新媒体营销的效果。

（三）新媒体营销的方式

新媒体在营销方式上与传统媒体有很大的不同。具体的营销方式包含但不限于以下几种。

（1）微信营销。

在微信的平台上开展客户服务营销，是继微博之后的另一个新兴渠道。微信的种种属性，使其更适合新媒体品牌的传播。微信具有良好的互动性，微信好友之间可以精准地互相推送信息。作为一个自媒体平台，微信的传播速度和深度是非常惊人的。

在运营过程中，需要注册微信公众号，并获得微信官方认证。根据新媒体自身的定位建立某个领域的知识库，再把这些知识和社会焦点、热点话题结合起来，然后提供给用户群体，成为增值服务。通过不间断地举办粉丝活动，可以加强互动性，提升满意度，进而增强营销效果。

（2）微博营销。

微博可以实现即时分享，通过信息更新与用户交流。同时还可以结合最近的时事热点发起话题，引发讨论；或是融入自己的新闻、文化、产品等相关信息。经过坚持不懈的经营，慢慢就会形成一个较为稳定的圈子，最后达到营销的目的。

（3）搜索引擎营销。

搜索引擎营销是新媒体营销中非常有效的手段之一。比如，百度就拥有巨大的用户访问量，消费者在搜索时可以很轻松地找到自己需要的有价值的信息。新媒体可以利用这种检索方式把产品和服务信息及时、精准地传递给目标用户群，进而挖掘出更多的潜在客户。

（4）论坛营销。

在一些人气高的论坛上发布帖子，也是一个很好的推广方式。尤其是在一些专业性较强的论坛上效果更好，因为某一领域的爱好者都会聚集于此。优质的论坛帖子会加强互动，加速内容的转发与分享。企业可以通过这种方式，用文字、图片、视频或者音频的形式制作优质内容，并有针对性地推送给目标客户群，从而提高自身的知名度。

总之，新媒体营销可以通过多种方式进行。关注目标人群聚集地，吸引目标受众加入新媒体，加强互动熟悉，使目标受众最终成为新媒体的忠实粉丝。当今消费者追求个性化，新媒体无论是在运营还是营销方面，都更能满足消费者的这种差异化需求。

四、赢利

在一般性新媒体的运营过程中，它的指向并不是直接赢利，而是间接赢利。新媒体平台一般通过向用户推送优质的内容来“吸粉”，再通过举办各类活动来巩固用户的忠诚度，在稳定长期的内容推送过程中，将用户和流量做到一定的程度，逐渐提升新媒体的正面形象和受众对新媒体的品牌认知度。可以说，新媒体的主要商业价值是无形地增加品牌影响力和获取用户数量、提高用户质量的能力。但随着新媒体的发展，也衍生出一些值得探讨学习的赢利模式。

（一）付费阅读

经过多年的发展，中国互联网已经度过了信息缺乏的阶段，新媒体也已变成一片“红海”，免费阅读的内容越来越多。即便如此，也还是有不少依靠付费阅读来生存的新媒体。如果想通过新媒体推送的内容实现赢利，就必须提供高于用户预期的产品，而付费阅读的内容对自媒体管理者的个人素质要求比较高。

（二）增值业务

新媒体可以通过内容丰富化、服务差异化、功能多元化，进而形成独有的增值业务。比如“罗辑思维”的会员费，用户通过支付会员费用来换取“罗辑思维”的一些更为优质的服务，如会员赠书、集体旅游、活动赢奖等。

（三）广告

在传统媒体中的主打赢利模式——广告，也是新媒体赢利的主要商业模式。一方面新媒体依靠广告获利，另一方面广告会影响用户观看内容的兴趣和心情。所以新媒体运营者要在广告的展现方式上进行改造，对原先简单粗暴的广告进行加工，将奇思妙想嵌入其中，增强趣味性。比如，开心麻花团队在腾讯新闻客户端上的视频广告就以小品段子的方式展现出来，使用户百看不厌。

（四）出售商品

利用新媒体的品牌知名度和用户的信任度来出售商品，寻找供货商合作，把内容和货品结合起来进行推广。除此之外，还可以从新媒体的内容中择优选出一部分精华内容，编撰成书，然后通过自媒体的运作将这些书推广出去。线上线下合作销售，实现纸质书与电子书同时售卖。

当然，新媒体运营人员不能只看重眼前的利益，尤其是企业新媒体运营者，更要用长远的眼光来看待自己的工作。在运营过程中无论是发布文章还是举办活动，都是在对外展示新媒体品牌自身的形象和文化氛围，宣传自己的正能量，从而感染更多的用户，吸引潜在客户。因此，新媒体运营中最重要的一点就是，不要转发和抄袭；可以将热点事件与自身品牌进行结合，创造具有可读性与宣传性的原创内容。

技能点三　新媒体营销的应用技术

一、整合营销

新媒体整合营销，是指新媒体将与市场运营和营销有关的一切传播活动统一起来的过程。在这个过程中，新媒体可以将统一的传播资讯传递给用户，同时可以把广告、促销、直销、公关等活动都包含在资讯传播的范围里。满足用户所需是新媒体交互的目的，也是新媒体的促销策略，更是新媒体整合营销的中心思想。新媒体协调各种传播手段，各种传播手段取长补短，共同协作，实现了用最低的投入换取较高的产出。

在新媒体时代，传播的门槛低、源头多且内容良莠不齐，用户的注意力被高度分散。而整合营销可以充分利用优势资源，在企业与用户之间架起重要的沟通桥梁，方便用户有效快捷地获取有价值的资讯。未来，企业将大力引入新媒体营销人才，利用新媒体不断加强和终端用户的联系并形成自己的竞争力。

(一)新媒体整合营销方式

新媒体整合营销资源的方式很多，比较好的有以下 3 种。

1. 跨新媒体平台合作营销方式

新媒体可以寻找与自己性质和用户类别相近的其他新媒体合作，将双方或多方的渠道和用户整合，进行活动及营销策划。其中的关键点是合理的利益分配机制。

2. 营销业务外包方式

寻找专门的营销运作团队，双方共同提供人力和资金来运营新媒体的营销业务，可以从营销利润中分红。利益分红的机制要合理，要建立监督制度。

3. 营销业务“计件”方式

在新媒体平台上的任何一个项目、任何一个营销策略都可以在多个营销运作团队中选择一家来进行合作。该项目和营销计划结束后，合作就结束。到运营下一个项目时再考虑合作事项。这种营销方式需要新媒体定期举办一些活动，提前进行策划和安排。

(二)举例

新媒体时代，广告商大幅减少了对传统媒体的广告投放，转而投向新媒体。新媒体整合营销的经典案例是特斯拉电动车这颗耀眼的明星，在一开始它就借助新媒体进行全面的整合营销。

1. 整合新媒体营销渠道

在特斯拉电动车主站里整合了推特、脸书以及谷歌和高清视频链接或者主页，这些新媒体平台背后潜藏着大量的消费者，特斯拉通过这些平台与他们进行频繁的互动交流。在中国，特斯拉也利用了新浪微博和腾讯微信平台，来实现与中国消费者的信息交互。

2. O2O 营销模式

特斯拉还整合了新媒体营销渠道，充分利用了 O2O 线上线下模式。通过线下直营店培育用户，增强用户的良好体验。线上的直销模式简化了用户购车过程，整个营销渠道实现了标准化和个性化定制相结合。由于线上的便利，更多的用户喜欢通过网络进行购买。特斯拉取消了经销商这个中间环节，让企业直接面对用户。他们在很多城市中心设立了很小面积的展示厅，用户可以就近进入这些展示厅里，在销售人员指导下进行在线预订，用户在体验和感受的过程中不断加深了对产品的印象。

3. 创始人品牌营销

特斯拉还把创始人品牌营销融合进来，其创始人马斯克是举世公认的奇才，世界上最大的在线支付服务公司"贝宝（PayPal）"就是由他创建的。此外，他还是世界第一家私人太空运输企业——太空探索技术公司（SpaceX）的CEO（首席执行官）。通过这些公司，他影响了世界。在中国的新浪微博上，马斯克拥有自己的个人账号，他就是通过这种新型社交媒体把自己的个人品牌推广出去。

4. 营销活动

通过营销活动提升用户体验是新媒体成功的不二法门。特斯拉的官网上就有用户专区，里面通过用户故事、论坛、博客、图片视频、活动等多种形式进行最新的动态信息发布，吸引爱好者浏览。最新的动态、故事可以让用户真实地感受到产品的魅力。图片和视频也可以提升用户的综合感受。在其官网上会员的注册都需要提供有效邮箱和电话，用户需要订阅动态信息，这成为营销的基础。特斯拉可以很方便地通过为用户推送信息来进行数据库的营销。

5. 跨界整合营销资源

特斯拉还跨界整合营销资源，在娱乐界与电影大片制作方进行合作。此外，他们还进行了明星资源的整合。在特斯拉首批客户名单中就有很多名人。比如，电影明星施瓦辛格和小米公司的雷军，他们对社会的影响力很大，其所产生的品牌示范效应和营销效果是非常明显的。

从上述新媒体整合营销资源方式和案例中可以看出，现今的消费者需求已经呈现出非常复杂的特性，消费者主导性增强，而新媒体营销过程中的风险在不断增大。消费者不仅会积极主动地去获取各类信息，还在购买和对媒介的选择上，体现出更多的追求体验以及感受产品和服务价值的需求。也正是由于消费者需求日益强烈的不可控因素，企业需要对各新媒体平台进行运营和营销方面的整合。

新媒体的优势已经非常明显，它有旧媒体无可比拟的互动性，在工具和技术层面上将更加有利于有效传播，也更符合个性化用户群体崇尚参与互动的需求。因此，可以说，新媒体运营和营销迎合了最新的营销理念。通过运营和营销，新媒体能用较为简单的方式来构筑和用户之间的关系，通过大数据可以获得较为准确的用户信息，这就促进了精准营销和数据营销的发展，从而使新媒体获得更好的营销传播效果。

二、深耕内容

新媒体的传播内容，以文字为载体，以互联网为传播平台，主要进行企业形象宣传、产品市场推广和销售、品牌建设等。新媒体文章传播面广、受众多、扩散迅速，目前已经成为企业进行网络宣传的一种主要形式。传播内容具有鲜明的网络特色，可针对不同的思想或主题，通过文案撰写展现出与众不同的内涵与风格，注重点击率和转载率。因此，在文字创作上，需要不断追求创新。

(一)重要性

现在新媒体的传播内容已经被越来越多的企业重视,其原因有以下几个方面。

1. 降低企业的广告成本

一般情况下,网络广告的成本非常高,虽然硬性广告能获得较好的流量,但缺点是用户不够精确。相比之下,软文的价格比竞价或者硬性广告的费用低得多。如果内容精彩,还可以制造话题,引发网友讨论传播,使网友在不知不觉中接受和了解企业信息。

2. 辅助 SEO(搜索引擎优化)

如果一篇软文被发布到新闻源或者影响力比较大的网站上,就可以获得留下链接的机会,使其指向目标网站。如此一来,不仅可以提高网址的曝光率,还能增加高质量外链的数量。如果想扩大被别人搜索到的机会,还可以在文章中合理地嵌入关键词。

3. 打造产品品牌知名度

企业要想提高品牌知名度,需要依托软文这一媒介。一篇优秀的品牌宣传文章,可以使用户在不知不觉中对产品产生良好的印象,并不断相信产品的知名度。

4. 提高网站流量

一篇优秀的新媒体文章会为网站带来非常惊人的流量。同时,软文带来的流量转化率相对较高,可以间接提高网站产品的销售量。

(二)方法

1. 注意撰写步骤

首先要清晰了解消费者对广告软文的接受过程,即要明确推广的主题。明确了推广主题,就可以抓住重点,从而实现预期的广告效应。撰写时应结合主题和推广目标搜集整理材料,撰写的内容要贴合实际,并做到标题和正文有创意且新颖。

2. 秉承撰写原则

(1)内容要尊重用户的体验。

①首先要了解用户的心理。用户产生点击阅读的行为,在很大程度上会受到当时特定环境的影响。所以可以借用近期的热点事件并引申出产品。

②要用专业的观点对产品进行阐述说明,类比竞品,凸显优势,增加文章说服力。

③另一种对内容叙述比较有效的方式是,从用户的角度出发撰写软文,这样行文有感染力,富有生活味道。

(2)软文标题的构思要全面。

①标题需采用论述的形式,字数应保持在 20 个字以内,做到简单通俗,易于理解,引起读者兴趣。

②在标题中一定要包含网站推广的关键词,同时也要符合用户的搜索习惯。在构思标题时,可以多看看同类软文标题,充分借鉴学习。

③软文标题要凸显与用户利益相关的字眼。撰写软文的主要目的是为了实现网络营销的商业价值,而用户想要了解的也必然是与自己利益相关的东西。所以在选用软文标题时,其所体现的利益点不能丢掉。

3. 规避撰写禁忌

（1）忌知己不知彼。

想要写出一篇生动传神的优秀软文，文案撰稿人一定要首先对产品作深入系统的研究，并时刻把握市场热点，清楚目标用户关注产品的哪个方面、怎样的传播方式更容易被用户接受等问题，只有这样才能写出传播效果好且让用户喜欢的内容。

（2）忌拖泥带水。

在撰写软文时，切忌平淡无奇，拖泥带水，要做到语言凝练，前后呼应，整篇文章读下来应给人一气呵成的感觉。

（3）忌篇幅过长。

现代社会，人们习惯了快餐式（碎片化）阅读，大篇幅的文章一般很难让读者读下去。所以软文写作要做到短小精悍，这样可以方便读者快速了解整个内容的关键部分。

想要写出优秀的新媒体内容，一定要抓住用户的兴趣点，满足他们的需求，只有这样文章才能吸引住用户。

三、资源运作

无论是创业伊始还是兴业中途，寻找到合适的合作伙伴，可以与企业共享优势、共担风险。在这个风云变幻的社会，想要找到共同促进和提高的合作伙伴，一般可以从以下几个方面入手。

（一）要点

1. 信誉第一

诚信是合作的前提。不论是个人、组织还是团体，彼此之间需要同甘共苦，要明确责任大过利益；遇到风险时，更应相互扶持依靠。

2. 利益共同点

利益共同点是双方合作的前提，比如共同的目标受众、共同的宣传主题、共同的营销模式……总之，需要有可以契合的点，这是合作的基石。

3. 互补型合作者

优先考虑互补性强的合作者。一个人的精力毕竟有限，处理问题不可能做到面面俱到，彼此取长补短，才能将优势发挥到最大。比如说，研发力量强的人与销售能力强的人进行合作，会实现优势互补，做出的产品就能迅速销售出去，能让企业形成良性循环的发展。

4. 包容性

商场如战场，任何情形都有可能出现。在达成合作意向之前，应预估合作期间可能出现的负面情形，并制定好合作的书面规则。这样做，可以更加妥善地处理合作当中可能出现的分歧。在合作期间，应管理好账目，让一切经营行为都有章可循、有据可查。

（二）举例

1. 凤凰新媒体合作案例

凤凰新媒体是凤凰卫视传媒集团旗下的一个品牌。2009 年 11 月 9 日，它与晨兴创投、英特尔投资和贝塔斯曼亚洲投资基金达成合伙协议，通过允许 3 家共同注资 2 500 万美元的形式结成战略合作伙伴关系（凤凰卫视仍为控股股东）。

凤凰新媒体所瞄准的对象为数量多达1亿的主流网民，以传播稀缺资讯为理念，通过综合门户网站凤凰网和手机凤凰网进行网台联动、组合传播。它们提供的内容包括图、文、音、视全方位综合的新闻资讯、观点评论、深度访谈、财经产品、互动应用、分享社区等。在中文门户网站中位列前五。其独特的受众精准性、平台整合力和品牌影响力，成为使其远超其他门户网站的核心价值。

晨兴创投是晨兴集团旗下的一家从事高科技风险投资的机构。其服务对象为初创和成长型的高科技企业，不仅向创业者们提供长期风险投资，也提供管理支持。在市场运作方面有多家成功案例。如媒体伯乐、正保远程教育集团、搜狐、第九城市等。

英特尔投资是英特尔公司的全球投资机构，其服务对象为全球范围内的创新型科技公司，包括一些初创企业，英特尔投资对它们进行资本投资。英特尔投资的领域包括软硬件研发类公司和不同领域的技术服务公司。自1991年以来，英特尔投资已向全球1 000多家公司进行投资，投资额高达75亿美元，并且基本上都取得了良好的收益。

贝塔斯曼亚洲投资基金总部位于北京。贝塔斯曼亚洲投资基金关注的是初创至成长期的企业，投资重心放在新媒体和业务流程外包等服务领域。它是贝塔斯曼集团的全资控股子公司，而贝塔斯曼集团则是欧洲第一、全球第四大传媒集团。

从这些简介中可以看出，凤凰新媒体与晨兴创投、英特尔投资和贝塔斯曼亚洲投资基金之间的合作，不但是强强联手，并且因彼此之间都有很好的了解，以至其合作从一开始就能让人预见到成功。正因为如此，三方对合作伙伴都十分满意。凤凰新媒体首席执行官刘爽这样表示："这次融资，印证了晨兴创投、英特尔投资和贝塔斯曼亚洲投资基金三家投资方对于我们过往业绩和未来前景的认同和肯定。三家投资方卓越的口碑、对互联网产业和资本市场的深刻理解以及支持创新企业成长、分享成功的丰富经验，将是除资金支持外，凤凰新媒体未来飞速发展的宝贵财富。"

2. 腾讯云合作案例

在吸引合作伙伴方面，2015年10月22日，在2015腾讯全球合作伙伴大会云端峰会上，腾讯云发布了"云＋计划"生态圈新举措。该公司宣布，将在未来5年内，投资100亿元发展2 000家云计算生态服务商，包括500家核心合作伙伴。这些合作伙伴均有可能获得高达90%的业务分成和政策、市场、培训与技术四大方面的支持。腾讯公司表示，在专注做好云服务的同时，希望在互联网、传统行业等领域达成合作，与合作伙伴一起提供解决问题的方案。

腾讯云副总裁王慧星透露，自"云＋计划"发布以来，加入计划的合作伙伴已经有数百家。接下来，腾讯云将合作伙伴的范围确定为软件独立开发商、增值软件开发商、云解决方案商等。在业务收入方面，腾讯云会把80%~90%的份额分配给合作伙伴，帮助合作伙伴在云上成长。另外，他们还对加入"云＋计划"的合作伙伴给予以下四大支持。

首先是政策支持。合作伙伴除了享有高达80%~90%份额的业务收入外，还可优先开展云上的应用实施和集成项目。其次是市场教育支持。对于初级开发者、技术骨干和创业者等不同阶段的用户，腾讯为其提供技术沙龙、技术公益项目等市场教育服务，与合作伙伴一道培育市场。再次是培训服务支持。帮助合作伙伴培养互联网技术专家。另外，就是技术保障支持。为合作伙伴提供产品护航支持、项目运营指导等支持。未来，腾讯云还计划走进北京、上海、武汉、成都等城市的多所高校，开展校园合伙人等项目。

由凤凰新媒体和腾讯云寻找合作伙伴的方式中可以看出，挑选合作伙伴并不等同于强势一方的自我取舍，实质上是彼此在平等的基础上来谋求商业合作，最终实现合作共赢。

四、客户建设

在这个内容为王的时代，新媒体运营者需要通过优质的内容产品来吸引用户，再凭借高度的责任心和良好的服务来增强用户黏性。通过新媒体推出内容时，一方面要保证内容质量，让用户对自己的内容产生共鸣；另一方面要与用户进行积极的交流与互动，这样才能真正地打动用户，让他们成为自己最忠实的粉丝。为了实现这一目标，作为新媒体运营者来说，可以从以下两个方面做起。

（一）换位思考

换位思考，即从客户的角度进行思考，这体现了对对方的尊重。在新媒体运营过程中，难免会遇到不尽如人意的情况。比如新媒体运营者费尽心力做出的一则内容，却收到用户不满与抱怨的声音。这时候就是在考验新媒体运营者是否具有换位思考的能力。尽管某些用户的观点并不一定正确，但新媒体工作人员也要尝试站在用户的角度辩证地思考问题，不可以带着个人情绪处理危机，更不能把自己置于与用户对立的位置。

（二）了解用户需求

新媒体运营是通过宣传让客户愿意购买所推广的产品或服务，其最大的优势在于当客户需要购买或要求提供服务时，能够及时满足其需求。新媒体运营者首先要做到充分了解产品，明确自己产品的优势和劣势所在，只有这样才能有针对性地对产品进行改进和提高。其次要提高产品与服务的实效性，用最快、最可靠的资讯信息满足用户的需求，第一时间解决用户面临的问题。再次就是要关注客户的感受，采取及时有效的方式与用户进行互动、交流，并且要做到善于听取客户的意见。不断优化推广的内容与方式，将自身品牌建设和传播内容紧密结合，提高用户的接受度及自主传播的意愿。

新媒体的内容涉及社会生活的方方面面，比如与生活息息相关的各类数据、情感、心理、动态等，所以新媒体运营应从受众的角度思考问题。对于专业的新媒体人来说，如何编排内容、挖掘数据、利用“大号”资源、利用热点助势、引爆话题等都是需要缜密思考与布局的工作。那些成功运营的新媒体“大号”，基本上都具有独特的文化体系和逻辑思维，有一套成熟的运作流程。通过推出能抓住受众心理的产品，可以切中人们最基础的情感。

新媒体人要想扩大品牌影响，不断吸引关注，就要用饱满的工作激情去满足用户不断变化的个性化需求，做到对产品与客户用心，这样才能打动客户，赢得客户。可以说，一个从人们最基础的情感入手，并将文案、热点把控，煽动力、执行力、人脉、资源都运作得十分到位的新媒体人，必定能赢得用户的忠诚。

五、多元运营

（一）搭建多元化媒体渠道

目前，拥有用户量较大的新媒体平台有微博、微信、贴吧和空间等。其中，微信是分享量最大的平台，占据每天分享量的70%~80%。QQ空间和贴吧是年轻用户最活跃的平台。在新媒体运营过程中，要遵循多元化策略。那么，除了微博、微信、贴吧和空间，还有哪些新媒体平台可作为备选呢？

1. 今日头条

今日头条提供的服务主要是为用户推荐有价值的、个性化的信息。它是国内移动互联网领域成长最快、最具特色的服务产品之一。截至 2015 年 10 月，它累计激活用户数达 3.1 亿，其中超过 3 000 万是日活跃用户。它可以根据每个用户的兴趣、位置等来进行个性化推荐。推荐内容包括新闻、音乐、电影、游戏、购物等内容。其中的“头条号”能够让各种内容在移动互联网上获得更多的曝光和关注。

2. 百度百家

百度百家于 2013 年 12 月 24 日上线，它借助百度大数据和自然语音理解技术等来实现作者、读者和传播者之间的无缝对接。目前，它所邀请的作家主要涉及互联网、时政、体育、人文等领域，并为此开发了可视化的专用内容管理系统（CMS）。在商业运作上，它所采用的模式为：作者在百度百家发布文章后，将用户流量与广告客户和品牌客户的页面引入，然后将这些广告所产生的收入全部返还给作者。这种利润分配模式对作者来说能起到很好的激励作用。

3. 知乎

知乎，顾名思义，意思就是知道乎，即用来提问：你知道吗？它是一个真实的网络问答社区，用户为各行各业的精英。这些用户通过问答的形式来分享彼此的知识、经验和观点。自 2013 年 3 月向公众开放注册以来，就受到了用户的积极响应，不到一年的时间，注册用户数就达到 400 万。

知乎的内容涉及社会生活的各个领域，充分满足了用户分享的欲望和构建个人权威的人性需求。从一定角度来看，微博满足的是人们社交方面的需求，而知乎则满足了心理学家马斯洛所提出人类尊重与自我实现的需求。

4. 虎嗅

虎嗅的业务范围侧重于个性化商业资讯。通过它，用户能够更有效率地获取商业资讯并进行交流。与其他平台不同的是，虎嗅网站上的内容是由编辑和用户共同筛选加工的。简单来说，虎嗅就是让用户通过自己的平台寻找到对自己有用的商业信息。只不过在寻找的方式上它有别于其他媒体。它把一般的读者都视为用户，并以他们为服务对象，打造与他们自身需求相契合的信息流，走的是一条个性化与社会化相结合的路线。

5. 36 氪

36 氪于 2010 年 12 月 8 日上线。它的名字来源于氪元素，寄托的是一种期盼，因为传说中的氪星是超人的故乡。它服务的对象为互联网创业公司。一方面，它具有新媒体的属性，有超过 2 万多篇的优质文章发表于 36 氪；另一方面，它又是互联网企业创业的投融资平台。除了能帮助创业者投融资外，还能帮助他们筛选项目。另外，它还为初创阶段的团队提供了办公场所和后勤服务且不收取任何费用。

6. 兴趣部落

兴趣部落由腾讯手机 QQ 于 2014 年推出。它通过对兴趣进行分类，让拥有共同兴趣的 QQ 群实现连通，形成以兴趣取向聚合的社交系统。QQ 用户可以在“兴趣部落”里进行交流，也可以加入相关的 QQ 群进行实时交流。反过来，用户也可以从 QQ 群里走出来，加入公开的“兴趣部落”。兴趣部落主题众多，兴趣涉及面广。手机 QQ 用户可以根据自己的兴趣来选择部落，在部落中就各自关注和感兴趣的话题进行互动。目前，兴趣部落包含游戏、情感、城市、兴趣、运动等众多分类。

7. 京东粉丝圈

京东粉丝圈，实际上就是通过京东平台将单个品牌的粉丝，变为京东大品牌下的粉丝。通常来说，粉丝所关注的都是单一品牌，每个品牌之间的粉丝可谓“互不谋面”。在这种情形下，如果让粉丝们通过京东这个大品牌，让单一品牌的粉丝关注到其他品牌，那么，这些粉丝就成为京东大品牌下的共同粉丝。在实践中，京东就是通过其独一无二的平台整合力，将一家品牌的粉丝变为多家品牌的粉丝，从而形成京东旗下的粉丝圈。

8. 天猫粉丝圈

天猫粉丝圈与京东粉丝圈形成的模式相同，且两者相似度很高。同自然界的规律相似，任何事物都有一个由弱到强、由盛到衰的过程。因此，运营者在选择新媒体平台时，不妨多长个心眼，既要明白一山更比一山高的道理，也要明白长江后浪推前浪的趋势。只有这样，才能成功运营好自媒体。

（二）构筑新媒体平台网络

新媒体平台是互联网时代产生的信息传递平台，包括大家熟悉的数字报纸、数字广播、数字电视等诸多形式。新媒体不局限于媒体本身，实质上是一种媒体平台。新媒体要想生存和实现长足发展，就必须构筑好自身的平台网络。

新媒体平台有功能性平台和内容平台之分。功能性平台又分为包括微博、微信等类型的综合功能性平台和包括视频、分享等类型的垂直功能性平台。内容平台又分为包括新浪、搜狐等类型的综合内容平台和包括搜狐视频及优酷网等类型的垂直内容平台。

媒体内容在网上传播，其基本的传播和沟通方式靠的是网络人际关系。这种传播，需要社交分享、大数据技术推送和智能化定制等手段来实现。这也是构筑新媒体平台的关系结构和传播路径。所以，新媒体平台实质上就是一个整合各种内容和资源的网络技术系统。谁在技术和理念上领先，谁就能领跑市场，积累用户，形成自己的主导权。正因如此，在互联网上从来都不是原创的媒体取得成功，而是要依靠整合的应用服务平台。这种整合的应用服务平台，就是用来让别人从事原创或内容整合工作的。

种种实践表明，在移动互联网时代，信息渠道彻底贬值，互联网的互联与开放，彻底打破了传统媒体的垄断地位，因此，构筑用户服务平台才是新媒体的生存之道。然而，尽管网络技术飞速发展，一些人还是没有对此引起足够的重视，还是只借助网络来传播内容，而没有把时间和精力用在构筑用户服务平台上。当新媒体稳固自身的平台后再将精力放到内容上时，如制作视频网站自制剧、利用大数据生产新闻等，不仅对传统媒体构成生死挑战，还让新媒体领域那些没有构筑起稳固用户服务平台的运营者同样面临生死考验。形势让新媒体运营者不得不作出抉择：如果不想做内容提供商，就必须构筑自己的用户平台，积极投身于新媒体的平台竞争。构筑新媒体平台要做到以下几点。

（1）首先，将平台开放聚合。

为用户提供更好的体验，让他们在同一个应用中就可以方便地看到不同来源的内容，为他们节省时间。比如说，只需使用一个 APP 就能获得所需的信息，无须到处切换。在提供的内容上要做到多样性，要让用户接触到一些在一般情况下关注不到的内容。在内容的相关性上，要让用户接触到个性化、定位准确且经过过滤的内容。

（2）其次，提供社交服务。

不仅要把平台打造成资讯推介引擎，还应该让这些资讯服务于用户。比如说，让这个平台成为将提供内容变现的一个自媒体平台。如提供天气预报、实时路况之类用户需求的内容等。

（3）再次，跨界整合。

就是通过跨界整合，打造社区服务平台，如"资讯＋社交＋电商＋服务"模式等。在移动互联网时代，几乎所有的应用都在向平台化的方向迈进。

在开放的互联网领域，新媒体应用平台的发展已成为主流。网络门户、搜索引擎、网络视频、博客、播客、网络社区等应用平台无不顺应形势发展而迅速崛起。在新形势下，所有的平台建设必须围绕服务用户来进行。只有这样，才能形成开放、聚合、移动化的人与人连接、人与信息连接的功能。那些成功运营的平台，如新闻门户、视频网站、社交网站和移动客户端等，就是秉承这样的理念才得以迅速积聚起海量用户和居高不下的人气的。

技能点四　新媒体营销的岗位需求

随着新媒体时代的到来，新媒体营销无疑成为推动经济发展的重要一环，与此同时，各招聘企业对新媒体营销人才的需求也在逐步扩大。新媒体营销就是指利用抖音、微信、微博等自媒体平台策划与品牌相关的、优质的、有高度传播性的内容和活动，从而进行的品牌推广和产品营销等行为。

新媒体传播的媒介主要以文字、语音、图片、视频为主，新媒体营销人员所必备的岗位职责、任职要求及工作能力具体包含以下内容。

一、岗位职责

（1）负责公司自媒体平台的日常营销及推广工作。

（2）能够根据热点进行选题、创作，为粉丝策划与提供优质、有高度传播性的内容。

（3）负责粉丝的招募和维护，维护与粉丝之间良好的互动氛围，提高粉丝关注度和活跃度。

（4）挖掘和分析网友使用习惯、情感及体验感受，及时掌握新闻热点，有效完成专题策划活动。

（5）充分了解用户需求，及时收集用户反馈，分析用户行为及需求。

（6）能够根据不同活动的需要策划相关线上活动，并撰写相关微信文案，并且把控设计风格。

二、任职要求

（1）了解和熟悉各大主流平台（如抖音、微博、微信、头条等）的使用和推广流程，熟悉网络推广和产品营销流程。

（2）熟悉行业内主要公司、产品的营销策略，并且对竞品案例有自己的理解和分析。

（3）对移动 APP、互联网社交产品有较深的理解，对用户需求、用户行为有较深的洞察力。

（4）具有较强的新闻敏感度，以及良好的选题、统筹、沟通能力。

（5）具备扎实的产品营销能力和数据分析能力，基于目标导向不断优化和迭代营销策略。

（6）具有一定的推广意识，能够将优质内容在不同渠道进行分发和推广。

（7）具备扎实的文字功底。

三、工作能力

（一）内容营销能力

无论是用户营销、产品营销、活动营销、内容营销，文案创作的能力是每个新媒体岗位从业人员所必须具备的。文案并不等同于文章，文章是让读者进行阅读鉴赏的，而文案是向读者传递信息的。简单来说，新媒体营销人员的文案只要能够做到让用户看懂即可。

新媒体营销人员需要会操作今日头条、大鱼号、百家号、微信公众平台、微博等一系列的自媒体平台。除了会运作平台以外，新媒体营销人员更应该掌握的是内容方面的营销能力，比如能够写出 10 万 + 阅读量的爆文，可以撰写出产品营销文案，可以构思编撰出短视频脚本等。新媒体营销人员要有“网感”，具备抓住热点、数据分析、信息搜集等能力。无论是纯媒体，还是企业的新媒体，对趋势的把握都是十分关键的；而更关键的是要在众多趋势中，坚持自己的取向。

（二）用户营销能力

用户是营销的基础，所有的工作内容都是围绕着用户展开的。简单来说，就是要知道用户的痛点是什么，“以用户为中心”，生产解决用户痛点问题的产品。

要想通过内容营销吸引来用户，新媒体营销人员需要学会研究粉丝画像，从而写出更多符合用户需求的文案。当然这个能力需要通过长期积累才会慢慢培养出来，要想具备这一能力，需要在工作中不断深入了解自己的产品和用户，随时跟进社会热点，制造用户感兴趣的话题等。

对于在自媒体下方留言的用户，新媒体营销人员需要知道如何与之互动。用什么内容与之互动能促使他们关注；做什么样形式的互动，可以更加有效地了解用户的真实需求。

（三）活动营销能力

只有用户的需求得到满足，我们才可以留住用户。同样，只有用户的需求得到满足，我们的新媒体账号对于用户才是有价值的。除此之外，我们还要经常给用户制造惊喜，经常举办一些有趣又能带动用户讨论、分享的活动，或者推出一些结合实事热点事件的线上、线下活动。

活动策划包含的内容较多，比如活动的目的是什么？用户是否会感兴趣？活动开始前要做哪些准备？活动的整个流程是什么样的？规则是什么？入口在哪里？在哪些渠道做宣传预热？需要哪些人配合执行？具体工作是哪些？整个活动预计会产生什么样的效果？需要多少预算？投入产出比是多少？有没有预备方案？等等。

活动过后还要对数据进行分析，比如此次文案有多少人关注、阅读、收藏、分享，这些都可以通过具体的后台数据显示出来。这样，新媒体营销人员就可以知道下一步的工作内容是什么，还有哪些部分需要改进。总之，新媒体营销就是要用数据说话。

新媒体营销的对象是人，新媒体营销人员需要具有与别人进行良好沟通的能力。好的沟通能力，可以精准地表达新媒体营销人员的意图，让对方快速领会传达的信息。

活动营销的根本目的就是增粉、带动品牌宣传和变现。目前新媒体营销岗位都要求新媒体营销人员不仅会撰写文案，还要会策划营销活动，这样才能通过新媒体平台为企业创造真实的价值。

任务实施

本次任务主要通过技能点的学习，使读者掌握新媒体营销的基础知识，熟悉新媒体营销的工作流程与应用技术，了解新媒体营销的岗位需求，具备新媒体营销应用技术的统计与分析能力。

任务介绍
新媒体营销应用技术的统计与分析

新媒体营销的相关工作岗位分工较多，每个岗位的技能要求也不尽相同。但是有 6 项基本素质是普遍使用的，其中包括 3 项能力和 3 种思维方式，下面以列表的形式加以阐释（表 1.2）。

表 1.2 新媒体营销 3 项能力和 3 种思维方式

技术统计	应用分析
运营思维能力	假如现在要帮公司推广一款漫画 APP（工作目标），你该怎么做呢？做这项推广工作的思路包括 5 个环节：用户调查、内容制作、渠道投放、数据反馈、调整优化。 ①用户调查：首先需要确定这款漫画 APP 的用户画像，实现这一步可以通过调研竞品、做用户访谈确定。接着需要确定推广内容的调性，可以去调查目标用户的年龄、职业、用户处于什么样的压力、用户的普遍追求等。根据目标用户反馈，“情感类内容”比较受目标用户喜爱。 ②内容制作：制作了 1 篇情感漫画。 ③渠道投放：选择微博这个跟内容基调相匹配的渠道投放内容。 ④数据反馈：内容发布之后，监测 APP 的下载量。 ⑤调整优化：想要带来更多的下载量，需要测试多个版本的文案。测试不同“大号”的转发效果，或者将内容投放到更多的渠道，最终找到一个效果最好的“渠道”+“内容”的组合。 再如写文章之前，要想清楚目的是什么，是写给谁看的，他们有什么需求，我的文章能帮他们解决什么问题，如果文章发出来效果不好，是哪个环节出了问题等。 不管是写一篇文章，还是做一场活动，都可以按照“用户调研→内容制作→渠道投放→数据反馈→调整优化”这样的思路展开。

续表

技术统计	应用分析
文案能力	在帮一款产品写文案之前，你必须提前了解你的产品是干什么的，用户的痛点是什么，产品又是如何帮用户解决问题的。 下面介绍几个零基础练习文案的要点。 ①根据产品写文案。 假如你现在要为产品写文案，首先要想清楚“产品适用于哪些人？能解决什么问题？有什么突出的特点？”了解完这些信息之后，再用文案把它们结合在一起准确地表达出来。 ②根据运营推广的步骤写文案。 一项运营工作，往往包括前期预热，中、后期宣传等阶段，每个阶段所需的文案，其目的都是不一样的。所以在写文案之前，需要提前弄清楚它在整个推广计划中负责哪个环节？想要达到的目的又是什么？这样才能写出一个有效的文案。 ③根据用户写文案。 文案是为了更好地向用户推广我们的产品，要实现目标，就必须知道“用户是谁？他们关心什么？他们熟悉什么？如何用产品的卖点切中用户的痛点？”所以搞清楚用户的需求，远胜于华丽的辞藻。 ④根据渠道写文案。 写文案之前，我们还需要考虑，文案用在哪儿？写什么？写多少？这个渠道能放多少字？字号应该用多大？用户会在什么样的情境下读到这段文案？这些因素都会影响到文案最终的转化效果。
数据分析能力	假如你现在帮一款产品做推广，你给自己设定了一个目标——为产品销售带来1万元收入。为了实现这样的收益，可以采取以下步骤。 第一步：通过微信文章获取用户。 第二步：在文章底部留下一个转化点，如可以留下一个QQ群，那么加群人数即为第一个数字考核点。 第三步：在QQ群中，安排销售人员和用户建立联系，和销售人员建立联系的用户人数即为第二个数字考核点。 第四步：和用户建立联系后，用户付费转化的数值即为第三个数字考核点。 第五步：通过数据反馈，调整内容、产品、优化路径。 整个过程需要设定好目标，合理分解执行步骤。更直接、更易观察的具体数据，可以帮助你更好地量化工作，这才是数据思维的本质。
结果导向思维	一个结果导向思维很强的运营人员所做的所有工作，都与以下4件事情有关。 ①给产品、市场、运营部门反馈信息。 ②为产品稳定地引流。 ③帮公司挣到钱。 ④让产品实现口碑传播。 所以每一个运营动作，都要以结果为前提，根据结果提供反馈。
法无禁止即可为的思维	法无禁止即可为指的是凡是没有规定不许做的，你就可以做。每一个公司都需要能解决问题与自我思考的人。验证和反馈都是新媒体营销人员要做的事情，我们应该时刻记住这一点，而不是等着上级安排工作。

续表

技术统计	应用分析
执行考核思维	千里之行，始于足下。执行力是检验一切想法的基石。 首先思考一个问题，下面哪件工作，你会马上动手做？ ①在今天之内，到知乎这个渠道，搜索30个和“新媒体营销”有关的题，然后整理到Excel表格中。 ②明年，我希望可以当上市场总监，我要在一年内，好好学习专业技能和管理方面的知识。 相信你会毫不犹豫地选第一个，因为收集问题这件事的目标描述得非常细致，你可以清晰地知道下一步要怎么执行。 下面总结一下如何提升执行力。 ①越清晰的目标越容易执行。 ②一个清晰的目标包括内容、达标时间、数据KPI（关键绩效指标）。 ③实现目标的经验总结，会作为下一个目标的指导方向。

任务总结

本项目的课程介绍了新媒体营销的基础知识、工作流程与应用技术的相关知识点，分别从新媒体营销的基础知识、新媒体营销的工作流程与应用技术、新媒体营销的岗位需求、新媒体营销应用技术的统计与分析能力等方面展开学习，以逐条分步的形式帮助读者掌握新媒体营销的基础知识、工作流程与应用技术，读者学习之后可以对新媒体营销有更好的认识与了解。

英语角

新媒体	new media
营销	marketing
工作流程	workflow
应用技术	applied technology
岗位需求	job requirements
统计	statistics
分析	analysis
内容	content
用户	user

活动　　　　activity

任务习题

一、单选题

1.(　　)是建立在互联网系统之上的更为高级的发展模式。它会非常注重每一个人的差异和情绪变化，通过对每一个人信息和数据的分析，将有形或者无形的商品和服务呈现到受众面前。

A. 新媒体　　B. 传统媒体　　C. 户外广告　　D. 易拉宝

2. 一个新媒体在定位时，最好是思考做一个小而美的垂直品牌，先服务好一部分人群，不要追求大而全，大而全不符合新媒体发展的趋势。这句话说的是新媒体的(　　)。

A. 市场调研　　B. 竞争对手　　C. 营销活动　　D. 市场细分

3. 新媒体是一种工具、手段或者方式，通过新媒体的运营工作，达到使拥有新媒体的机构、组织、企业或个人(　　)的目的。

A. 宣传　　B. 提高知名度　　C. 赢利　　D. 增加美誉度

4.(　　)可以实现即时分享，通过信息更新与用户交流。同时还可以结合最近的时事热点发起话题，引发讨论，或是融入自己的新闻、文化、产品等相关信息。

A. 微信　　B. 微博　　C. 抖音　　D. 头条

5.“罗辑思维”的会员用户通过支付会员费用来换取“罗辑思维”的一些更为优质的服务。此案例是指通过(　　)实现新媒体赢利。

A. 付费阅读　　B. 广告　　C. 出售商品　　D. 增值服务

二、多选题

1. 新媒体的特性包括哪些？(　　)

A. 传播速度快　　B. 传播速度慢　　C. 可信度高　　D. 保留性强

E. 交互性　　F. 去中心化

2. 新媒体营销的特点包括哪些？(　　)

A. 传播的超时空性　　B. 交互的便捷性

C. 个性化　　D. 成长性

E. 整合性　　F. 高效性

3. 新媒体运营者要充分考虑用户的需求，围绕这些需求，通过(　　)等各种传播方式，将海量信息推送到用户和消费者跟前。

A. 报纸　　B. 文字　　C. 图片　　D. 视频

E. 声音　　F. 杂志

4. 新媒体人不仅要创作出优秀的内容产品，还需要经营新媒体这个新产品。经营的方式就是要有意识、有目的地(　　)，运用数据分析等工具来分析和研究每一个环节的问题和优点，从而不断地建立起一类又一类的新媒体产品生产模型，以适应不同用户的不同需求。

A. 设计　B. 发布　C. 开发　D. 包装
E. 推广　F. 营销

5. 新媒体的推广主要包含哪些形式？(　　)

A. 电视广告　B. 活动策划　C. 纸质广告　D. 软文推广
E. 户外广告　F. 异业合作

三、判断题

1. 新媒体是互联网和移动互联网技术支持体系中的媒体形态，相对于传统的报刊、广播、电视和户外媒体来说，新媒体也被叫作“第六媒体”。(　　)

2. 新媒体将来会和移动互联网一样成为另一种基础设施，只不过它或许会以泛组织的形式存在，这代表了我们周边的环境不仅是移动互联网化的，而且是泛媒介化的，在媒介中还存在着多种多样的形态。(　　)

3. 新媒体营销是功能最强大的营销方法。利用互联网的先进工具，它可实现促销、购物、渠道、客服、市场信息分析等强大功能。实际上，它具备一对一营销的能力，正符合未来的营销趋势——个性化营销，其也将成为未来主要的营销手段。(　　)

4.“酒香不怕巷子深”，只要产品好，即使不推广宣传，也会热卖畅销。(　　)

5. 新媒体的运营不是一项简单的线性工作，而是一个系统性和合作性很强的网状体系。新媒体内部之间要互相协调配合、新媒体部门要与产品生产端和销售端做好衔接、交流和沟通，还要把自己的内容做好。(　　)

四、简答题

1. 新媒体营销的特点之一为成长性，请举例说明你是如何理解这一点的？

2. 简述新媒体营销的优势。

项目二　新媒体用户与内容定位

学习目标

本项目重点学习新媒体用户定位与内容定位的基础知识，使读者熟悉新媒体用户定位与新媒体内容定位，具备新媒体用户定位与内容定位的匹配实践能力。在任务实现过程中：

- 熟悉新媒体用户定位；
- 熟悉新媒体内容定位；
- 掌握新媒体用户定位与内容定位的匹配。

学习路径

新媒体用户与内容定位

任务实施：本次任务主要通过技能点的学习，加深读者对新媒体用户定位与新媒体内容定位的理解与认识，并培养读者新媒体用户定位与内容定位的匹配实践能力

学习目标：1. 熟悉新媒体用户定位 2. 熟悉新媒体内容定位 3. 掌握新媒体用户定位与内容定位的匹配

任务技能：1. 新媒体用户定位 2. 新媒体内容定位 3. 新媒体用户定位与内容定位的匹配

任务描述：【情境导入】综观各品牌的成败，乐百氏纯净水的成功在相当程度上得益于其“27层净化”的品牌定位及其营销传播理念

任务描述

经过一轮又一轮的“水战”，饮用水市场形成了三足鼎立的格局，娃哈哈、乐百氏、农夫山泉三家公司占据了饮用水市场，就连实力强大的康师傅也一度被挤出了饮用水市场。综观各品牌的成败，乐百氏纯净水的成功在相当程度上得益于其“27 层净化”的品牌定位及其营销传播理念。

在学习新媒体用户定位和内容定位专业技能的同时，引导学生恪守新媒体营销人员的行业规范，培养互联网时代下的商业嗅觉；同时培养学生诚实守信的职业道德精神。

乐百氏纯净水上市之初，就认识到通过理性诉求打头阵来建立客户深厚的品牌认同的重要性，并将品牌诉求的核心内容定位于“纯净”，于是就有了“27 层净化”这一理性诉求经典广告的诞生。

当年纯净水刚开始盛行时，所有纯净水品牌的广告都说自己的纯净水纯净。但是消费者不知道哪个品牌的水是真的纯净，或者更纯净，此时，乐百氏纯净水在各种媒介推出卖点统一的广告，突出乐百氏纯净水经过“27 层净化”，从而为其纯净水的纯净提出了一个有力的支撑点。这个系列广告在众多同类产品的广告中迅速脱颖而出，给受众留下了深刻印象，“乐百氏纯净水经过 27 层净化”的概念很快就变得家喻户晓。“27 层净化”给消费者一种“很纯净，可以信赖”的印象。

品牌宣传成功与否在很大程度上依赖于新媒体运营人员能否在掌控产品和目标受众特性的前提下，提炼出正确的用户与内容定位，这是新媒体营销中最为关键的核心要素。

本项目主要通过对新媒体定位技能点的学习，加深读者对新媒体用户定位与新媒体内容定位的理解与认识，并培养读者的新媒体用户定位与内容定位的匹配实践能力。

任务技能

技能点一　新媒体用户定位

在新媒体营销市场过度饱和的情况下，企业要想获得竞争优势，达到更好的营销效果，必须要做好用户和内容定位，结合用户需求，将营销信息精准投放给目标用户，从而达到提升产品或品牌综合竞争力的目的。

一、了解目标用户

（一）用户属性

用户属性是指用户的不同分类属性，包括用户的性别、年龄、所在城市、职业等，不同属性的用户在消费理念、生活习惯和心理需求上都不尽相同。在制订营销计划前，企业应根据自身产品或品牌，分析用户属性，找准目标用户群体，开展有针对性的营销活动，从而促进用户的消费行为，增加产品或品牌的影响力。

（二）影响因素

1. 需求的差异性

目标人群的差异性是指不同的目标人群的需求是不一样的。在新媒体时代，粉丝都是利用碎片化的时间浏览信息，不同的信息会使浏览者产生不同的刺激反应，这是因为每个人在生活中都有着不同的需求。根据人们需求的差异性可以将需求分为同质性需求和异质性需求。

同质性需求是指这类人群的需求差异较小，甚至可以将其归为一类，因此没有必要再对这类人群进行市场细分。异质性需求是指这类人群所处的地理位置、社会环境不同，购买心理和购买动机也不同，从而造成他们对商品的质量和款式上的需求也不同。这种需求才是运营者将要细分的基础。例如，老年人和年轻人的消费观念、对商品的认知是不同的；陕北人和东北人的消费观念、对商品的认知也不太一样；少年人群和都市白领的消费观念、对商品的认知更有着千差万别的差异，运营者将每类人群细分后，基本上就能判断出目标人群了。

2. 需求的相似性

在同一环境、地域和文化背景下的人们，很容易形成相似的价值观、消费理念，这类人群的需求特点和消费习惯大体相同。这时，运营者只要研究这一特殊群体，就能了解这类人群的需求了。例如，在微信公众平台上，可以根据地域将粉丝划分到一起；将喜欢同样内容的粉丝划分到一起；将喜欢同类商品的粉丝划分到一起。只有找到目标人群的相似性，才能有针对性地组织内容、推荐商品。打标签的功能如图 2.1 所示。

图 2.1　打标签

3. 有限的资源

无论是大型企业还是一位店家，运营者都会受到自身实力的限制，不可能满足粉丝们所有的需求。为了能够与同类平台竞争,运营者必须对粉丝们的需求有一个明确的细分,然后选择最佳目标来销售。如果运营者的产品与市场上的其他产品没有太大区别,可以借助新媒体平台的优势在更高层面上满足粉丝们的精神需求。

二、构建用户画像

用户画像是一种将用户属性、行为等信息通过图像直观地展示出来,方便营销人员进行用户定位的有效工具,是实际用户的虚拟代表,能够通过数据展示产品或品牌的主要受众和目标群体,从而实现数据的统计分析。

一般来讲,在构建用户画像时习惯按地域、性别、环境等进行细分,但还有更为详细的分类方法,运营者可以根据自身情况选择适合自己的分类方式。

(一)按人口细分市场

按人口细分市场是指按人口统计变量,例如年龄、性别、收入、职业、教育程度等来细分市场和目标人群(表 2.1)。

表 2.1 按人口细分市场

性别	男性与女性之间有着根本的生理差别,所以两类人群之间的产品需求和偏好有着很大的不同,在选择的产品上也有较大的差异
年龄	不同年龄层次的人群有着不同的需求。例如青年人更喜欢运动时尚的服装;都市白领对服装的品质、款式更在意
收入	低收入人群和高收入人群无论在商品选择上,还是在娱乐休闲时间的安排上都有着较大的不同,在社会交际、精神追求上也有较大的差异
职业与教育	职业不同需求就不会相同。例如,IT 行业和艺术类行业从事人员在商品的选择上差异就相当大;农民与教授在选购商品时的侧重点也不一样
家庭生命周期	一个家庭按照生命周期可以分为单身、扩展、稳定、收缩、空巢与解体 6 个阶段。每个家庭在不同的阶段,需求、购买力、兴趣都有较大的差异

(二)按照目标人群的心理细分市场

这种细分方式是根据粉丝所处的社会阶层、生活方式、个性等来细分市场的(表 2.2)。

表 2.2 按照目标人群的心理细分市场

社会阶层	社会阶层是指在社会中具有相对同质性的持久性的群体。处于同一社会阶层的人群有着类似的价值观、兴趣爱好和行为方式。处于不同社会阶层的人群,对商品的需求各不相同。一般能够决定社会阶层的因素有:职业、成就、社会互动、财物、价值取向和阶层意识。每个阶层的人群对支出模式、休闲活动、信息接收和处理、购物方式的要求都不太一样。因此,即使购买同一商品,因为阶层不同所造成的偏好、动机也不会相同。例如,同时购买牛仔裤,劳动阶层的粉丝可能更注重它的耐用和价格优惠,而上层社会的粉丝会更注重它的时尚性与表现力
生活方式	生活方式是指每个人对生活的追求,每个人对生活的追求都是不一样的。例如,有的人喜欢追求恬静、简朴的生活;有人追求时髦刺激、冒险的生活;男性和女性对生活的追求也不相同。因此,运营者在细分目标人群时也要注意每类人群所喜欢的生活方式

续表

个性	简单来说，个性就是指一个人的整体精神面貌，即具有一定倾向性的心理特征的总和，是一个人共性中所凸显出的一部分。一个人的个性会通过自信、自主、支配、顺从、保守、适应等性格特征表现出来。因此，在细分人群个性时，可以按照性格特征来进行分类；或者在细分好某一类人群后，再针对某一种性格的人群推送信息，把他们聚集到一起。
偏好	偏好是指个人偏向于某一方面的喜好。例如，有的人喜欢抽烟，有的人喜欢打牌、玩游戏；有的人喜欢喝咖啡，有的人喜欢吃甜点。在新媒体平台上，有偏好的人群看到了某类适合他的信息，他就会对该信息平台进行关注。如果定位的是这类人群，那就需要从偏好下手，提供能令他们满意的商品和服务。

在进行营销策划时，运营者可以多研究目标人群，这样，在与其交流时就会得心应手，很容易找到共同话题。同时根据他们的喜好设计商品，把可能存在敌意的粉丝变为好朋友，把粉丝对商品的否定变为肯定，把粉丝对平台的冷淡变为热情。

三、转化潜在用户

（一）潜在用户

所谓"潜在用户"，指的是那些对某种产品或服务存在一定需求，并有能力进行购买的待开发用户。通常来说，潜在用户与现实用户之间并没有明确的界限。潜在用户作为企业目标用户群的组成部分，两者之间互为前提，彼此依赖，对企业都具有很大的商业价值。但是，在运营新媒体账号时，运营者需要弄清楚这两者之间的本质区别，只有这样才能更好地实现潜在用户向现实用户的转化。潜在用户与现实用户的区别主要体现在以下 3 点。

1. 影响性

当潜在用户关注了企业新媒体账号之后，他就会转化为现实用户。作为现实用户，他会把自己从这个新媒体账号获取的信息和服务，通过各种渠道传递给其他潜在用户，并促使他们进行关注。如果现实用户发现这个新媒体账号对自己造成了干扰或其推送的都是毫无价值的信息，那么，他就会否定自己的关注行为，果断地取消关注。此时，他就又从现实用户转化为潜在用户了。而在重新恢复潜在用户的身份之后，他对其他潜在用户的影响力不但没有减弱，反而增强了。因为负面意见的影响力通常大于正面意见的影响。人们可能不会因为朋友的推荐就购买某种产品，但大多数人会因为朋友的否定而对某种产品避而远之。

2. 相对性

这种相对性通常体现为两个方面。首先，用户既可以是现实用户，也可以是另一种产品或品牌的现实用户或潜在用户；其次，你的现实用户对于竞争对手来说往往是潜在用户，你的很多潜在用户往往都是竞争对手的现实用户。因此，将潜在用户转化为现实用户的过程，从本质上来说也是一种市场竞争行为，是与竞争对手争夺客户资源。

3. 转化性

潜在用户与现实用户之间是能够相互转化的，这种转化可以分为两种，一种是潜在用户向现实用户的正向转化，另一种是现实用户向潜在用户的逆向转化。前者是有利于新媒体账号推广的，后者却会对其造成巨大的负面影响。因此，企业一定要通过各种方式来挽留现实用户，尽可能防止逆向转化的发生。同时，也要通过加大投入来挖掘潜在用户，促进正向转化的发生。只有这样，才能使新媒体账号获得更多的粉丝。

具体来说，潜在用户又分为4种类型，如表2.3所示。

表2.3 潜在用户类型

类型	转化要点
新的潜在用户	需要不断挖掘、开发这一类型的潜在用户，潜在用户的持续增长才能带来现实用户的持续增长
由现实用户转化而来的潜在用户	这部分用户之所以会发生逆向转化，是因为他们对你的新媒体账号有所不满，应及时对他们进行用户调查，了解产生这种不满的来源及导致他们取消关注的原因，有针对性地进行改善，从而使这些用户重新回到现实用户的行列之中
因某些原因拒绝关注的潜在用户	事出必有因，了解他们不愿意关注的原因具体是什么，给出他们关注你的切实理由
现实用户	把现在正关注你的现实用户也当成潜在用户，怀有这样的想法才能为他们提供更好的服务，使他们为你带来更多的粉丝

总之，企业只有了解并重视每一位有可能带来关注的潜在用户，才能通过一些具体的手段和措施来赢得他们的心，使他们转化为现实用户。

（二）以用户为导向的实际操作

制定以用户为导向、一切以用户为中心的推广策略，才能使更多的潜在用户感受到企业对用户的重视，使他们心甘情愿地成为新媒体账号的关注者、传播者。那么，怎么做才是以用户为导向呢？我们可以从以下几点入手。

1. 提高服务质量

企业想要获得用户的口碑，让他们心甘情愿地为新媒体账号进行“口碑营销”，最简单的一个途径就是为他们提供良好的服务。要想提高服务质量，就要站在用户的立场上，真正为他们着想，不但要为关注你的用户提供最周到的服务，赢得他们的认可，还要用增值服务、差异化服务、创新式服务等为他们提供可以向他人炫耀的资本。只有这样，才能在潜在用户群中产生原子核裂变反应般的口碑效应。

2. 赠送令用户满意的小礼物

我们经常会看到，如果超市里的某样商品开展“购买即赠储蓄罐”之类的活动，很多消费者就会蜂拥而上，甚至很多原本打算购买其他产品的消费者也会改变自己的主意。可见，免费获取礼物对于消费者有很大的吸引力。当人们关注你的新媒体账号之后，你可以向他们赠送一些与产品有关的副产品或是印有公司标志和二维码的小产品，比如钥匙扣、台历、购物袋等。通过关注新媒体账号获得意外礼品，不但会使用户对你产生好感，有些用户还会主动向朋友、亲人、邻居等展示自己的收获，从而使更多的潜在用户转化为现实用户。

3. 不定时举办一些感恩活动

隔一段时间就可以举办一些感恩活动，让用户感受到你的温暖，这样他们对新媒体账号的信任度就会不断得到提升。这些感恩活动既可以在线上展开，也可以在线下举行，重点在于要让用户真正得到实惠。

4. 给每一个用户VIP的感觉

人人都有获得尊重的需求，因此，运营者需要努力为每一个用户营造一种“我就是VIP”的尊享感觉。比如，在推送信息时以用户的昵称开头、给用户发放专享的微信会员卡、为用户提供一些特色化的服务等。当用户得到尊重以后，他们就会更加心甘情愿地帮你做宣传了。

5. 为用户提供专业性的产品指南

每一个用户都希望得到专业的消费或购买指导，当企业推出新的产品时，不妨在不干扰用户的前提下通过新媒体账号为他们提供一些产品指南，或者让他们参加企业的体验活动。这既能让他们切实地感受到产品的特色，也能让他们认识到新媒体账号的价值，从而达到促进产品销售的目的。

6. 重视用户的想法和意见

当用户通过新媒体账号向你反馈意见、提出自己的想法时，首先应该感谢他们，然后要对这些看法进行收集和分析，采纳其中有价值的意见，并在适当的时候给用户一个反馈，告诉他们你根据他们的建议和意见所采取的改进和完善措施，并且可以给予他们一定的奖励。这会让用户感觉自己受到了重视，甚至还会主动向周围的人宣讲这件事，从而吸引更多的人关注你的新媒体账号。

7. 投其所好

从用户的兴趣入手，向他们推送符合其兴趣的信息，或者可以把产品与用户的兴趣点结合起来，以此来获取用户的信任。比如，在索契奥运会期间，旅游类的新媒体账号可以借助冬奥会的话题，询问用户对哪些项目感兴趣，如果用户对滑雪有兴趣，就可以向他们推送一些滑雪场的优惠信息等（图 2.2）。

图 2.2 索契奥运会滑雪项目

（三）激活粉丝的主动传播

新媒体账号与粉丝之间的关系链是十分脆弱的，粉丝随时都有可能因为账号推送的信息不合胃口、过于频繁或对优惠活动不感兴趣等原因取消关注。因此，企业必须不断地吸引新的粉丝，从而维护新媒体账号的价值。

要实现这一点，一个重要的途径就是“让粉丝来影响粉丝的粉丝”。随着社交网络的日益发达，如今，每一个粉丝都不再是传统意义上的消费者，他们本身也是一个自媒体，是一个传播平台，具有很大的传播价值。只有激活粉丝的主动传播，实现以粉丝为轴的扩散式传播，才能实现新用户的二次乃至多次增加。

那么，怎样才能让粉丝对你的新媒体账号产生好感，并主动扮演“口碑传播者”的角色呢？这就要求运营者在进行新媒体营销时注意以下 3 点。

1. 知己知彼，了解粉丝的“口味”

《孙子兵法》有云：“知己知彼，百战不殆。”所谓“知己”，指的是了解自己的优势，知道自己能够为粉丝提供什么。而“知彼”，则是指了解粉丝的“口味”，知道他们想要的是什么，并且不断满足他们的需求。

如果粉丝希望了解产品，你的新媒体账号就应该成为一个24小时的用户咨询即时应答平台，为用户提供一个便捷的交流渠道，让用户可以随时随地与你进行沟通，最大限度地满足他们的产品咨询需求。

如果粉丝需要的是贴心、周到的服务，你的新媒体账号就应该从各个角度来对企业现有的用户服务体系进行延伸，帮助用户及时解决问题，使他们能够第一时间获取优质的服务。

如果粉丝需要的是人性化的关怀，你的新媒体账号就应该通过产品使用小贴士、生日提醒、每日问候等多种多样的方式来对用户进行关怀，与他们进行情感沟通。

不了解粉丝的需求，就不能为他们提供有效的服务，粉丝的满意度也就无从谈起。因此，要尽可能地去满足粉丝合情合理的需求，在与粉丝的良性互动中增强用户黏性、提高用户的信任度。

2. 折扣与优惠是最好的营销工具

最容易触动人心的是什么？是利益。因此，新媒体账号在向用户推送信息之外，还要经常给予用户一些奖励，比如微信粉丝专享折扣、分享送礼等。要知道，折扣与优惠永远是最好用的营销工具。

3. 根据粉丝的属性来分组推送信息

每一个粉丝都有自己独特的属性，如地域、行业、身高、体重、兴趣、婚姻状况等。根据粉丝的属性来分组推送信息，才能确保信息的阅读率，才能提高粉丝的忠诚度。如果粉丝所在的地标是北京，那么上海的优惠信息就没必要推送给他，因为没有人会为了打折而从北京跑到上海去购物。如果粉丝使用的是苹果手机，那么，华为手机壳的赠品是不可能引起他的兴趣的。给北京人推送北京的优惠信息，向苹果手机使用者赠送苹果手机壳，这样粉丝才会“领情”，也才会主动把这些信息分享出去。

技能点二　新媒体内容定位

新媒体平台秉承内容为王的原则，而好的内容要兼具实用性、亲密性和趣味性。不同的目标受众有不同的喜好，如何通过内容赢得目标受众的喜爱，吸引目标受众关注新媒体账号，并增加受众的黏性？这些都是运营者应该思考与具备的技能。

一、内容定位

说到内容，很多人会仅仅理解为文章内容。其实在新媒体平台上，菜单功能服务、商品销售以及其他个性菜单等，都属于内容的范畴。在给新媒体平台进行内容定位时已经明确，好的内容是服务于粉丝的。那么，除了文章内容外，平台上的其他内容最好也是服务于粉丝的，这样才能将粉丝留在平台上。那么，提供什么样的内容服务才算做到了精准到位呢？

1. 功能性定位

对于微信公众服务号而言，由于有每周只能发布一条信息的限制，平台不能通过文章的内容来营销，所以应当将精力更多地放在服务上。例如，“海尔智能空调”是海尔企业专门针对购买过海尔空调的客户开设的平台。由于“海尔智能空调”的公众号属于微信公众服务号，这个账号并不能每天通过文章内容来服务粉丝。因此，企业在该平台上设置了一个“管理我的家电”的功能。有了这个功能后，手机立即变身成为遥控器，可以直接用来控制空调温度（图 2.3）。除了海尔空调外，银行类的平台也开通了服务内容（图 2.4）。例如，当粉丝绑定银行微信公众平台后，每次刷卡，银行微信公众平台就会发出提醒，从而取代了之前的短信。如果想查询银行卡账单和余额，在新媒体平台上就能完成，利用这样的服务为粉丝们提供了方便。

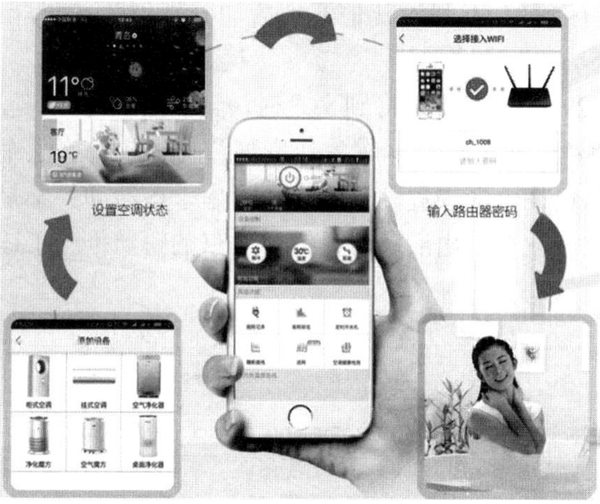

图 2.3　海尔智能空调遥控功能

图 2.4　银行服务

2. 娱乐性定位

随着智能手机的普及，无论在地铁里还是在公交车上，总能看到人们在低头玩手机。如果仔细观察就会发现，这些人群不是在阅读电子书，就是在看视频、玩游戏。许多平台发现了这些“低头族”的喜好，于是将图书阅读、视频、游戏等内容搬到了新媒体平台上，以此来增加粉丝的黏性。

2015 年春节期间，微博、微信、QQ、支付宝等平台都推出了抢红包的活动，就连中国人每年必“吃”的年夜饭——春节联欢晚会都开通了微信摇红包的活动，目的就是与观众互动。在这个特殊的节日，中兴智能手机抓住机会，在春节期间推出了“接财神抢红包”活动，让那些没抢过瘾、意犹未尽的粉丝们在其新媒体平台上抢红包。这个活动得到了粉丝的喜爱，有 566 020 位粉丝接到了“财神”并抢到了红包。在春节期间，抢红包是分享次数最多的活动。粉丝在参与此类活动的同时，还会将活动分享到朋友圈，从而吸引更多的粉丝参与进来。

除此,新媒体平台还推出刮刮卡抽奖、大转盘、拼图等游戏,这些都是不错的互动活动,同时结合优惠券、赠品、积分等功能,使粉丝参与到其中并将其传播,从而有效地提高了粉丝黏性。

二、根据粉丝分组进行内容定位

如果新媒体平台上已经有了大量的粉丝,那么运营者在推出内容之前,还需要对粉丝进行分组,针对不同人群推送不同的内容,这样可以提高精准度,达到更完美的效果。

1. 根据不同地域分组

有些大中型企业,在全国各地都有分公司、直营店,还有的企业的商品在全国各地的超市有售。对于这类企业,有时因为种种原因,其每个地区所推出的活动都是不一样的。而微信用户来自五湖四海、世界各地,如果没有对用户进行精确分组,企业将各地区推出的活动全部推送到新媒体平台上,会导致粉丝接收到不适合自己的信息。粉丝很可能会因为经常收到与他无关的广告信息而取消关注。这种推送行为不仅没有促使活动成功,反而可能导致失去很多潜在的客户。如果针对不同地区的粉丝进行分组,并分别推送活动信息,就能达到不一样的效果。同时,也能吸引该地区粉丝的兴趣,让他们把活动分享到朋友圈,帮助增加转化率。

例如,"呷哺呷哺"在2014年9月29日国庆节即将到来之时,推出了"炫彩华诞,举锅喝彩!"的活动。只要去店里吃火锅,消费满额就会赠送粉丝炫彩杯。粉丝想得到这个炫彩杯,就会带着自己的好朋友去吃火锅,这也在无形中提高了转化率。由于该活动并不是全国的店铺都参与,而是仅限北京地区,因此企业在推出活动时只针对北京的粉丝推送了该活动信息。如图2.5和图2.6所示。

图2.5 "炫彩华诞,举锅喝彩!"活动1

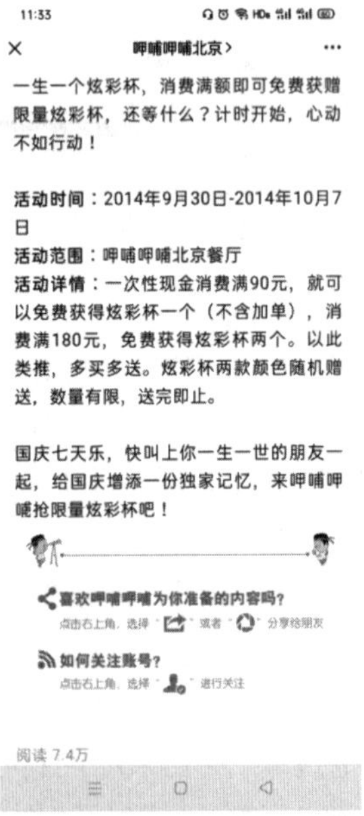

图2.6 "炫彩华诞,举锅喝彩!"活动2

2. 按粉丝的购买量分组

当新媒体平台所推送的内容吸引了大批粉丝后，就可以进行产品的活动推广了。在运营公众平台时，随着运营时间的增加，运营者的平台上一定总是有几位活跃的粉丝。他们喜欢在平台上与运营者交流，同时也会很积极地参加各种活动。这些粉丝虽然不一定是购买产品的主要人群，但一定是可以帮助传播、分享的主流人群。这时，运营者就要为这类粉丝建立一个分组，推出活动时，可以主要向他们推送关于分享类的活动。

有一些粉丝是不太喜欢与运营者互动的，但如果有好的商品推出，他们会直接购买。这时，运营者也需要针对这部分人群进行分组。当推出返利、赠送样品活动时，可以主动向他们推送相关信息。

运营者可以根据粉丝的购买量、转发量来建立分组。例如，可以划分为 VIP 贵宾、普通用户、意向用户、未成交用户、老顾客、活跃粉丝等。针对不同的粉丝推出不同的活动，才会有更大的活动力度，进而提高转化率。有了明确的分组后，运营者在后台与粉丝们交流时，才能够明确沟通方向，从而增加销量。

当然，运营者还可根据粉丝的其他情况，如按照年龄层次、性别、喜欢的商品种类等要素来对其进行分组。分组越明确，针对粉丝推出的活动也就越精准，这样推送的内容才能让平台上越来越多的粉丝满意。

三、内容推送技巧

1. 关联性

运营者开通新媒体平台，最终的目的都是为了赢利。如果是通过销售商品等方式赢利，那么就一定不能忽视与商品有关联的文章。当粉丝阅读到这类文章后，能够通过文章内容对商品有进一步的了解，从而增加购买的欲望。

“经典绘本”是一个销售绘本的平台，该平台虽然销售的是绘本，但吸引的粉丝群体却不是儿童，而是孩子们的爸爸妈妈。这个新媒体平台只有得到了爸爸妈妈们的认可，绘本才有可能会传递到孩子手中。为了能够把绘本销售出去，该平台的运营者向粉丝推送的文章调性均为经典回忆风格。这种宣传思路不仅与绘本产生了关联，还能通过销售回忆让粉丝们产生共鸣，最终促使粉丝愿意将这种有共鸣的故事讲给孩子听。

2. 实用性

随着各种新媒体平台的逐步完善，开发者们也推出了很多实用的版块。从文章角度来讲，可以向粉丝们推荐具有实际价值的文章，即让粉丝们看到后就可以立即学习；或者推送与他们的生活息息相关的文章，让他们看完后可以立即受益。例如，“经典绘本”新媒体平台上，运营者就向粉丝推送了《如何帮孩子戒掉“电视瘾”？这些方法可以帮你！》《切记：孩子不能常吃的九种食品！》《千万别让你的孩子晚睡》等文章。看到这些关爱孩子、让孩子改掉恶习的文章，爸爸妈妈们肯定愿意留在该平台上多多学习，与孩子一起成长。

3. 趣味性

手机使用者大多为年轻的上班一族，他们早出晚归、辛勤工作，只能利用碎片时间通过手机来消遣娱乐。这类粉丝希望偶尔可以看到一些轻松欢乐的内容，从而放松精神，愉悦身心。所以新媒体平台的内容要丰富多样、充满人情味，满足受众多元化的心理需求。“经典绘本”的运营者为了增加平台的趣味性，选择全家出镜的方式，时不时将带他家宝贝出去游玩的照片晒出来；有时还会推送语音信息，亲自唱上两句。这些方式既会让粉丝们喜欢，又不会过于偏离“经典绘本”这个主题。

4. 互动性

判断一个新媒体平台优劣的重要标准为是否具有互动性。新媒体平台的质量不是由粉丝数量决定的，与粉丝的互动情况才是决定一个平台好坏的关键。如果粉丝们不参加话题讨论，不购买平台上的商品，再多的粉丝也是“僵尸粉”。有些平台的粉丝虽然不过千人，但每推出一个活动，都能引起粉丝的转发、购买及参与，那么这个平台比有百万粉丝的平台更有价值。

“经典绘本”为了让平台“活跃”起来，推出了“【福利】免费送 20 套《积木宝贝幼儿益智问答卡片书》”的活动。要想得到这套绘本，就需要参加到活动中。参与该活动的方式为，邀请一位微信好友（需要是家长）关注新媒体号，并将邀请时的对话截图发送至平台后台，最后由运营者从中选取 20 位幸运获奖粉丝。

该活动推出后，不仅让粉丝互动了起来，还增加了新的粉丝，可谓一举两得。除了这类活动，还可以将竞猜、游戏、大转盘等活动以文章内容的形式推送到平台上，让粉丝通过新媒体平台与运营者一起互动。

5. 热门话题

热门话题之所以能够成为热门话题，主要是因为它是人们所关心的问题，或者说是当下人们可以放松精神的一种娱乐话题。因为热门话题被广大网友熟知，所以把这些元素加到新媒体平台上，就会引发粉丝们的兴趣，带动他们主动分享。例如“经典绘本”的“哈友：PK（对决）王思聪？哈爸，你跑偏啦！”，还有“法国百特葡萄酒”（图 2.7）趁《冰与火之歌》新一季开播时推出的“冰与火之歌——法国百特年会记”，以及“蚌埠百大”新媒体平台在《奔跑吧！兄弟》大热时推出的“春天，与百大一起，奔跑吧！”等，这些都属于热门话题性的内容。

四、内容的分类

运营者找到优质内容后，接下来就要对这些内容素材进行整理。只有管理好素材，运营者才能够迅速对平台上的内容作出判断、筛选和发布。运营者找到合适的素材后，可以做一个 Excel 表格，按照素材来源等要素对内容进行详细归类。对内容进行分类整理后，粉丝便可以一目了然地找到适合他（她）的栏目。

1. 每日必发送内容

每日必发送内容是新媒体平台上的固定栏目，可以是原创内容，也可以引用他人发布的内容。运营者可以根据自己运营的平台类型对内容进行归类。

在编制这类信息时，可以将与生活有关或心灵鸡汤等类型的内容包括进来。例如在“声美钢琴”的新媒体公众号上，就分为声美钢琴、声美育儿和健康声美 3 个模块。其中，声美育儿和健康声美就是日常生活的内容。

2. 活动营销内容

一个营销活动的成功离不开推广，新媒体平台想要拥有更多粉丝，便需要营销活动的支持。通过营销活动可以提高平台的知名度，粉丝的分享会带来更多潜在用户的关注。营销活动不仅可以吸引粉丝并提高知名度，还可以销售商品，实现赢利。要想做到这些，就需要运营者不断在活动内容上下功夫。

在策划活动内容时，可以加入有奖转发或有奖参与等内容，以回馈平台上的粉丝。每到节假日时，也可以打破日常推送内容，推出大型活动。例如在春节期间，国密董酒新媒体平台推出了“幸福回家路——春节‘回家的路’照片大征集”活动（图 2.8）。

图 2.7　法国百特葡萄酒

图 2.8　国密董酒新媒体活动

技能点三　新媒体用户定位与内容定位的匹配

一、用户定位与内容定位

在移动互联网时代，用户都是利用碎片化时间浏览信息，他们需要在最有限的时间里吸收最多的信息。如果一个信息不能立即吸引他们，他们就会关掉界面查看新的信息。所以运营者需要推送极其有吸引力的内容，来向粉丝们表达核心卖点。如果运营者不能把核心产品的核心卖点以简单清楚的方式表达出来，那么用户就会寻找新的适合他们的产品。

（一）面向用户定位提炼核心信息

每一款产品都有许多功能和特点，对于粉丝来讲，产品的功能与特点越多，其价值就越大。但将一款产品所有的特点和功能都进行宣传，会令消费者分不清主次、抓不住重点，这时就需要把最重要的卖点提取出来，并作为产品的主打概念进行宣传。

1. 确有其实

运营者提取出的产品卖点，必须是产品具备的功能、功效或特征。不可以夸张表述卖点，那样会让粉丝感觉上当受骗。同时，在提取产品卖点时，不仅要建立在产品实际特征与功效的基础上，还应考虑粉丝们的消费需求。

例如，“加多宝”是中国的凉茶品牌。加多宝里含有多种营养成分和功效，但如果把这些功效都讲出来，未必会得到消费者的认可。该企业在仔细研究市场需求时发现，人们喝饮料最多的时候是在餐桌上；同时，无论吃火锅还是吃川菜，人们最担心的就是上火。加多宝凉茶中含有金银花、菊花等清热去火的成分，所以企业的运营者为该品牌产品的卖点定位为“去火”。正因为产品定位明确而且确有其实，所以当消费者聚餐点了有辣椒的菜品后，很容易就会想到加多宝。“加多宝”根据大众的需求给产品定位，因而受到了广大消费者的喜爱（图 2.9）。

2. 确有其特

市场中各种品类的商品琳琅满目，但仔细观察后，你会发现这其中存在着很多同质化商品。如何让消费者在众多相似的商品中，选择你的商品，或者在众多新媒体账号中关注你呢？这就需要你的商品或者新媒体账号有特点，即能在市场中独树一帜，能让消费者过目不忘。运营者为产品提炼特点时，可以充分考虑产品自身的特征与消费者的需求。

例如，“奥利奥”是家喻户晓的知名品牌，该品牌的产品是饼干。市场上的饼干不仅品牌多，而且品种、口味众多，如何才能在众多饼干品牌当中得到消费者的认可呢？“奥利奥”产品定位的人群主要是孩子，而孩子最大的乐趣就是玩。于是，该品牌在提取产品卖点时，把玩放到了第一位，并在新媒体平台上，大量征集与推送关于饼干的好玩的方法（图 2.10）。

无论在电视广告中，还是在新媒体平台上，该品牌都是以更多吃法、更好玩为主要宣传点，而极少宣传该产品的味道。因此，在为产品提取概念时，可以从多个角度入手，跳出产品本身，这样才能找到更多灵感。

图 2.9　加多宝广告

图 2.10　奥利奥广告

3. 确有其途

众所周知，新媒体平台是一个靠分享来营销的平台，没有分享、转发，营销就不会达到预期的效果。因此，有一个好的“途”径是非常重要的。也就是说，运营者为产品提取的概念必须易于传播、理解和记忆。

例如，“滴滴出行”是一款打车软件。无论该软件多么实用，如果没有用户使用，消费者就不会感受到它的便捷。为了赢得更多的客户，“滴滴出行”在春节期间推出了“报销春节机票”“抢百万红包”等易于传播的活动。粉丝们只需将红包活动分享到微信朋友圈就能得到现金红包或者打车券。朋友圈内的好友看到该活动后，也会主动关注滴滴打车平台，然后参与其中（图 2.11）。

要想让活动达到预期效果，运营者在设计活动时至少要满足两点要求。

第一，让粉丝获得成就感。以“滴滴出行”的活动为例。时逢春节假期，粉丝可以与朋友一起抢红包，拼手速。红包多少不重要，真正重要的是抢到红包后的成就感。只要满足了粉丝这一心理需求，活动很容易被转发，并达到传播的效果。

第二，用语直白，通俗易通。在为活动提取概念时，应尽量避免使用学术用语。活动宣传用语宜通俗直白，方便广大粉丝理解并转发。同时，用语还需结合当下流行的风格、节日等，有针对性地提取概念。只要找对了这个概念，任何一个产品或平台都能让粉丝们记忆深刻，从而达到销售的目的。

（二）通过内容定位表达核心信息

著名的营销理论家罗瑟•瑞夫斯提出，任何产品在营销传播中都应该有自己独特的卖点。这个独特的卖点，可以让消费者对产品特性一目了然，并方便粉丝理解和记忆。新媒体运营者可以通过一个词语或一句话概括产品的重要性，它可以是一句广告词，例如娃哈哈品牌广告语中的“吃饭就是香”（图 2.12）、农夫山泉品牌广告语中的“有点甜”和海飞丝品牌广告语中的“去除头屑烦恼”；它还可以体现在产品的名称或商标里，例如“敌百虫”“商务通”等，这些产品名称本身就可以给人们留下特定的印象。提取并表达出产品的卖点，粉丝们便可根据自己的需求选择产品。

图 2.11　滴滴快车的活动

图 2.12　娃哈哈广告

再如，“裂帛”是中国知名设计师女装品牌，拥有一支富有创造力的设计师团队，品牌风格无拘无束，主要以民族风格类女装为主。这种风格的服装受到了大批都市白领的喜爱，为了凸显每件服装的不同，运营者给每个产品提取出一个亮点。在微信公众平台上，为每件“裂帛”服装起了一个名字，以期用亮点来打动粉丝。即使粉丝暂时不会购买，也会被品牌的独特性所吸引，并留下特定的印象。日后，当他们需要此类产品时，就会在第一时间想到该平台上的产品。

二、通过用户定位与内容定位搭建赢利模式

要想运营好新媒体账号，一方面需要精准的账号定位，另一方面还需要持之以恒地坚持。如果运营者对账号定位不清、目标受众认识不够明确，就会产生宣传范围过大、粉丝中的非目标受众占比过大、推广效果欠佳等诸多连带问题。因此，只有对新媒体平台有一个明确的定位，运营者才能找到一条清晰的思路好好地运营下去。

不同的行业有不同的目标人群，同样也有着不同的赢利模式。但无论哪个行业，最终都是以吸引粉丝，让粉丝们购买商品为目的。找到这些共同的问题并一一解决，赢利模式也会“其义自现”。

（一）找到属于自己的赢利模式

每个企业都有自己的营销模式和赢利模式。企业可以利用新媒体平台打造一种服务，或者可以说将新媒体平台塑造成为企业线下销售提供服务的平台。但作为中小企业和店家，基本上还没有形成管理体系，也没有专业的移动互联网人员来管理新媒体平台，这时就需要找到新媒体平台的赢利模式。

赢利模式一般来讲分为自发的赢利模式和自觉的赢利模式两种。自发的赢利模式是自发形成的，因为企业对于赢利以及未来是否赢利并没有清楚的认识，所以当企业赢利时，赢利模式对于企业领导人而言是不明确、不清晰的。这种赢利模式具有隐蔽性、模糊性、缺乏灵活性的特点。自觉的赢利模式是指企业通过对赢利的实践和总结，找到属于自己的赢利模式，并能够自觉调整和设计这种赢利模式。这种赢利模式具有清晰性、针对性、相对稳定性、环境适应性和灵感性的特点。

例如，“美丽说”新媒体平台的赢利模式就属于自觉的赢利模式。“美丽说”本身就是电商平台，入驻到微信公众平台后继续传承着互联网的理念，帮助女性朋友解决“怎么穿，哪里买”的问题。该平台推送的内容大部分与商品销售有关，在内容方面将平台商品结合当下最时尚、最火的热门话题进行编辑并推送。对此，粉丝不仅不觉得烦，反而非常喜欢。“美丽说”微信公众平台为粉丝搭配的服装又时尚又漂亮，大大增加了粉丝们的购买欲望。“美丽说”微信公众平台的赢利模式定位非常清晰，即针对女性粉丝的心理进行有针对性的信息推送（图 2.13）。

（二）打造成功的赢利模式

新媒体运营者需要根据所销售的商品来定义赢利模式，赢利模式不是一成不变的，而是随着科技的进步与公司的发展在不断发生着改变。一个成功的赢利模式必须具有不同于其他平台的独特性，这种独特性表现在它是怎样来界定粉丝、界定粉丝们的需求和偏好、界定同类竞争者、界定产品和服务、界定业务内容的。一个好的赢利模式是环环相扣的，改变其中任何一个环节，它都会变成另外一种模式。

1. 学习“私人订制”

私人订制，顾名思义就是按照每位粉丝的需求来订制产品。但这里所说的私人订制并不是指按照不同人的需求订制不同的产品，而是指掌握了粉丝们真正的需求后，制作产品或者开发他们喜欢的内容。

例如，“鬼脚七”微信公众平台上运营的内容大多与互联网电商有关。由于这个平台的粉丝大多是单身人士，而且又都是都市白领或者电商精英，所以该平台应粉丝要求开设了“亲，来七相亲”栏目（图 2.14）。只要是单身人士，都可以将照片和要求发送给运营者，并由运营者发布到平台上。这个栏目就是为粉丝们私人订制的。

图 2.13　美丽说的微信公众账号

图 2.14　私人订制

一个新媒体平台想要销售产品，就要让平台活跃起来，懂得满足粉丝们的需求。许多新媒体平台运营不理想的原因就是因为他们没有找到粉丝真正的需求。就像“鬼脚七”的新媒体账号，如果其运营者没有细心地发现平台上有许多单身粉丝，又怎么能开设一个相亲栏目呢？通过新媒体平台，粉丝可以时时与运营者沟通，运营者在与粉丝沟通时，必须深入分析信息，找到粉丝之间共同的需求，然后才能实现真正的私人订制。

2. 让粉丝变成投资者

招代理的模式不仅能够找到想要赚钱的粉丝，还在无形中扩大了交际面，能够吸引更多粉丝来到平台上。除了这种方法，最新的营销模式——众筹，也是让消费者变身为投资者，与发起人一起来运营一个项目。无论采用哪种模式，只要能够扩大交际人群，能够将商品销售出去，都是最佳的赢利模式。

3. 让粉丝参与增值

让粉丝们参与增值的赢利模式不仅延续了私人订制的特性，还借用了让粉丝变身成为投资者的特性，并将两种特性融合到了一起。该模式主要是让粉丝参与到整个项目中，从而提升粉丝的满意度。

图 2.15　众筹

在“青年时报”微信公众平台上，有一个叫作“青牛众筹丨1 万元就能成为股东，每年还享有 1 000 元以上旅游抵用券，‘想走就走’帮你寻找那些错过的美景”的活动（图 2.15）。该活动是杭州想走就走电子商务有限公司推出的项目。该项目出让公司 20% 的股份，总融资额 200 万元，每位粉丝和用户可以投资 1 万至 10 万元不等，根据投资额度，占有公司相应股份。投资后，用户可以享受公司分红以及每年 1 000 元以上的旅游抵用券等，进而让粉丝成为企业的股东，参与企业整个的项目。

在移动互联网市场中，商品价值的决定者是粉丝，而不再是生产厂家和企业。因此，企业要做的是通过调查了解粉丝的需求，然后根据其需求来生产产品。运营者可以提前走出这一步，先来满足粉丝的需求，然后再推出相应的内容，让商品自销，实现最优的赢利模式。

运营者在运营新媒体平台时，可以根据自己的需求及平台所经营的产品来找到适合自己的赢利模式。在确定赢利模式时，运营者也要多问自己如何才能在行业中脱颖而出，如何才能让更多粉丝愿意参与进来，怎样才能提高回头率等一系列问题。给这些问题找到了答案，就找到了真正的运营方法，赢利就不再是问题。

任务实施

本次任务主要通过技能点的学习，加深读者对新媒体用户与内容定位的理解与认识，并培养读者新媒体用户定位与内容定位的匹配能力。

任务介绍

构建某品牌地产的用户画像并设计与其相匹配的内容定位

随着新媒体在营销领域的风生水起，很多行业都开始试水新媒体营销，房地产行业也不甘落后。然而，对于很多房地产企业来说，所谓的“新媒体营销”，不过是在传统的广告海报上添加一个新媒体二维码，或者向新媒体用户推送大量的楼盘广告，收效甚微。

要做好房地产行业的新媒体营销，需要首先对房地产的行业背景、当前市场的营销状况及企业采取新媒体营销的目标与期望，有一个初步的了解与评估，然后才能制定出适合自己的新媒体营销策略。

一、构建用户画像

(一)构建用户画像流程

1. 明确画像目的

明确画像目的是非常基础也是非常关键的一步。要了解构建用户画像期望达到什么样的运营或营销效果,从而在构建标签体系时可以在数据深度、广度及时效性方面作出规划,确保底层设计科学合理。

2. 数据采集

只有建立在客观真实的数据基础上,生成的画像才有效。在采集数据时,需要考虑多种维度,比如行业数据、全用户总体数据、用户属性数据、用户行为数据、用户成长数据等,并通过行业调研、用户访谈、用户信息填写及问卷、平台前台后台数据收集等方式获得(图 2.16)。

3. 数据清洗

就新媒体平台自身采集到的数据而言,可能存在非目标数据、无效数据及虚假数据,因而需要过滤原始数据,即进行数据清洗。

4. 特征工程

特征工程能够将原始数据转化为特征,具体是指一些转化与结构化的工作。在这个步骤中,需要剔除数据中的异常值并将数据标准化和判断的标签标准化。

5. 数据标签化

在这一步我们将得到的数据映射到构建的标签中,并将用户的多种特征组合到一起。标签的选择会直接影响最终画像的丰富度与准确度,因而进行数据标签化时需要与新媒体自身的功能与特点相结合。如电商类 APP 需要细化价格敏感度相关标签,而资讯类 APP 则需要尽可能多视角地用标签去描述内容的特征。

6. 生成画像

数据在模型中运行后,最终生成的画像可以用可视化的形式展现(图 2.17)。对于新媒体来说,用户画像并非是一成不变的,因而模型需要具有一定灵活性,可根据用户的动态行为修正与调整画像。

图 2.16　数据采集

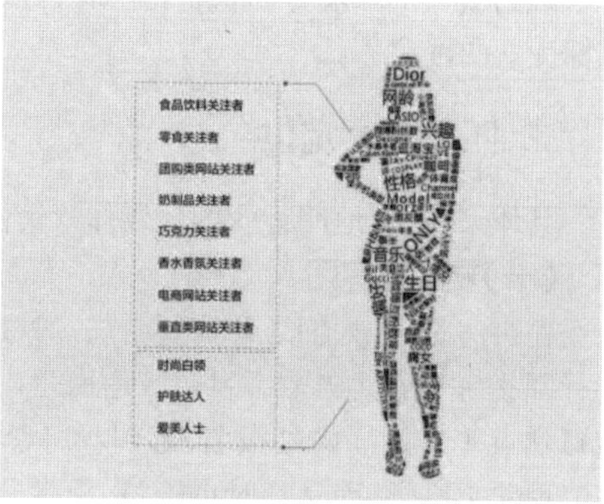

图 2.17　生成画像

（二）某品牌地产的用户画像

房地产行业做新媒体营销，有利于吸引潜在用户的关注。房地产购买者大多集中于 25 至 45 岁，这个年龄段的人恰好也是新媒体的核心用户。

当前房地产行业的主要目标群体可以分为 7 种，如表 2.4 所示。

表 2.4 当前房地产行业的主要目标群体

目标群体类型	主要特征	新媒体使用率
青年安家型	以年轻人为主，由于独立、结婚等原因从原有家庭中分离出来，因此产生了购房需求，追求时尚、潮流，重视交通便利	几乎全部使用
青年升级型	以年轻家庭为主，由于生儿育女或子女上学等需要对现有住房更新换代，追求舒适的居住环境及周边完善的配套设施	几乎全部使用
中老年改善型	以中老年家庭为主，现有住房居住时间较长，环境设施落后，需要进行房屋升级，以满足养老等需求，重视舒适性	部分使用，不使用的那些人也会受到子女的影响
中等收入升级型	以家庭条件优越的中等收入者为主，对于住房条件有较高要求，不满足现有住房的舒适度与品质，希望更新换代，进行升级	大部分使用
高收入者休闲型	以高收入者为主，在市中心通常拥有多套住房，希望在环境优美的郊区购买住房作为休闲度假的场所	大部分使用
出租投资型	以房地产作为投资方式，购房目的是为了出租、收取租金，多选择出租市场比较成熟的区域，对房产的变现能力要求较高	大部分使用
占有投资型	以房地产作为投资方式，购房目的不明确，先占有为主，重视房产的变现能力	大部分使用

通过调研分析，我们了解到买房者大多会使用新媒体或受到新媒体的影响。通过新媒体营销可以直接将楼盘信息传递给具有这 7 种用户画像特征的目标受众，从而让意向消费者了解到楼盘的环境、户型、价格等。因此，利用新媒体来进行房地产推广，能够有效地吸引目标受众的注意力。

二、匹配内容定位

具体来说，房地产行业的新媒体营销内容可以分为以下几种。

（一）预约看房团

在买房之前，人们通常需要看房，对楼盘的户型设计、周边环境、建筑质量及配套设施等进行现场考察，“看房团”因此应运而生。以前人们去看房，一般需要通过新浪乐居、搜房、搜狐焦点等房地产网站报名，等到看房者积累到一定数量之后，再集体去看房，不但组织起来流程非常麻烦，而且耗时也较长，最终导致看房效果不佳。

新媒体的出现使问题迎刃而解。通过新媒体来组织“看房团”，用户只需要在新媒体平台的页面上输入自己的基本信息，如姓名、性别、联系方式、住址、购房目标区域、户型要求等，就可以预约参加“看房团”。

新媒体看房团的好处有很多，一是开发商能收集到用户的详细数据，建立起客户数据库，以便于二次营销；二是能实现用户精准定位；三是让开发商与用户通过新媒体平台直接对话，以便开发商更直观地了解用户信息，从而提高工作效率和用户满意度。

“北京买房人”就是一个专门提供看房服务的新媒体公众账号。它每周组织多条线路的“看房团”（图 2.18），用户只需要点击“报名”按钮，填写自己的姓名、手机号就可以参加“看房团”，享受选房买房一站式服务。除了“看房团”之外，“北京买房人”还可以为新媒体用户提供“一对一的贴身定制服务”，为购房者答疑解惑，如向他们提供楼市政策解析（图 2.19）、贷款咨询等服务。这不但能为用户节省大量的看房时间，也可以帮助用户少走弯路，从而优化看房流程，使其更加快捷高效。

图 2.18　看房团信息

图 2.19　楼市及政策解析信息

类似“北京买房人”这样的新媒体公众账号，不但为购房者提供了一个舒适、惬意的购房现场环境，也为开发商提供了一批高质量的精准用户。

（二）体验式消费

现在，很多房地产开发商开始以新媒体平台作为销售楼盘的主要渠道。通过新媒体平台直接与用户对话，组织团购、预约看房等活动，以更大幅度的优惠来吸引用户，从而开拓了一种全新的房地产营销方式。

2012 年 9 月，“万科翡丽郡”新媒体公众号正式上线。“万科翡丽郡”这个楼盘地处深圳宝安区，依托于沿江新城的成熟商业中心，配套设施完善，对面即是沃尔玛超市，走路只需几分钟就能到达地铁 11 号线，附近还有医院、小学、中学等，生活非常便利。

刚一开盘，“万科翡丽郡”就推出了微信公众号，用户只需扫描二维码添加关注，就可以收到“万科翡丽郡”微信公众号第一时间推送的房产新闻和相关楼盘信息。通过新媒体平台，“万科翡丽郡”还开展了一系列“豪礼”活动。凡是关注“万科翡丽郡”的用户，都可以领取到幸福通行证一本，并获四重幸福好礼：万元幸福基金，毛家饭店、上岛咖啡等幸福商家大联盟的专享 VIP 优惠，翡丽郡量身定制的幸福家装优惠套餐以及周末现场惊喜大抽奖。通过线上、线下的各种活动，“万科翡丽郡”的新媒体公众号不但获得了大量用户的关注，还吸引了 2 000 多个现场到访的用户，掀起了一拨购房热潮。

（三）价值信息分享

购房者喜闻乐见的内容包括以下几种类型：楼盘最新报价、楼盘折扣信息、楼盘基本介绍、楼盘质量评测、开盘通知、楼市政策解析、楼市动态变化、购买答疑等。新媒体公众号的内容应该能够在第一时间为用户提供楼市快讯，帮助用户随时随地掌握房地产动态，帮助用户及时解决在买房过程中遇到的疑问与难题，做好价值信息的分享工作。

任务总结

本项目介绍了新媒体用户与内容定位的相关知识点，分别从新媒体用户定位、新媒体内容定位等方面展开学习，以逐条分步的形式帮助读者掌握新媒体用户定位与内容定位的匹配能力，读者学习之后可以对新媒体用户与内容定位有更好的认识与了解。

英语角

用户	user
内容	content
定位	location
画像	portrait
细分市场	market segmentation
核心信息	core information
赢利	make profit
定制	customized
数据	data
标签	label

任务习题

一、单选题

1. 在新媒体营销市场过度饱和的情况下，企业要想获得竞争优势，达到更好的营销效果，必须要做好（　　），结合用户需求，将营销信息精准投放给目标用户，从而达到提升产品或品牌综合竞争力的目的。

A. 用户和内容定位　　B. 用户和价格定位
C. 价格和内容定位　　D. 价格和营销定位

2.（　　）是一种将用户属性、行为等信息通过图像直观地展示出来，方便营销人员进行用户定位的有效工具，是实际用户的虚拟代表，能够通过数据展示产品或品牌的主要受众和目标群体，从而实现数据的统计分析。

A. 柱状图　　B. 图表　　C. 网格图　　D. 用户画像

3.“一个家庭按照生命周期可以分为单身、扩展、稳定、收缩、空巢与解体 6 个阶段。每个家庭在不同的阶段，需求、购买力、兴趣都有较大的差异。”这段描述指的是人口细分市场的（　　）统计变量。

A. 职业与教育　　B. 家庭生命周期　　C. 年龄　　D. 收入

4.（　　）是指在社会中具有相对同质性的持久性的群体。处于同一社会阶层的人群有着类似的价值观、兴趣爱好和行为方式。

A. 上层社会　　B. 中层社会　　C. 社会阶层　　D. 下层社会

5.“向粉丝们推荐具有实际价值的文章，即让粉丝们看到后就可以立即学习或者与他们的生活息息相关的文章，看完后可以立即受益。”这句话指的是新媒体的内容应具有（　　）。

A. 关联性　　B. 实用性　　C. 趣味性　　D. 互动性

二、多选题

1. 根据需求的差异性可以将市场分为（　　）。

A. 商品市场　　B. 资本市场　　C. 劳动力市场　　D. 服务市场
E. 同质性需求　　F. 异质性需求

2. 按人口细分市场是指按（　　）等人口统计变量来细分市场和目标人群。

A. 年龄　　B. 性别　　C. 收入　　D. 职业
E. 职业规划　　F. 教育程度

3. 处于不同社会阶层的人群，对商品的需求各不相同。一般能够决定社会阶层的因素有（　　）。

A. 职业　　B. 成就　　C. 社会互动　　D. 财物
E. 价值取向　　F. 阶层意识。

4. 制定以用户为导向、一切以用户为中心的推广策略，具体包括（　　）实际操作。

A. 提高服务质量　　B. 赠送令用户满意的小礼物
C. 不定时举办一些感恩活动　　D. 给每一个用户 VIP 的感觉
E. 为用户提供专业性的产品指南　　F. 重视用户的想法和意见

5. 新媒体内容的推送技巧包括(　　)。

A. 重复性　　B. 关联性　　C. 实用性　　D. 趣味性
E. 互动性　　F. 热门话题

三、判断题

1. 用户属性是指用户的不同分类属性,包括用户的性别、年龄、所在城市、职业等,不同属性的用户在消费理念、生活习惯和心理需求上都是相同的。(　　)

2. 用户画像是一种将用户属性、行为等信息通过图像直观地展示出来,方便营销人员进行用户定位的有效工具,是实际用户的虚拟代表,能够通过数据展示产品或品牌的主要受众和目标群体,从而实现数据的统计分析。(　　)

3. 在提取产品卖点时,不仅要建立在产品实际特征与功效的基础上,还应考虑粉丝们的消费需求。(　　)

4. 奥利奥品牌在提取产品卖点时,把好吃放到了第一位。(　　)

5. 新媒体运营者可以通过一个词语或一句话概括产品的重要性,例如娃哈哈品牌广告语中的"吃饭就是香"、农夫山泉品牌广告语中的"有点甜"和海飞丝品牌广告语中的"去除头屑烦恼"等。(　　)

四、简单题

1. 如何通过用户和内容定位打造成功的盈利模式?

2. 根据构建用户画像流程,自选商品尝试构建目标受众的用户画像。

项目三　新媒体营销方案的制定

学习目标

本项目重点学习新媒体营销方案的写作要领，使读者了解新媒体营销方式，掌握新媒体营销方案的制定，具备撰写新媒体营销方案的能力。在任务实施过程中：

- 了解新媒体营销方式；
- 掌握新媒体营销方案的制定。

学习路径

新媒体营销方案的制定

任务实施	本次任务主要通过技能点的学习，加深读者对新媒体营销方式的理解与认识，并培养读者新媒体营销方案的制定能力
学习目标	1. 了解新媒体营销方式 2. 掌握新媒体营销方案的制定
任务技能	1. 新媒体营销方式盘点 2. 新媒体营销方案的制定
任务描述	【情境导入】《王者荣耀》通过多种渠道、方式、形式的结合与统筹进行品牌推广活动，使得游戏特色和品牌形象深入人心

任务描述

【情境导入】

品牌传播组合拳

品牌传播组合拳是指通过多种手段和策略协同作用提高品牌知名度、美誉度和忠诚度的营销方法。

案例背景:某知名化妆品品牌在市场上具有较高的知名度,但需要进一步提高品牌形象和吸引更多年轻消费者。

线上社交媒体推广。该品牌在多个热门社交媒体平台上创建官方账号,定期发布与产品相关的内容,包括化妆技巧、护肤心得等。同时,与意见领袖合作进行病毒式营销,借助其影响力吸引更多关注。

图 3.1 化妆品

图 3.2 线上社交媒体推广

KOL 合作。该品牌邀请知名时尚博主和美妆达人试用并分享他们的使用体验。这些 KOL 可以利用自己的平台为品牌背书,提高品牌的信誉度和吸引力。

图 3.3 KOL

线下活动。组织各类线上线下活动,如新品发布会、美妆沙龙、抽奖活动等,吸引潜在客户参与。此外，与商场、百货公司等零售渠道合作，将产品放置在显眼位置，提高产品的曝光度。

图 3.4 线下活动

联合营销。与其他相关行业或品牌进行跨界合作，共同推出优惠套餐或限量版产品。例如，与时尚服饰品牌推出搭配套装，或与健身房合作推出运动型护肤品。

图 3.5 联合营销

公益活动。参与公益事业，提高品牌的社会责任感。例如，组织慈善拍卖会筹集善款，支持环保项目等。

图 3.6 公益活动

多种渠道、方式、形式的结合与统筹，让化妆品的这次品牌推广活动具有非常鲜明的层次感，环环相扣、充满创意，体现出年轻张扬的活动风格与品牌形象，非常有效地吸引了客户关注和参与，在全方位、多元化的传播中，不断让品牌形象深入人心。

本项目主要通过对新媒体营销方式、制定新媒体营销方案等技能点的学习，加深读者对新媒体营销的理解与认识，并培养读者制定撰写新媒体营销方案的实践能力。

任务技能

技能点一　新媒体营销方式盘点

企业应该根据用户属性来选择营销方式并进行组合。例如，销售化妆品时，企业可以利用视频、微博、搜索引擎等组合开展营销活动；企业还可以根据用户行为制定投放平台、投放区域及投放时段三维度相结合的投放策略，实现主动搜索和品牌强化的双向营销。所以我们要对应用比较广泛的新媒体营销方式有一个大致的了解与认识。

一、大数据营销

随着互联网的发展，越来越多的企业已经参与到大数据营销的竞争中来。在数据方面，“大”是一个快速发展的术语，且数据库、大数据已经成为变革的中心。大数据营销改变了IT领域、制造业、零售业、政府管理、科技等的运行方式。

（一）大数据营销的特点

大数据营销并不是一个新生事物，虽然它确实正在走向主流和引起人们广泛的注意。然而大数据营销并不是一个实体，而是一个横跨很多IT边界的动态活动。

大数据同过去的海量数据有所区别，其基本特征可以从以下4个方面来总结概括。

（1）数据体量大：大数据一般指在10 TB规模以上的数据量。

（2）数据类别大：数据来自多种数据源，数据种类和格式日渐丰富，已经冲破了以前所限定的结构化数据范畴，囊括了半结构化和非结构化数据。

（3）价值密度低：大数据所创造的价值密度明显更低。

（4）速度快：有数据显示，在全球范围内，数据量以每年50%的速度增长，数据增长的速度已经远远超过IT设计发展的速度。

简而言之，大数据就是一个体量特别大、数据类别特别大的数据集。大数据营销就是基于多平台的大量数据，在依托大数据技术的基础上，应用于新媒体的营销方式。

（二）大数据营销的技巧

一个运用了大数据进行新媒体营销的企业，与运用普通网络营销方法的企业相比要更胜一筹。而对于刚接触大数据营销的企业来说，只有掌握技巧，才能融入大数据营销中。

1. 用户行为与特征分析

企业想要赢利，关键在于用户，在普通的营销方式中以“用户就是上帝”为核心，在大数据营销商业时代，分析用户行为显得更必要。

（1）时间维度分析。从时间的维度来看，“现代营销学之父”菲利普·科特勒有一个理论，用户的行为轨迹（图 3.3）包括生产需求、商业信息搜集、方案比选、购买决策和购后行为 5 个阶段，其中购后行为包括使用习惯、使用体验、满意度、忠诚度等。

（2）空间维度分析。用户的空间维度就是用户购买行为的要素。例如，要全面描述用户在购买阶段的行为，通常用 5W2H 来分析：who（购买人物）、when（购买时间）、where（购买地点）、what（买什么）、why（购买原因）、how much（购买价格）、how（如何购买）（图 3.4）。

人数据营销通过结合空间维度和时间维度要素，形成了用户行为分析的研究体系，这个体系细化了用户行为的研究内容。基于这些内容，就相当于有了用户调查问卷的一些基本问题答案。用户的行为特征是实现大数据营销商业价值的根本前提。因为通过用户的行为特征，基本上可以为某一类用户定性，从而帮助企业获取最大的商业利益。

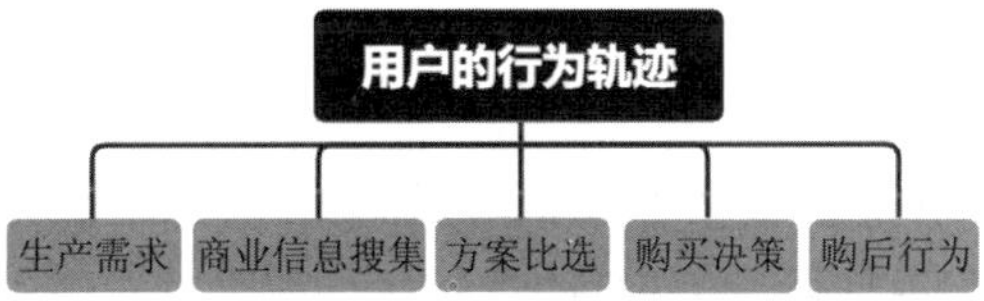

图 3.3　用户的行为轨迹

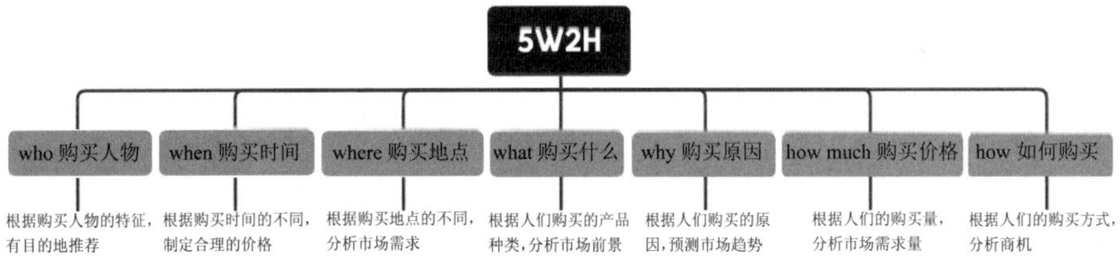

图 3.4　购买的行为要素

2. 信息精准推送分析

企业拥有大数据营销体系，会使企业更加快速地掌握潜在用户，实现精准营销。例如，通过分析客户信用卡的消费记录，就可以获知客户的消费水平、消费取向、消费地点等信息，从而为商家提供精准的营销支持信息。

精准营销信息推送要考虑的因素很多，大致可分为 5 大类：给谁推送（推送目标）、推送的效果如何（推送效果）、谁来推送（推送负责人）、推送哪些信息（推送内容）、通过什么推送（推送渠道）（图 3.5）。

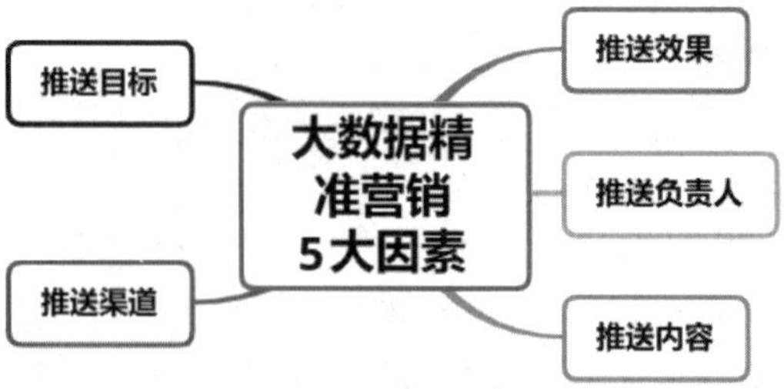

图 3.5 大数据精准营销 5 大因素

3. 竞争对手监测分析

在大数据营销竞争中，一定要做到“知己知彼”，企业可以利用大数据分析传播趋势、内容特征、产品属性分布等。

二、二维码营销

二维码营销是目前最火爆的移动互联网营销手段，其门槛和成本低、可应用行业广泛、简单方便、可塑性强，是最有潜力的新媒体营销方式，也是各行业进军移动互联网营销必备的手段。

（一）二维码营销的特点

二维码是指按一定规律，在平面上分布的黑白相间、记录数据符号信息的特定几何图形。二维码能够在横向和纵向两个方向、两个维度同时存储和表达信息。如滨海迅腾集团的微信公众号二维码如图 3.6 所示。

二维码营销是指企业利用二维码制作一系列的营销活动，如产品信息、企业活动、企业简介等。很多企业都会把二维码与一些营销互动的媒介结合在一起，引导消费者扫描二维码。

1. 创意性

企业把宣传主题的核心元素与二维码搭配显示，可以营造出比较时尚的构图。企业进行二维码营销时，可以利用图形二维码放置产品图片，使二维码不仅仅承载文字，还富有创意地承载图片信息。如图 3.7 所示。

2. 信息性

企业进行二维码营销时，可以让产品信息与二维码外观相结合，给二维码加入其他元素，从而具有突出活动主题、扩大活动影响力的作用。

3. 趣味性

企业在应用二维码营销的过程中，可以利用微博、微信送祝福，甚至还可以以二维码的形式给用户发一份红包，从而增强了趣味性（图 3.8）。

图 3.6　滨海迅腾集团的微信公众号二维码

图 3.7　创意性

图 3.8　趣味性

4. 功能性

二维码还可以实现防伪溯源的功能。例如，消费者只要扫描白酒瓶身上的二维码，即可溯源白酒产地，辨别白酒的真伪。

（二）二维码营销的技巧

怎样让用户在扫描二维码之后产生消费行为呢？这需要我们通过二维码带给消费者持续的利益吸引以及恰到好处的服务体验。下面介绍几种二维码营销技巧。

1. 有价值的利益吸引

上班族习惯一边喝着香醇的咖啡，一边阅读当天的早报。针对这种生活方式，某家咖啡店利用二维码体积小、信息含量大的特点，在咖啡杯上印上可以提供早报的二维码，让用户可以边喝咖啡边读早报，从而给用户带来了利益。

如果企业的二维码只是一味地传播企业想传递的信息，而没有提供用户需要的信息，那么企业的二维码营销将寸步难行。所以，二维码营销一定要考虑给用户带来利益，这是营销的初衷，也是终点。

2. 售后服务平台

企业可以利用二维码营销给用户提供良好的售后服务。企业只需在每一件产品的售后服务卡上印上一个独一无二的二维码，用户即可通过扫描二维码随时随地地享受企业服务。

3. 添加商城链接

企业在实行二维码营销的过程中，可以充分利用二维码的网站链接功能，在方便用户进入网页的同时，还能增加网站流量。

4. 通过趣味互动提高用户黏性

企业可以将官方二维码印刷在多种宣传载体上，用户通过手机扫描二维码，即可快速浏览企业的活动信息、获取优惠券、参与抽奖等。利用二维码与用户互动，不断强化消费者购买产品的欲望，达到提高产品成交转化率的最终目的。

5. 二维码营销数据监测

通过监测总结二维码营销效果，可以指引下一次的二维码营销活动（图 3.9）。

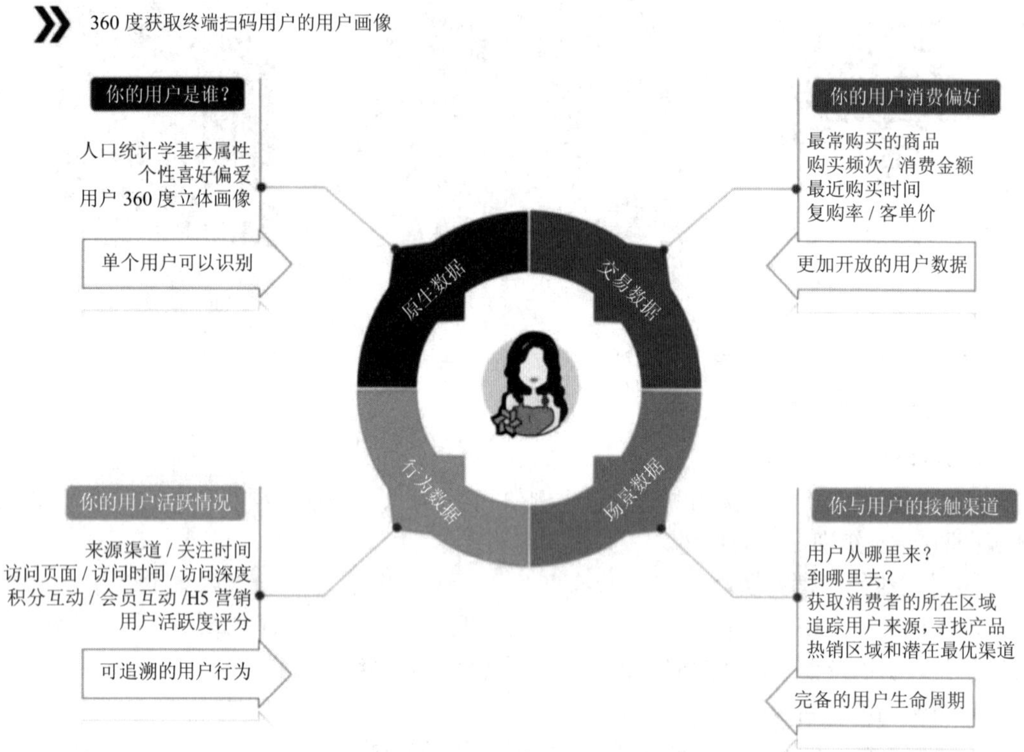

图 3.9 二维码营销数据

三、病毒营销

病毒营销的本质是利用群体自身的传播让人们建立对产品和服务的认知和信任,从而达到宣传的目的。其传播方式必然是病毒式传播,又称自传播,其衡量指标为 k 因子, k 因子也被称为病毒系数,用来衡量推荐的效果,即一个发起推荐的用户可以带来多少新用户。

(一)病毒营销的特点

病毒营销是商家提供有价值的服务或者产品,满足消费者需求,让部分用户成为 KOL(关键意见领袖)或者 KOC(关键意见消费者),让这些 KOL 或者 KOC 去宣传,即通过大家告诉大家的方式进行传播,因为传播数量是指数增长的,和病毒的扩散相似,所以这种传播方式称为病毒式传播,这种营销方式被称为病毒营销(图 3.10)。

1. 费用低

由于病毒传播是用户之间自发进行的,它主要利用了目标消费者的参与热情。原本应由商家承担的广告成本转嫁到了目标消费者身上,因此对于商家而言,病毒式营销是无成本的。

2. 指数倍数的传播速度

大部分媒体的营销方式是一对多的辐射状传播,实际上这种传播是无法确定信息宣传是否达到目标客户的。而病毒传播是自发的广泛式的信息传递,其并非均衡地、无分别地传递给社会上每一个人,而是通过类似于人际传播和群体传播的渠道,将产品和品牌信息经由消费者传递给那些与他们有着某种联系的个体。例如，目标受众读到一则有趣的微信，他的第一反应或许就是将这则微信转发给好友、同事，这样一传十，十传百，无数个参与的传播者就构成了呈几何倍数增长的“转发大军”。

例如众所周知的“皇帝”系列广告，一本正经的历史人物就这样被“玩坏”。由故宫博物院和腾讯 Next idea 合作的“皇帝玩自拍”H5，一夜之间刷爆朋友圈，传播量级达到千万级（图 3.11）！

图 3.10　病毒营销

图 3.11　皇帝玩自拍

3. 高效率的接收

大部分媒体投放广告都有一些难以克服的难题，比如受众戒备和抵触心理严重、接收环境复杂、干扰信息嘈杂等，这些都大大降低了受众的接收效率。但是“病毒”信息是受众熟悉或亲近的人传播的，在接受过程中，信任感、接受度会有很大的提升。

（二）病毒营销的技巧

1. 实施病毒性营销的 5 个步骤

①病毒营销方案的规划和设计；②独特的病毒性营销创意；③信息源和传递渠道的设计；④原始信息的发布；⑤病毒性营销效果的跟踪处理。

2. 病毒营销的 6 个基本要素

①提供有价值的服务和产品；②信息传递范围很容易从小规模向很大规模扩散；③利用大众化的互联网工具传播，比如抖音，微博，快手等；④利用社会关系主动传播，比如亲朋好友，合作伙伴等；⑤提供易于向他人传递的信息源形式，例如文字形式、短视频、活动等；⑥利用别人的资源进行信息传播。

总而言之，病毒营销是一种适应众媒体的营销方式。它能够找到一个途径，利用看似不相关的路径接近自己的载体，从而牢牢依附在载体身上。在同质化竞争日趋白炽化的情况下，病毒营销能有效地传达产品信息、品牌理念等营销信息，并使这种信息的影响深入人心。

四、SEO（Search Engine Optimization，搜索引擎优化）营销

对于新媒体营销来说，SEO 营销非常重要。利用 SEO 营销，企业能更全面地挖掘出网站的优缺点，增强网民的网站体验度，从而提高品牌效益。

（一）SEO 营销的特点

SEO 是企业利用搜索引擎的搜索规则来提高企业网站在有关搜索引擎排名的方式。SEO 营销为网站提供了自我营销解决方案，让网站在行业内占据领先地位，从而获得品牌

收益。

SEO 的主要工作是通过了解各类搜索引擎如何抓取互联网页面、如何确定其对某一特定关键词的搜索结果排名等技术来对网页进行相关的优化，从而提高网页的搜索引擎排名，提高网站访问量和点击率，最终提升网站的销售量。

1. 安全性

SEO 优化属于自然的排名结果，所以在优化的过程中，不存在恶意竞争行为。不必担心同行会恶意点击，更不必担心由于同行的恶意点击而产生额外费用。

2. 真实性

消费者一般会采取搜索的方式来寻找自己感兴趣的品牌和产品，采用 SEO 优化所呈现出的结果页面会更加真实，更容易获得理性消费者的信任。

3. 稳定性

采用 SEO 优化的方式可以让自己的网站排名更加稳定，排名不会忽高忽低，而是稳步向前。

（二）SEO 营销的技巧

1. 熟悉企业行业

不论进行哪种营销活动，首要任务都是熟悉企业网站的行业特征、竞争对手、针对人群、该人群的网络习惯等，这样才能有针对性地制定营销策略。

2. 分析关键词

分析关键词是企业进行 SEO 营销的重要环节，几乎所有的营销活动都是围绕关键词进行的，选择适合的关键词能让企业网站获得更多、更好的流量。

要选择符合企业实际情况的关键词，分析关键词包括：关键词关注量分析、竞争对手分析、关键词与网站相关性分析、关键词布置、关键词排名预测等。如图 3.12 所示。

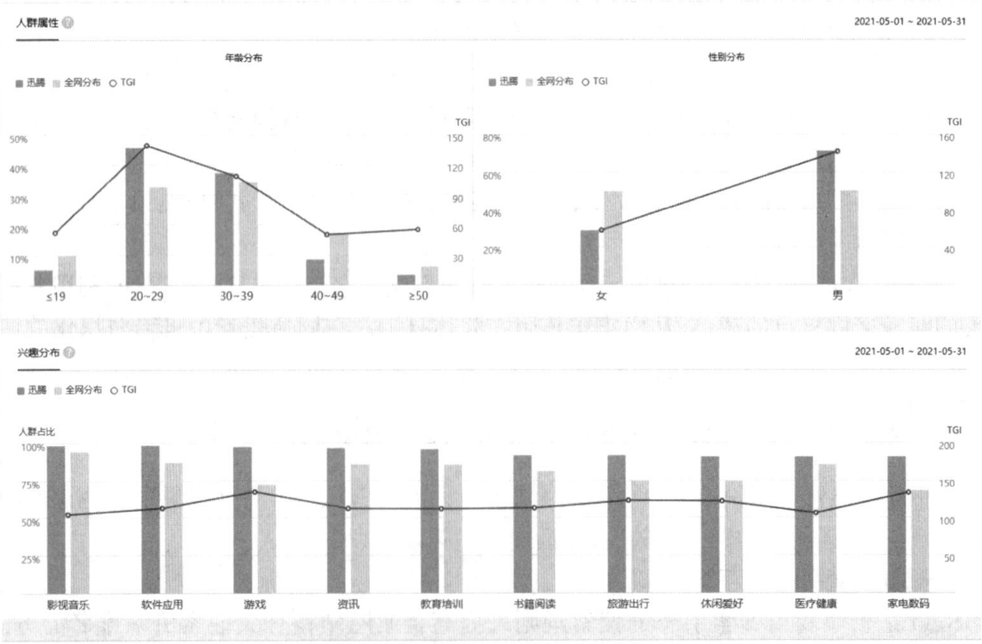

图 3.12　关键词

3. 网站诊断

企业首先应分析自己的网站结构是不是符合“蜘蛛”的爬行习惯（扁平结构与树形结构），尽量列出网站哪些方面需要优化，然后从页面布局、网站链接等方面进行优化，剔除阻碍 SEO 营销的问题。

4. 进行网站优化

企业根据之前的网站诊断报告，对网站进行修改、优化。一个制作精美而又有充实内容的网站，才能引起网民的注意。

5. 网站提交

企业把网站做好了，就要把网站提交到搜索引擎上，使其收录，那样搜索引擎的“蜘蛛”才能更容易地抓取到企业的网站，网站才会有更多的机会出现在网民面前。以下以百度为例，介绍网站的提交。

（1）在百度上搜索“百度收录提交入口”并点击（图 3.13）。

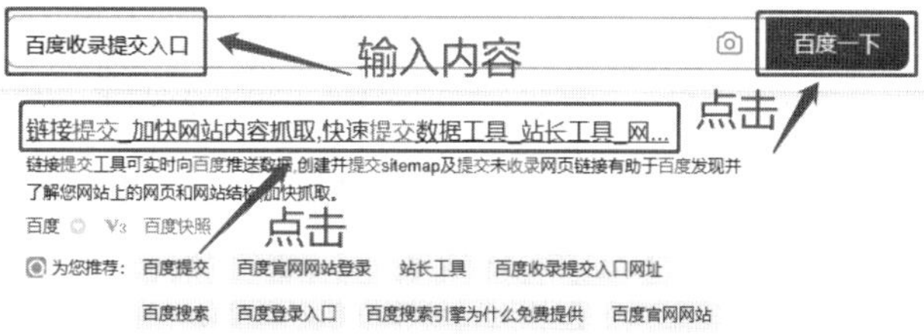

图 3.13　点击“百度提交入口”

（2）点击进去后填写自身网站的网址，如 www.baidu.com，然后点击“提交”即可（图 3.14）。

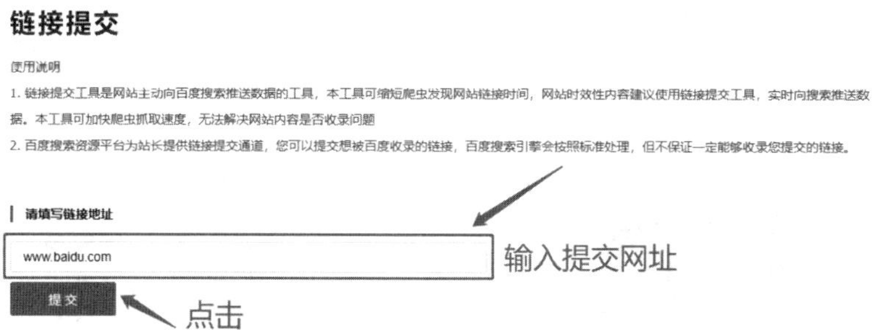

图 3.14　提交网址

6. 反向链接和排名优化

反向链接其实就是在目标文档内部进行声明。换言之，常规链接在文档 A 中标明“指向文档 B”，而反向链接则在文档 B 中要求“使文档 A 指向我”。运用反向链接制定有效的优化策略，可以提高网站主要关键词以及相关关键词在搜索引擎上的排名。

7. 搜索引擎排名维护

SEO 营销是一个持久的工作，必须长期坚持。搜索引擎是不断发展的，随时都有新算法注入，也就相应地会有算法更新，连带排名收录等都会改变。这时企业就要根据搜索排名算法的变化，作出相应调整，以维护网站的排名。

五、微视频营销

（一）微视频营销的特点

微视频营销是指个体通过手机、摄像头、MP4等多种视频终端将营销视频上传到互联网上，以达到一定宣传目的的营销手段。微视频营销时间上有限制，短则30秒，长则20分钟，其内容广泛，形态各异，涵盖小电影、纪录短片、广告片段、视频剪辑等内容形态。

微视频营销实现了营销信息从个人计算机向多元化的移动终端的转换，随着网络的普及，各种营销方式层出不穷（图3.15）。

1. 微电影、病毒视频

微电影、病毒视频是如今各大网络视频平台喜爱的一种微视频营销方式。视频通过浓缩的电影叙述，将新时代人们的感情诉求和营销目标完美结合，扩大了企业品牌的宣传效果。

2. 创意解说视频

创意解说视频是众多企业青睐的营销形式，其轻松并富有说服力的气氛深受广大网民喜爱。这些创意解说视频一般都会把产品融合到视频里，甚至直接拿产品作为视频解说主题。

3. 创业纪录片

创业纪录片是将一些成功人士的创业历程做成纪录片，用以提高企业知名度，使互联网观众从视频中就能读懂一个人、一个企业的内涵和魅力。

4. 广告片段

广告片段与电视广告的形式相同，其只是改变了投放的地点。

（二）微视频营销的技巧

运用微视频营销，如何获得大量持久的点击量呢？下面介绍微视频营销的6大技巧（图3.16）。

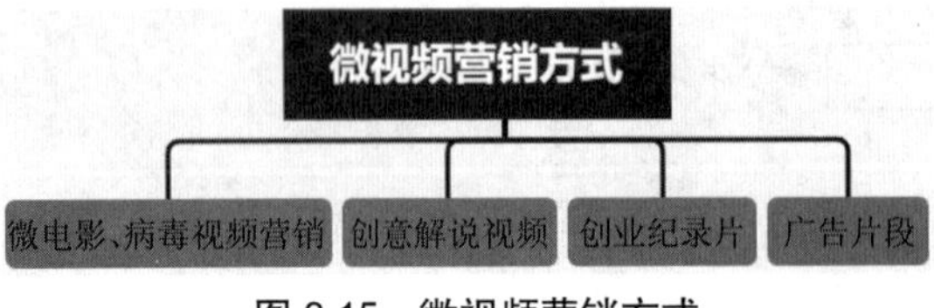

图3.15　微视频营销方式

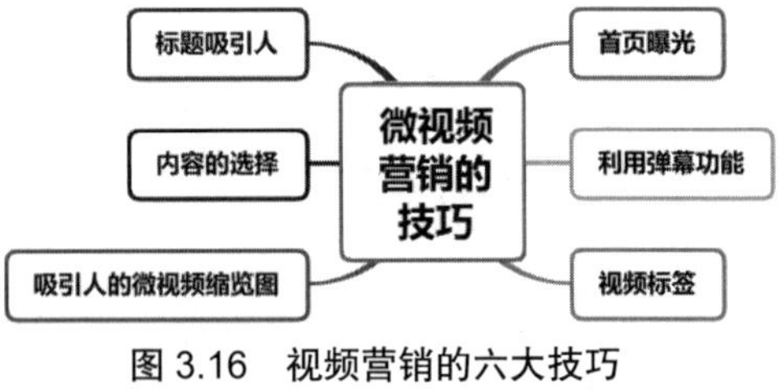

图3.16　视频营销的六大技巧

1. 标题吸引人

标题在许多新媒体营销方式中占据了重要的位置，一个具有吸引力的标题，能为微视频营销带来不少的关注度。企业在设置微视频标题时需要注意以下事项。

①标题要与内容相符，不要做标题党；②标题应点明视频的主要内容，具有代表性；③标题不要过长，以表述清楚为目标；④标题应轻松搞笑，惹人注目。

2. 内容的选择

微视频营销的关键还是视频内容的本身，内容可以决定营销传播的广度。具有吸引力的内容通常是有趣、搞笑、经典、令人感到惊奇的视频，这些视频会让用户不由自主地转发、评论，进而使微视频携带着企业的信息在互联网上以病毒扩散的方式蔓延。

3. 吸引人的微视频缩览图

要想要在移动互联网视频平台上的多个视频中脱颖而出，就要设置一个吸引人的微视频缩览图。企业必须在上传视频时，确保视频缩览图生动有趣、具有真实性。如果企业为了吸引眼球而放置不真实的缩览图，反而会引起用户反感，影响营销效果。

4. 首页曝光

企业的微视频在各大移动互联网视频平台首页的曝光率是非常高的，将微视频放置到平台首页有以下 2 种方法。

（1）通过付广告费的方式，把企业微视频放置在首页或热门推荐频道中。

（2）当然如果企业的微视频是比较有趣、搞笑、点击率高的，那么视频网站会自动将视频放于首页。

5. 利用弹幕功能

如今视频弹幕功能的运用非常广泛，是网民之间互动的好工具。网民在观看视频的过程中，可以利用弹幕功能发表自己的看法，正在观看视频的其他人可以同步看到。视频发布者要想达到一定的营销效果，可以充分利用这一功能，从而与线上的用户形成互动。与其等待网民被动接收视频信息，不如让网民主动参与到传播的过程中，这样有利于提高微视频营销的传播效率。如图 3.17 所示。

图 3.17　视频弹幕

6. 视频标签

很多视频网站都允许以关键词作为视频的标签，以提高搜索排名，让视频出现在相关的搜索中。初期时，可以选择 3 到 4 个具有独特个性的标签，在视频上传一段时间后，再添加一些更普通的关键词标签。

技能点二　新媒体营销方案的制定

随着时代的发展，传统的宣传与营销手段已经无法满足一个庞大企业的发展需求了。新兴网络媒介的涌现为企业的发展提供了新的契机，也对新媒体营销手段提出了更高的要求。

新媒体营销到底扮演什么角色？如何制定目标，做预算，写推广方案，绩效怎么考核？以下就会结合这些问题探讨新媒体运营如何写推广策划案。

一、新媒体营销方案的内容与分工

首先通过图 3.18 了解一下新媒体营销方案会涉及的业务范围，以及不同业务范围下工作人员的具体职责。

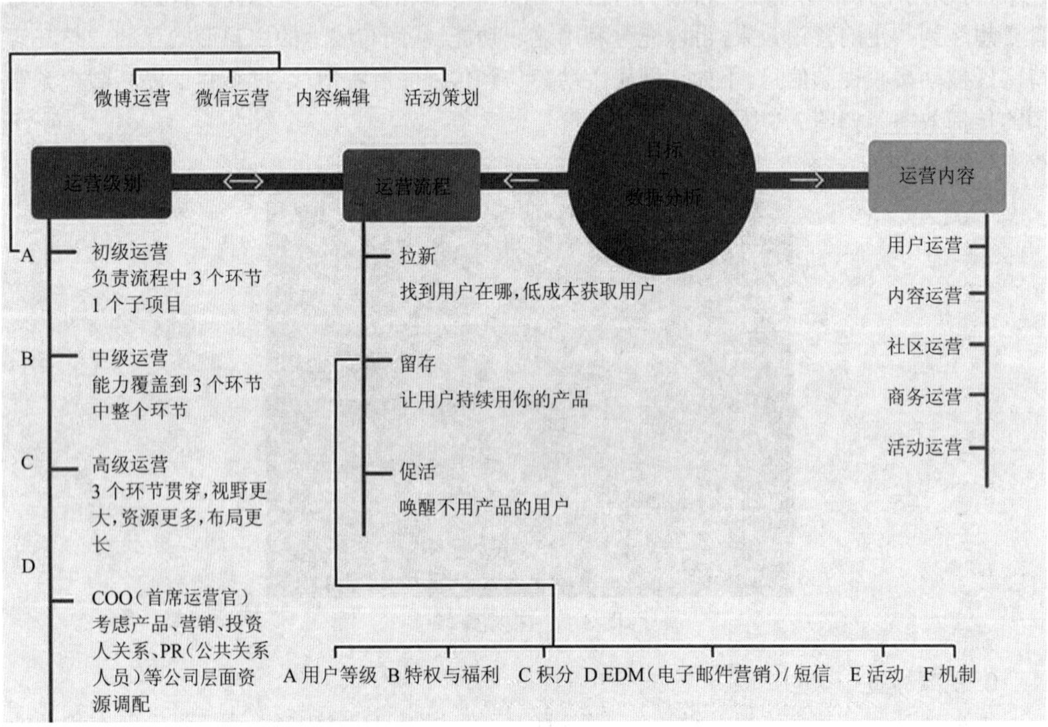

图 3.18　新媒体运营

新媒体运营就是利用微信、微博、贴吧等新兴媒体平台进行品牌推广、产品营销的运营方式。通过策划与品牌相关的优质、具有高度传播性的内容和线上活动，向客户广泛或者精准推送消息，增强参与度，提高知名度，从而充分利用粉丝经济，达到营销目的。

二、定目标

接下来要做的事情就是定目标，一般来说，制定目标需要参考以下几个原则。

（一）明确营销目的

不同的产品有不同的营销目的。对于O2O（在线离线）项目来讲，团队的终极目标就是增加日订单量；而对于一个工具型APP来说，团队的终极目标可能是增加日活跃率或者日下载量。明确了这些以后，可以先从日指标下手，再延伸到周、月、季、年去做统计。比如服务号的注册用户、订单量、订单转化率、客单价等。人民日报抖音号数据监测如图3.19所示。

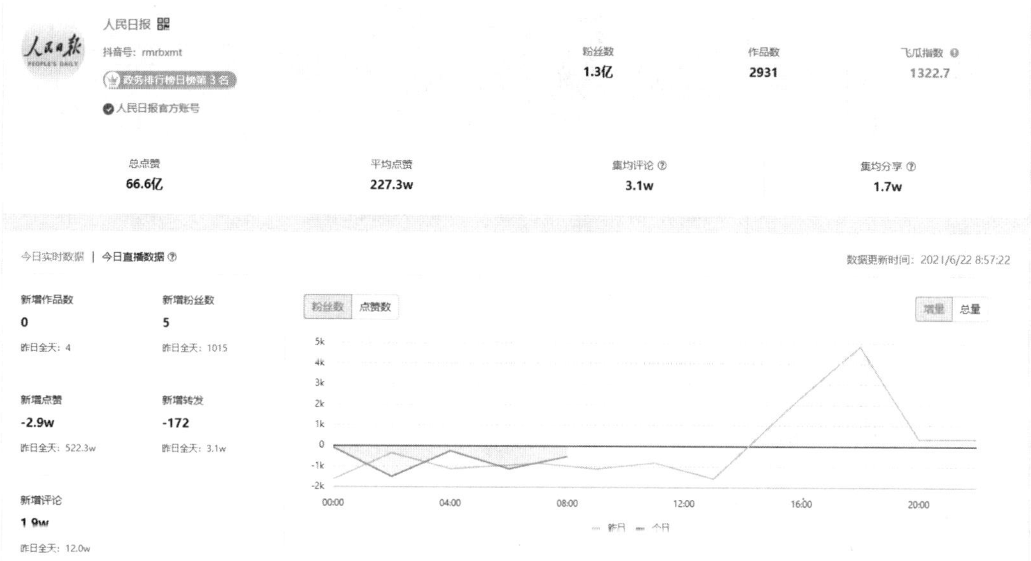

图3.19　人民日报抖音号数据监测

（二）分解运营目标

下一步需要对目标进行分解，以便各部门协作执行。目标一般分为2种：一种是事务性目标，如每周撰写多少篇内容，其中多少篇内容为原创文章等；另一种为结果性目标，如微博曝光量、粉丝较上月的增长比例等。

（三）营销目标数字化

目标设置要有具体的数字。比如：当月目标为日均新增激活人数从8 000人增至12 000人，注册转化率40%等。“提高了品牌曝光度”“增加了用户黏性”等概括性营销语句，需要被细化，用具体的数据加以支撑。如提高品牌曝光度，需要具体标明百度指数上升多少；增加用户黏性，具体体现在产品活跃度提高多少等。如以一个O2O生活服务号为案例制定推广目标的话，需要写清楚以下内容。①注册用户：日新增注册用户，总注册用户；②活跃用户：日活跃率＝当天活动用户/总用户；③日订单转化率：日订单转化率＝订单成交量/总访问用户；④日客单价：日客单价＝日总成交价格/总成交单数。

三、做预算

根据推广方案做预算，需要为每个推广周期涉及的推广细项做预算。预算越精细，可控性越强，执行效果越明显。预算细则如图 3.20 所示。

	渠道	费用
种子用户期	注册消费券	
	推荐消费券	
	充值即送	
	活动推广	
	活动奖品	
	DM（直邮广告）宣传单	
	广告衫	
	帆布袋	
	地推卡	
初始用户期	微信红包	
	注册消费券	
	推荐消费券	
	充值即送	
	微博转发	
	本地社区投放	
	微信转发	
	活动策划	
品牌推广期	地面推广	
	本地 O2O 及 APP 合作推广	
	参加展会	
	加入联盟	

图 3.20 预算细则

四、写方案

下面以本地生活服务号为案例展开描述，其中涉及一些具体的实操手段，其他类型产品可以借鉴参考。

（一）推广整体策略

团队以总目标为主线，将任务分解到各部门。

（二）种子用户期

1. 种子用户特征

经常互动，帮助企业进行微信朋友圈转发，主动在 QQ 群、微信群推广企业公众号，种子用户会经常对企业公众号提供有效意见和建议。

2. 推广方法

（1）邀请机制：发动身边同事、行业朋友和合作伙伴加入体验。

（2）供应商导入。

（3）线下宣传：在商圈、小区、学校、写字楼发广告。

（4）线上活动：策划“大家来找碴儿”的 H5 游戏，将产品体验调查问卷融入游戏中。游戏奖励包括：①注册就送 10 元优惠券；②推荐再送 10 元优惠券；③评选出最佳粉丝，粉丝截至 1 000 名为止，为期 1 个月。

（5）微信群管理：建立 2 个 500 人的微信群，管理种子用户，收集关于产品的用户意见。

（三）初始用户期

初始用户期需要尝试各种推广渠道，并找到最适合企业的营销渠道，使粉丝每日自然增长，最终完成营销目标。

1. 微博引流

微博的媒体属性比较强，是点到面的推广模式。如果产品的市场定位是在本地，那么在前期推广时就需要收集所有本地热门微博。通过推广企业官方微博，与这些本地微博建立互动合作。

2. 加群引流

推广人员加入本地微信群，平日要做到加强互动；需要进行广告宣传或者活动推广时，可先在群内发红包。

（1）如何获取群。发动你身边的朋友、同事、合作伙伴，让他们拉你入群。

（2）换群。当已经积累了一定的微信群数量后，可以与本地运营商商议互换群。

（3）置顶活跃群。筛选出活跃度较高的群，置顶；下沉广告群。群内经常保持互动，与群主搞好关系，对于质量高的微信群可以考虑商务合作。

3. 小号引流

注册微信推广小号，加目标区域的账号为好友。通过小号的日常宣传，以及与日俱增的粉丝流量，来不断扩大推广范围。

（1）养号。赋予小号一定的标签：如 1992 年未婚的女生，从事互联网行业客服工作，居住地厦门，等等。

（2）规避广告嫌疑。

①每加一个人，要进行自我介绍，说明你的状况和目的；

②在朋友圈定时分享生活趣事，每周定时通过朋友圈互动交流，必要时再插入企业宣传等推广信息。

（3）培养重点粉丝。

对于传播力比较强的粉丝，可以增加互动频率；也可以从群内添加优质粉丝，单独进行聊天互动。加粉丝前可以先在群内找主题主动交流，群的活跃度越高，加粉的成功率也越高。

4. 自建官方微信群

可以针对从不同渠道吸引来的用户建立不同的群，并对每个群自定义标签，如种子用户群、活动群、产品试用群等。

（1）明确建群的目的，建立群规章制度。

（2）配备官方客服，围绕群主题定期互动，解决问题。

（3）发展一些意见领袖做帮手，共同发展群，必要时给予其物质上的奖励。

5. 活动策划

定期举办活动，有利于分享传播，同时还可以不断加强用户记忆。以下列举几种活动形式。

（1）派发微信红包。微信小号加粉丝为好友，然后建立微信群开始发红包。

（2）优惠券活动。注册送 10 元优惠券，推荐再送 10 元优惠券，充值 100 元送 20 元。

（3）微信活动。关注赢好礼，扫码送礼品，微信预定享折扣。

（4）微信答题。提出的问题最好和服务号内容相关，让用户可以在企业网站上找到相关答案，进而加深对服务号的印象，加强对服务号品牌的认知度。

（5）转发有奖。可通过微博、微信发起转发活动，转发就送礼。

6. 推广渠道

活动执行时,可以在本地公众号、微博、社区、网站等线上线下渠道投放,并随时监控投放效果。

(四)品牌推广期

1. 持续引流

继续"初始用户期"的推广方法,稳定获取每日流量。

2. 异业合作

经过初期推广后,已经积累了一定量的粉丝,可以尝试与本地 O2O 服务号或 APP 一起合作推广。

3. 地面推广

可以有针对性地与商场、学校、社区等商圈合作,开展线下推广活动。

4. 增强行业交流

通过参加一些行业性会议展览,与企业客户、合作伙伴交流,并互推微信公众号。

5. 加入行业联盟

加入本地电商企业联盟、行业联盟、 O2O 联盟等,进行产品分享,提高企业品牌在本地品牌中的知名度。

(五)公共关系(PR)

在初创公司,作为 PR 专员需要把公司每一个阶段的方向都了解透彻,然后学会向市场、投资人、用户传递一个有力的声音。这个声音并不是生硬的广而告之,而是抛出一个话题让大家对这个故事感兴趣,然后带动大家将兴趣点转移到产品上来,并最终演变成行业的热议话题。

1. 用日常稿件保持稳定的曝光

定期做一张传播规划表,每个月要根据公司和产品的变化来决定向外界传递什么声音。恰当的表达和持续的内容产出,会让公司的曝光度及行业对公司的关注度逐步提高。

2. 维护好已有的媒体资源,积极扩展新资源

对于原来熟识的记者和媒体,仍需保持沟通和交流。作为 PR 专员应具备高敏感度,可以及时嗅到媒体关注的兴趣点,为下一次的报道做好充分准备。每周都有计划地去拓展一些新的媒体资源,根据公司的发展阶段和进度,储备好适宜的渠道和资源,在关键时刻可以起到支撑公司的发声和观点的作用。

3. 选择的渠道决定了传播的效果

讲什么故事,通过哪种方式呈现传播效果会最佳,渠道的选择尤为重要。比如对于公司创始人的采访报道,可能通过行业及财经相关的权重高的纸媒更适合,这类渠道有利于大面积地带动传播;对于产品的发声,则更倾向于科技类的新媒体平台,这类渠道能够在行业内引起更快速、更广泛的关注;而对于事件话题性的新闻,则更青睐于选择大型门户类网站。

对于自媒体领域,选择持有中立观点和实力派的自媒体发声,不失为好的选择。而对于电视媒体,选择与潜在用户相吻合的节目,是一个能快速让产品知名度呈现爆发式增长的绝佳途径。

4. 做好对营销传播效果的评估

营销传播数据可能包括人群的覆盖率、点击量、阅读量、点赞量等。每一次的数据,都会告诉你下一次的内容应该怎样做，才更赞。

任务实施

本次任务主要通过技能点的学习，加深读者对新媒体营销方式的理解与认识，并培养读者制定新媒体营销方案的实践能力。

任务介绍

根据用户画像为某手机品牌设计具体营销方案

一、魅族手机用户画像解析

在智能手机市场，魅族算是入局最早的国产厂商之一。凭借着近乎破釜沉舟的决心，魅族顺利完成了从 MP3 和 MP4 厂商到智能手机厂商的转变，其首款机型“M8”至今仍被许多粉丝视为经典之作。如今魅族早已从一家“小而美”的公司蜕变成国内主流的手机厂商之一，其用户群体又蕴含着哪些特征呢？

（一）魅蓝系列市场保有率较高

截至 2017 年 12 月底，在魅族品牌内部分布占比最高的 10 款机型中，有 9 款出自魅蓝系列。作为魅族旗下市场保有率最高的 3 款机型，魅蓝 Note5、魅蓝 Note3 和魅蓝 Note2 在品牌内部的合共份额占比超过 30%（图 3.21）。

（二）魅族男性用户占比高于女性

在魅族用户中，男性所占的比例要显著高于女性，达到 58.2%（图 3.22）。

图 3.21　魅族手机粉丝画像 1

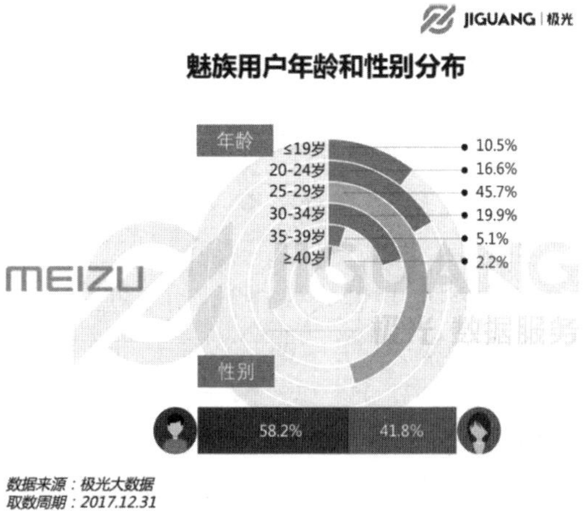

图 3.22　魅族手机粉丝画像 2

（三）超七成用户年龄不足 30 岁

从年龄区间分布结果看来，魅族用户年龄集中度最高的区间为 25~29 岁，处于该年龄段的用户占比达到45.7%。在整体分布上，魅族用户的年龄偏年轻化，29岁以下的用户占比高达72.8%。

（四）魅族用户地域集中效应不显著

用户城市等级分布结果显示，分布在二线城市的魅族用户占比达到36.11%，三线及以下城市的合共用户占比为54.6%。在具体城市分布上，魅族用户的集中效应并不显著。即便是占比最高的广州，所占据的用户比例也不超过3%（图3.23）。

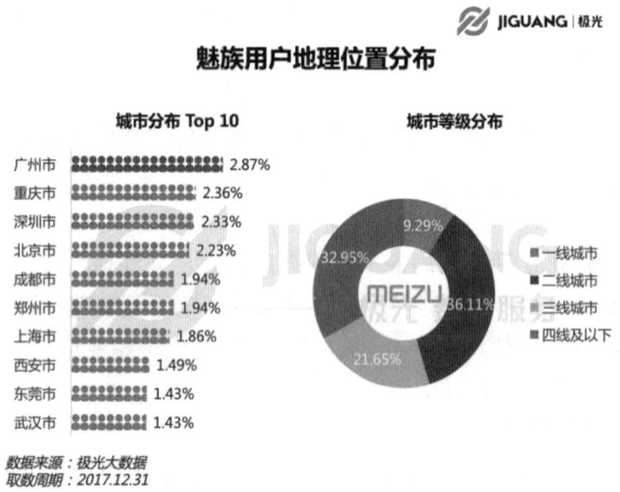

图3.23 魅族手机粉丝画像3

二、根据用户画像为魅族手机设计营销方案

魅族 & 网易【奥运金牌夺宝 - 跟帖创新营销】

【背景】

魅族MX6新品上市之际，正值四年一度的奥运会。企业充分利用这一营销契机，打造品牌的奥运大事件。

【目标】

让魅族MX6在众多奥运营销产品中脱颖而出，实现魅族新品大曝光。

【整体表现】

“写跟帖、集魅族元件”活动专题总PV（页面浏览量）高达116 870 078次，总参与量高达12 123 675人，单一网友最高参与次数482次；同时，收获跟帖数高达1.79亿条，共派出总元件高达138 055 229个，单一网友最高获得元件数630个，让每一次元件收集，都是一次主动曝光，打造魅族卖点记忆闭环，使魅族MX6成为众人争夺焦点。

在活动参与过程中，成功激发合计1.21亿次分享（刺激文章转发数高达1.21亿、活动H5分享高达305万），参与抽奖互动人数高达783万人次，最高峰值81万/天。

【影响力表现】

在17天的奥运会期间，网友跟帖热情满溢，并表示“只为魅族”，掀起霸屏热潮，充分见证了活动号召力及影响力！活动还成功吸引众网友在百度贴吧、微博等平台共同讨论活动，百度指数直线飙升，更有网友分享活动获奖喜悦，从而实现了口碑传播，百度检索相关结果高达 268 000 个，见证了全民关注热度。

【洞察】

奥运如期而至，我们除了看比赛，还有什么方式能够表达奥运情愫？傅园慧表情包成社交表情新宠，张继科“睡着赢比赛”的话题更是掀起热情讨论……奥运热点新闻话题，总能成为网友讨论的焦点。目标人群爱看奥运，更爱点评奥运，表达奥运观点。如何借网易跟帖，让魅族 MX6 在眼花缭乱的品牌中脱颖而出，让跟帖行为成为魅族展示大舞台（图 3.24、图 3.25、图 3.26）？

图 3.24　魅族手机营销方案 1

图 3.25　魅族手机营销方案 2

图 3.26　魅族手机营销方案 3

【策略及创意】

（一）策略阐述

网易为魅族首次升级跟帖模式，以创意互动打造最夺人眼球的展示，同时打通网易全跟帖资源供魅族独享，开启“写跟帖，赢魅族 MX6”创新互动，打造最具品牌存在感的创新互动营销模式。

（二）创意阐述

（1）跟帖创新互动。搭乘“夺宝”热潮（图 3.27），将新品卖点化为互动元件，通过邀请网友写跟帖，集齐元件，即可获得 MX6，让每一次跟帖都成为魅族的主动曝光；同时设置多个集件任务，让网民参与热度不减速，产品曝光不间断。

（2）垄断式资源布局。挖掘、开发及整合网易新闻客户端跟帖资源，多点覆盖全部阅读轨迹，从阅读开始到结束，魅族如影随形。

(三)执行过程

A. 跟帖创新互动

跟帖“集元件”形式：将魅族 MX6 六大卖点，解构为六大碎片元件，每一次收集，都是一次卖点主动曝光，不断加强用户印象（图 3.28、图 3.29）。

图 3.27　魅族手机营销方案 4

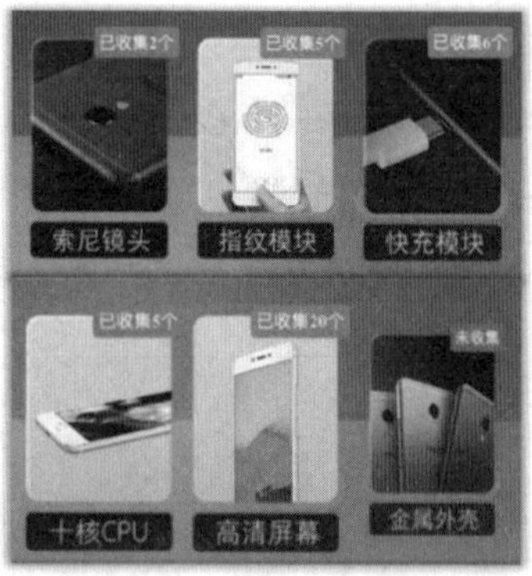

图 3.28　魅族手机营销方案 5

B. 设置多个集件任务

打造魅族版“奥运竞技场”，让参与热度不减速，主动曝光不间断。

@ 关键词跟帖：争当“快枪手”，快速传递热点资讯，让曝光更及时。结合开幕式等话题热点设定【关键词跟帖】特殊任务，网友只要在热点当天跟帖输入指定关键词，获得元件的概率将大大提高，从而吸引用户互动参与；同时多个热点关键词不间断，保证交互新鲜度。在任务开展期间，网友参与热情高涨，让“魅族”相关字样布满跟帖页面全屏，实现最主动的品牌曝光（图 3.30、图 3.31）。

图 3.29　魅族手机营销方案 6

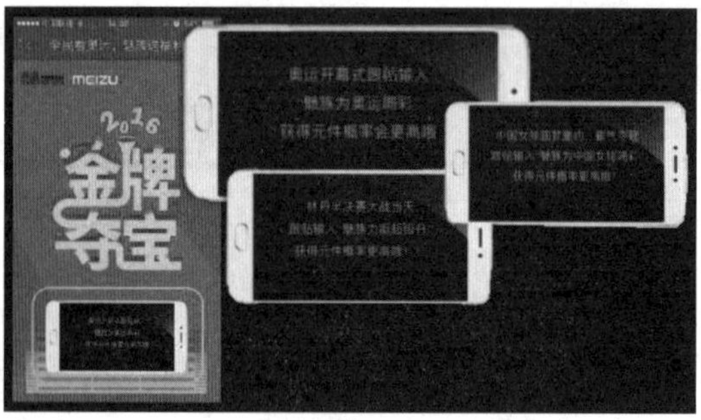

图 3.30　魅族手机营销方案 7

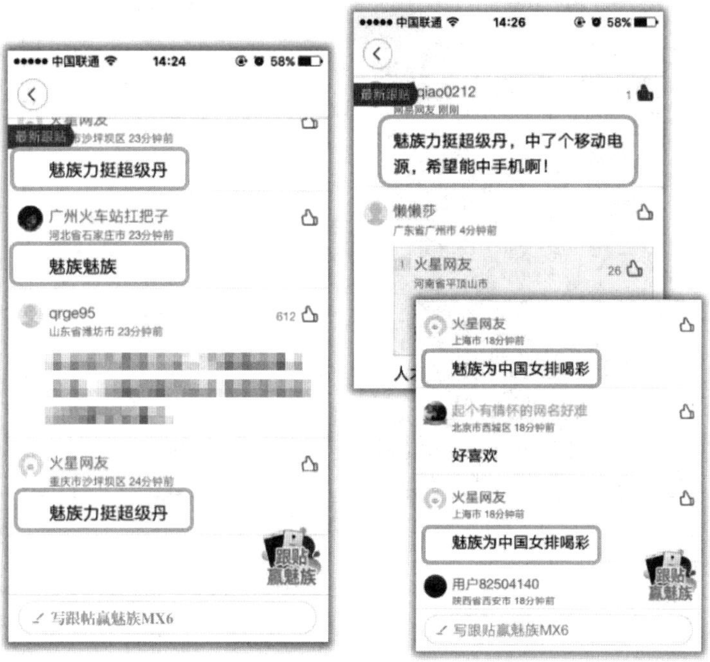

图 3.31　魅族手机营销方案 8

@ 多渠道分享：玩“转”奥运，实现活动多次扩散。分享网易新闻客户端内文章或活动 H5 即可随机获得元件，让活动伴随分享实现多轮二次曝光，吸引更多人参与（图 3.32）。

图 3.32　魅族手机营销方案 9

@ 奖牌数竞猜：争做“预言帝”，吸引网友持续参与。用元件作投注筹码，猜测中国队当日获得奖牌数，即可有机会平分元件奖池；猜中冷门，获得的回报更大；连续猜中不落单，更可获得魅族终极大奖！（图 3.33）

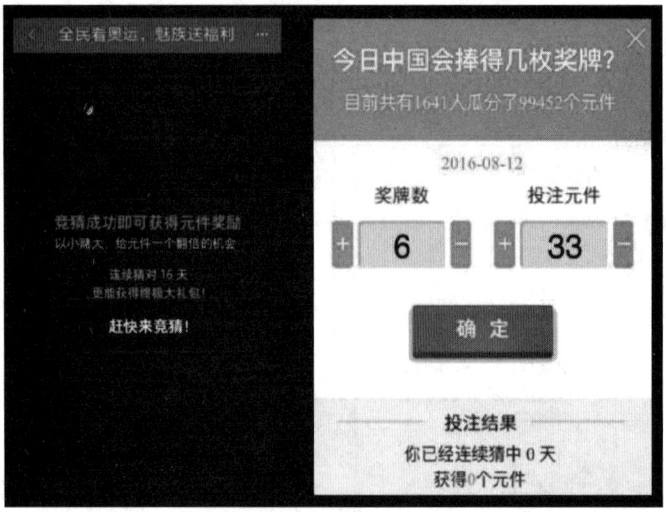

图 3.33 魅族手机营销方案 10

@幸运大抽奖：有努力更有“幸运”，实时开奖不设限，保持活动热度。将元件设为抽奖礼品，将有机会获得更多元件；设置魅族耳机、移动电源等丰富实物礼品，日日提供即时开奖，吸引用户持续参与热度（图 3.34）。

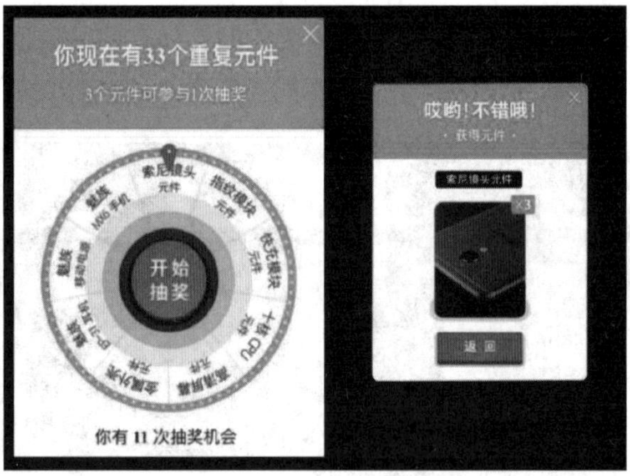

图 3.34 魅族手机营销方案 11

C. 垄断式资源布局

1. 创新首开

为魅族首次开放多个全新资源，独享创新曝光，让每一次曝光都能掀起前所未有的关注。

（1）首次开放跟帖第一入口资源，顺应网友阅读轨迹，实现最大限度曝光文章页 & 跟帖页。跟帖框活动文字预埋，每篇新闻下方跟帖输入框内均预埋文字提醒，实现活动精准曝光（图 3.35）。

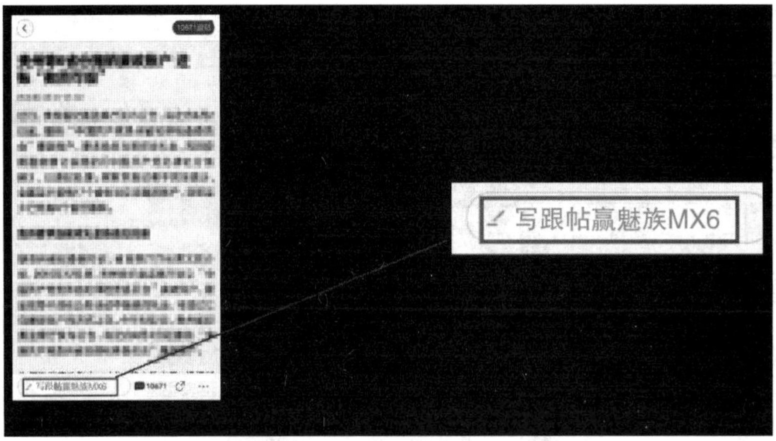

图 3.35 魅族手机营销方案 12

（2）首次开设跟帖后页面资源，顺应网友跟帖行为，网友每次跟帖后弹出浮层大图（图 3.36），提示获得元件信息，以前所未有的跟帖呈现形式，引爆网友关注。

图 3.36 魅族手机营销方案 13

（3）首次开设跟帖页非标资源，顺应网友跟帖行为，实现长期精准导流。在网友停驻时间最长最活跃的跟贴页开设右下角浮标长期入口，通过不下沉设置实现即时引流。

（4）首次运用评论 SNS（社交网络服务）分享资源，顺应网友分享举动，引爆社交圈。根据网易洞察，精彩的评论总能吸引网友的 SNS 分享，为此在网友分享的评论图片中植入“跟帖赢魅族”信息，随网友转发举动实现魅族曝光扩张。

2. 整合出击

整合网易多个重磅级资源，打造一条龙曝光服务，从用户阅读开始到结束，魅族如影随形。

（1）启动进入。多个主流资源整合铺设，实现第一道视觉入口拦截整合开机大画面等多种主流曝光位信息展示，其中开机大画面总曝光达 49 511 229 次。焦点图总曝光达 15 956 013 次，信息流总曝光达 39 612 556 次（图 3.37）。

图 3.37 魅族手机营销方案 14

（2）内容阅读。

文章页内资源铺点，顺应阅读轨迹，实现二次捕捉。在网友阅读完文章后，以底部图文形式露出活动信息，激发网友跟帖欲望，促进活动参与，曝光次数高达 143 830 010 次（图 3.38）。

（3）内容阅读 & 跟帖评论。开启高人气栏目内容合作，让曝光更具原生态，吸引跟帖讨论，激发关注及引流于“网易轻松一刻”中进行为期两期的高情境内容植入，在植入过程中将活动结合当下热点，以趣味调侃的口吻呈现活动信息，总曝光高达 10 128 564 次，两期跟帖量高达 20 602 个（图 3.39）。

图 3.38 魅族手机营销方案 15

图 3.39 魅族手机营销方案 16

（4）跟帖评论。将优质跟帖评论“再运用”，实现信息多轮露出。在“网易轻松一刻”中，将小编点评的网友评论图片进行活动信息露出，在建立活动关联性的同时，更将活动信息进行了多轮曝光。奥运会期间，每日多篇，长达 17 天不间断，总曝光高达 84 417 387 次。

（5）内容分享。SNS 分享回流页再曝光，用户不用打开 APP 也能看到，从而扩大了活动覆盖面。网友通过 SNS 平台获取到网易文章链接，每打开一篇网易文章均有活动信息露出，以高密度渗透社交圈，该露出位置点击次数高达 605 114 次（图 3.40）。

图 3.40　魅族手机营销方案 17

3. 精准铺设

补点魅族官方渠道，直击魅粉精准人群（图 3.41）。

图 3.41　魅族手机营销方案 18

任务总结

本项目介绍了新媒体营销方案制定的相关知识点，分别从新媒体营销方式盘点、新媒体营销方案的制定等方面展开学习，以案例分析的形式帮助读者掌握新媒体营销方案制定的方法和流程，读者学习之后可以对新媒体营销有更好的认识与了解。

英语角

搜索引擎优化	Search Engine Optimization
关键意见消费者	KOC（Key Opinion Consumer）
大数据	big data
公共关系	public relations
行业联盟	industry alliance
微视频	micro video
排名	ranking
弹幕	bullet chat
渠道	channel
数字化	digitization

任务习题

一、单选题

1. 大数据一般指在 10 TB 规模以上的数据量，这句话是指（　　）。

A. 数据体量大　　B. 数据类别大　　C. 价值密度低　　D. 速度快

2.“根据人们的购买量，分析市场需求量。”指的是 5W2H 中的（　　）。

A. how 如何购买　　B. when 购买时间

C. how much 购买多少　　D. where 购买地点

3. 二维码可以实现防伪溯源的功能，突出了二维码的（　　）。

A. 创意性　　B. 信息性　　C. 趣味性　　D. 功能性

4.（　　）是一种适应众媒体的营销方式。它能够找到一个途径，利用看似不相关的路径接近自己的载体，从而牢牢依附在载体身上。

A. 大数据营销　B. 病毒营销　C. 二维码营销　D. 微视频营销

5. 企业首先分析自己的网站结构是不是符合（　　）的爬行习惯（扁平结构与树形结构），尽量列出网站哪些方面需要优化，然后从页面布局、网站链接等方面进行优化，剔除阻碍 SEO 营销的问题。

A.“蚂蚁”　B.“蜘蛛”　C.“黏菌”　D.“蜗牛”

二、多选题

1. 本项目中提到的新媒体营销方式包括（　　）。

A. 大数据营销　B. 二维码营销　C. 病毒营销　D.SEO 营销

E. 电视营销　F. 微视频营销

2. 大数据营销具有（　　）特点。

A. 数据体量大　B. 数据类别大　C. 价值密度低　D. 速度慢

E. 速度快　F. 价值密度高

3.“现代营销学之父”菲利普•科特勒有一个理论：用户的行为轨迹包括（　　）5 个阶段。

A. 忠诚度　B. 产生需求　C. 商业信息搜集　D. 方案比选

E. 购买决策　F. 购后行为

4. 5W2H 中的 5W 包括（　　）。

A.who 购买人物　B.when 购买时间　C.how 如何购买　D.where 购买地点

E.what 购买什么　F.why 购买原因

5. 实施病毒性营销包括（　　）5 个步骤。

A. 病毒营销方案的规划和设计　B. 独特的病毒性营销创意

C. 信息源和传递渠道的设计　D. 原始信息的发布

E. 病毒性营销效果的跟踪处理　F. 提供有价值的服务和产品

三、判断题

1. 大数据营销通过结合空间维度和时间维度要素，形成了用户行为分析的研究体系，这个体系细化了用户行为的研究内容。（　　）

2. SEM 是企业利用搜索引擎的搜索规则来提高企业网站在有关搜索引擎排名的方式。（　　）

3. 微视频营销是指个体通过手机、摄像头、MP4 等多种视频终端将营销视频上传到互联网上，以达到一定宣传目的的营销手段。（　　）

4. 创意解说视频是将一些成功人士的创业历程做成纪录片，用以提高企业知名度，使互联网观众从视频中就能读懂一个人、一个企业的内涵和魅力。（　　）

5. 作为 PR（公共关系人员）需要把公司每一个阶段的方向都了解透彻，然后学会向市场、投资人、用户传递一个有力的声音。这个声音并不是生硬的广而告之，而是抛出一个话题让大家对这个故事感兴趣，然后带动大家将兴趣点转移到产品上来，并最终演变成行业的热议话题。（　　）

四、简答题

1. 简述微视频的营销技巧。

2. 自拟产品，通过分析该产品的人物画像策划撰写一份新媒体营销方案。

项目四 微信营销的方法与实践

学习目标

本项目重点学习微信营销的思路与实践操作，通过微信公众账号运营的目标、用户需求、类型、表现形式、竞品分析、账号定位来确定营销方案，再通过微信营销策略研究实例，使读者策划并参与实践，培养读者的微信营销策划实践能力。

- 了解微信营销思路；
- 掌握微信营销策略；
- 具有微信营销推广的能力。

学习路径

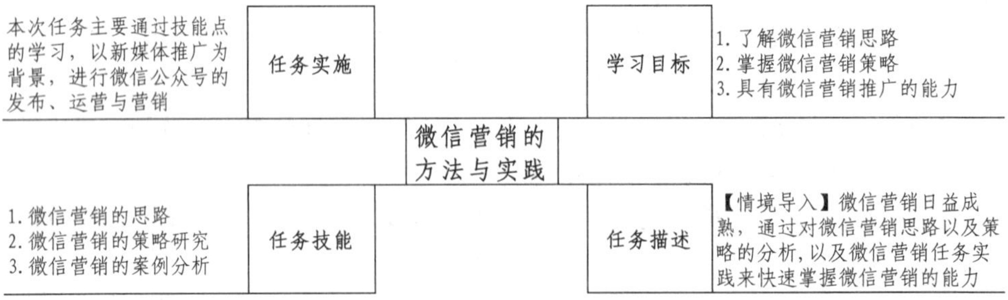

任务描述

【情境导入】

微信营销是网络经济时代企业营销模式的一种创新，是伴随着微信的火热而兴起的一种新型的网络营销方式。在学习微信营销方法的同时培养学生注重用户体验，站在用户角度思考问题，进行人性化设计。由于微信不存在空间距离的限制，用户注册微信后，即可与周围同样注册微信的“朋友”形成一种联系，用户订阅自己所需的信息，商家通过提供用户需要的信息，推广自己的产品，从而实现点对点营销。商家通过微信公众平台，结合转介率，通过微信会员卡管理系统展示商家微官网、微会员、微推送、微支付、微活动，这已经形成了一种主流的线上线下微信互动营销方式。所以如何快速掌握微信营销的思路与方法，是很多新媒体从业者关注的焦点。微商城如图 4.1 所示。

图 4.1　微商城

在微信公众平台上，无论运营者是个人还是企业，都不受任何限制。微信公众平台给企业用户带来了一条新的商业营销途径，同时也给个人用户创造了一个新的推广模式。微信的出现，让用户们找到了新的沟通方式，也让企业找到了新的营销模式。企业掌握了微信营销的思路与方法，就可以抓住微信营销所带来的新机遇。

本项目主要通过对微信营销思路、微信营销策略的研究分析，以及微信营销的案例分析与实践等技能点的学习，加深读者对微信营销的理解与认识，并培养读者微信营销的实践能力。

任务技能

技能点一　微信营销的思路

自面世以来，微信已经成为人们即时通信的重要工具之一。随着微信用户的迅猛增长，微信营销也应运而生。微信营销是移动互联网时代下的新型营销方式，具备营销成本低、潜在客户群大、营销定位精准、信息交流及时、信息传播有效、营销方式多样化等优势，正因如此，微信营销正在被越来越多的企业和个人所关注和应用，甚至可以说微信营销已然成为新媒体营销的关键阵地。

一、微信公众号的类型

微信 5.0 发布以后，公众账号发展成了两种类型，一种是订阅号（图 4.2），一种是服务号（图 4.3）。在注册之初，企业可以选择成为订阅号或者服务号。简单来说，订阅号旨在为用户提供信息和资讯。如：骑行西藏、央视新闻。服务号旨在为用户提供服务。如：招商银行、中国南方航空。

图 4.2 订阅号

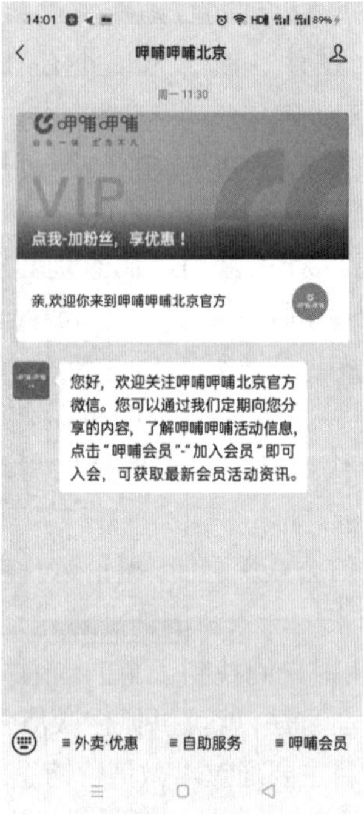

图 4.3 服务号

（一）服务号与订阅号的区别

表 4.1 清晰地解释了服务号与订阅号的异同。

表 4.1 服务号与订阅号的异同

账号类型	服务号	订阅号
显示位置	服务号显示在订阅用户的通讯录中	订阅号显示在用户的订阅号文件夹里
消息推送	1 个月内仅可以发送 1 条群发消息	每天可以发送 1 条群发消息
消息显示	发给订阅用户的消息，显示在对方的聊天列表中	发给订阅用户的消息，显示在对方的订阅号文件夹中

续表

账号类型	服务号	订阅号
消息提醒	发送消息给用户时，用户将收到即时的消息提醒	发送消息给用户时，用户不会收到即时消息提醒
菜单类型	服务号可申请自定义菜单	订阅号不支持申请自定义菜单

由于企业在注册时只有一次机会选择服务号或订阅号，因此，如何在服务号与订阅号之间进行选择，就成为企业微信行销的重要问题。

从微信自身的发展来看，服务号是其重点提倡的对象。新版微信将服务号独立出来，并提供自定义菜单的设置权限，意在将服务号 APP 化，这在拓展微信发展前景的同时，也为很多企业提供了拓展微信营销内容、优化微信营销方式的机会。

（二）服务号与订阅号的实操特色

当然，企业对服务号与订阅号的选择也要根据企业自身的特点进行分析（图 4.4），如果你没有更多的服务需要通过微信服务号提供，那最好不要放弃订阅号每日推送一次消息的机会。毕竟，对善变的移动互联网用户来说，倘若你提供的服务不是他迫切需要的，那可以想见，他会很轻易地遗忘每月只能向他发送一次消息的你。而且，服务号的自定义菜单链接的是相应的功能，这不仅需要企业投入精力进行技术开发，还需要对其配套服务功能进行系统规划，这些已经不仅仅是营销层面的事了，需要谋定而后动。

图 4.4　实操特色

一般来说，以提供优质资讯内容、分享行业讯息以及介绍最新产品等为主要目的的企业，应当选择订阅号。另外，如果希望把微信公众账号当成一个塑造品牌形象的宣传桥头堡，那订阅号也是首选。因为企业可以经常推送展现品牌价值观、倡导品牌理念的消息。而一般不需要通过新鲜资讯等内容来吸引关注的知名品牌，如招行或南方航空等，则应更倾向于用服务号来缓解企业人工客服的压力。微信公众账号设立的初衷就在于优质内容的传递与分享，所以，可以先用订阅号中优质的内容来引导消费者，形成良好的沟通氛围以及品牌影响力，然后再根据长期积累的客户数据以及与客户交流过程中发现的问题，决定是否将订阅号升级为服务号。

二、微信营销目标

彼得·德鲁克曾经说过：“目标不是命运，而是方向。目标不是命令，而是承诺。目标并不决定未来，而是动员企业的资源与能源从而塑造未来的一种手段。”成功之路通常都始于一个正确的目标，微信营销也不例外。

（一）微信运营信息统计

所谓“营销目标”，指的是在某段特定时间里通过各种营销手段所要达到的目标，是营销策略的最核心部分，对于营销计划、执行方案、绩效反馈等都能起到指导作用。而微信营销目标，则是指企业通过微信这个渠道来推广产品或服务以希望达到的目标（图4.5）。它是在对企业微信营销现状进行分析，盘点企业所拥有的资源，预测未来的机会和威胁的基础上确定的。

图4.5 微信营销目标

通常来说，微信营销的目标最终要落脚于看得见、摸得着的利润。但是，又不能一味只关注利润，还要充分考虑消费者的利益、对社会的责任，并妥善处理企业与消费者、与社会的利益关系。

（二）微信营销目标的内容机理

第一，某段特定时间里需要达成的利润目标。第二，未来一段时间里品牌形象、产品知名度的提升与增值，也就是通过微信进行产品推广、用户服务等，来提高企业的形象、提高品牌的价值。第三，为企业积累一定的微信运营与营销经验，培养出一批素质过硬的微信营销人才，建立起微信营销网络体系。以上三者在层次上是层层递进的，既要以最少的投入、最低的成本来获得最大的营销利润，也要重视企业品牌、文化等无形资产的积累以及微信营销队伍的培养与建设，从而实现长远利益与短期利益的双丰收。

（三）微信营销目标的规划设计

具体来说，设立一个明确的微信营销目标，可以通过以下5个环节来完成。

1. 正确理解企业的总体目标

总体目标是企业内部所有目标的基石，微信营销目标也不例外。只有在正确理解企业总体目标的前提下，才能围绕着这一目标，制定出合理的微信营销目标。

2. 根据SMART原则制定出目标

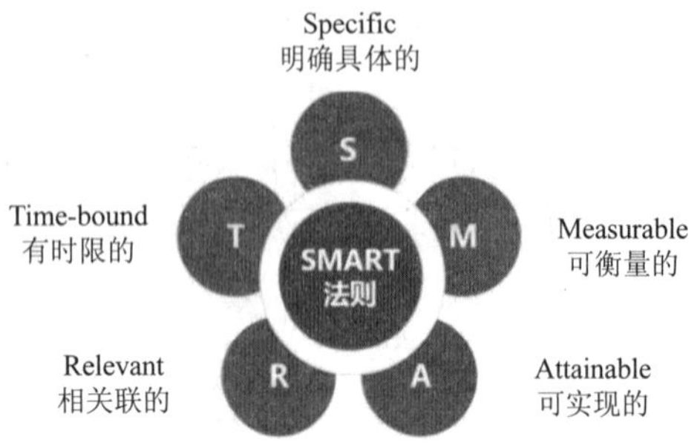

图4.6 SMART原则

在进行目标描述时，要随时检查，制定的目标是不是明确具体的？是不是可以衡量？是不是可以接受？与其他目标是否相关？有明确的时间期限吗？SMART原则如图4.6所示。

3. 列出可能遇到的问题和阻碍

制定了具体的微信营销目标之后，还应该列出在实现这个目标的过程中可能会遇到的问题和障碍，这对于目标的顺利实现是非常重要的。在这一环节，如果能发现将来有可能会遇到的问题和障碍，对那些可以规避的问题和障碍进行规避，对那些不能规避的问题和障碍制定出应急方案。那么，在后期的执行过程中就会节省大量的时间，提高工作效率，使微信运营获得更好的效果。

4. 列出实现目标所需要的资源

在这一环节要考虑的问题是：为了实现所制定的微信营销目标，需要哪些资源？这里所说的“资源”，包括人力、物力、财力 3 个方面。把它们列出来，然后逐个解决，确保在微信运营与营销的过程中能得到充分的支持。

5. 确定目标完成的日期

微信营销目标设置的一个关键点就是确定目标完成的日期。给每一个具体的目标都制定一个明确的最终期限。接下来的工作就是根据目标来制定具体的营销策略，并做好人员安排等工作。微信营销目标的规划设计如图 4.7 所示。

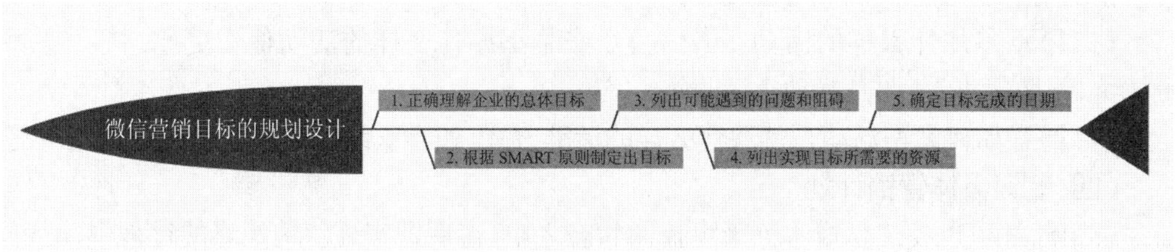

图 4.7　微信营销目标的规划设计

三、微信营销思路

设定了明确的微信营销目标之后，还需要具备完善的营销思路。具体来说，可按照以下 5 个步骤来规划微信营销思路。

（一）定位微信公众账号

制定微信营销策略，首先要做的就是定位，要搞清楚“我是谁”，这是事半功倍的好方法。定位微信公众账号需想清楚以下两点。

第一，它究竟要给用户提供什么样的内容、满足他们哪一方面的需求？第二，它的存在是为了宣传产品与品牌，还是以用户服务为立足点，为用户提供优质、周到的咨询和售前售后服务？不同的定位往往决定了不同的营销策略。

（二）定位目标用户群（图 4.8）

任何企业都不可能将自己的产品或服务拓展到能够服务于所有用户的境界。因此，企业只能根据自身的实力向某些特定的用户提供符合他们特定需求的产品，这些特定的用户就是“目标用户群”。一般来说，微信公众账号的目标用户群主要有两个来源：一是企业品牌、产品或微信内容所针对的具有共同需求或行为偏好的人群；二是能帮助企业实现营销目标、实现期望中的收益的人群。在这里，可以将所有人群按照性别、年龄、教育背景、婚姻状况、生活习惯、饮食习惯、消费习惯、地域等多种因素进行细分，筛掉那些不符合企业需求的人，保留符合以上两点要求的人群。

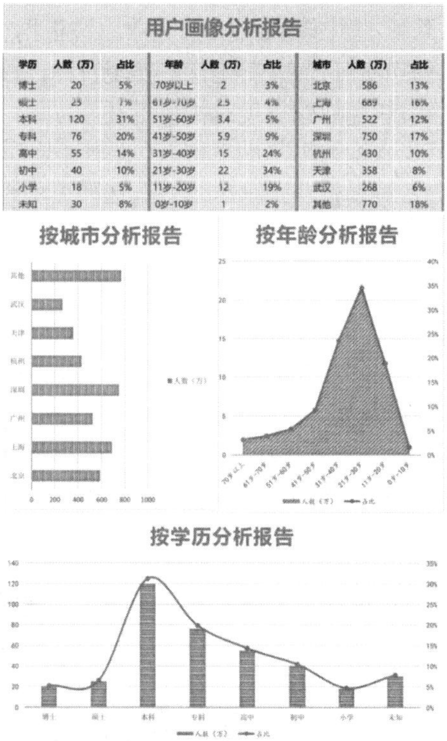
用户画像分析报告

学历	人数（万）	占比	年龄	人数（万）	占比	城市	人数（万）	占比
博士	20	5%	70岁以上	2	3%	北京	586	13%
硕士	25	7%	61岁-70岁	2.5	4%	上海	689	16%
本科	120	31%	51岁-60岁	3.4	5%	广州	522	12%
专科	76	20%	41岁-50岁	5.9	9%	深圳	750	17%
高中	55	14%	31岁-40岁	15	24%	杭州	430	10%
初中	40	10%	21岁-30岁	22	34%	天津	358	8%
小学	18	5%	11岁-20岁	12	19%	武汉	268	6%
未知	30	8%	0岁-10岁	1	2%	其他	770	18%

图 4.8　定位目标用户群

(三)调研目标用户群

定位好目标用户群之后,接下来要做的就是对这些人进行调研,看看他们有什么需求。

具体调研内容包括以下几点。

(1)愿意接收哪种类型的内容。目标用户群希望接收的内容是娱乐八卦类、科技人文类、美食文化类,还是旅游类。

(2)愿意在什么时候接收消息。比如,哪个时间段推送消息他们的阅读概率最大,哪个时间推送消息会被他们认为是骚扰等。

(3)愿意参加什么样的活动。微信公众账号举办什么样的活动他们更愿意参与其中,是抽奖、赠送优惠券,还是互动小游戏等。

(4)愿意如何参与活动。喜欢什么样的活动方式,如喜欢线上活动还是线下活动等等。

(四)制订具体营销计划

营销计划可以使工作成本处于可控的状态之中,在后期实施营销策略的过程中,就可以对每一项工作的开支进行核查,看看哪些可以削减。营销计划还有助于监测微信营销活动的行动和效果,从而使企业能更有效地对微信营销活动进行控制,并对其灵活调整。制订营销计划主要有以下几个步骤。

(1)明确"做什么"。制订营销计划之前,首先要明确工作任务,比如在一定时间内应该完成哪些任务以及应达到什么样的要求,描述越具体、越明确,越好。

(2)明确"怎么做"。为了实现营销目标,应该采取什么样的措施、策略?这些都应该在营销计划中写清楚,这是营销计划实现的一个有力保障。措施和策略主要指,达到既定的目标需要采取什么手段、动员哪些力量、获取哪些资源、得到哪些人的帮助、创造什么条件、排除哪些困难等。总之,企业应该根据客观条件,统筹安排,将"怎么做"一条条写出来,并确保切实可行,尤其是针对实现目标过程中可能会出现的问题,要在计划中提前拟订出解决方案,避免问题出现时措手不及。

(3)明确"谁来做"。营销计划的每一步由谁来负责,这是必须明确的,要保证分工到位,确保每一项任务都有具体的人来实施并承担责任。这样,如果营销计划无法完成或出现问题,就可以追究具体执行人的责任。当然,每项任务在执行过程中都会存在阶段性,而每个阶段都是由各个环节组成的,这些环节通常是互相交错的。所以,在制订营销计划时,必须从大局着眼,认真考虑哪些任务应该先做、哪些任务应该后做、哪些任务可以稍微放一放。

(4)明确"什么时间做"。营销计划的每一步都要列明时间期限。要让有关部门和人员都清楚地了解自己应该在什么时间完成什么任务,如果拖延了会受到什么样的处罚。

一个重视团队合作,成员之间能良性沟通,彼此配合程度高,能共同面对遇到的困难、共同解决问题的企业,在制订营销计划和执行营销计划时,往往更高效。制订具体营销计划的分列图如图 4.9 所示。

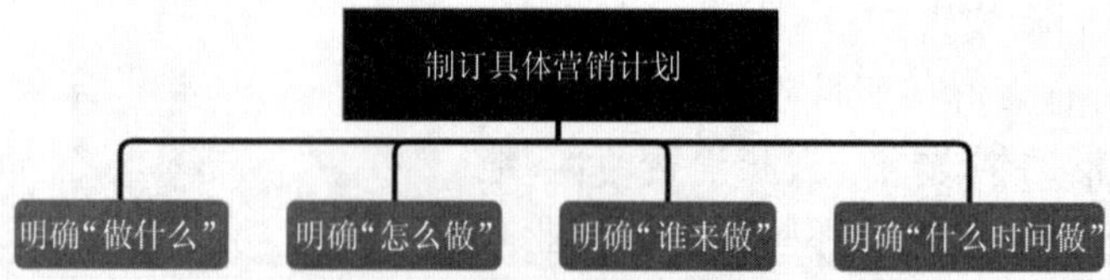

图 4.9 制订具体营销计划

（五）执行与跟踪

通过对营销计划进行跟踪，做到“三个确认”：确认工作始终按照目标和计划进行，确认能够获得预期的工作成果，确认微信推广、营销策略都得到了执行与遵守。这样，一旦发现执行过程中存在问题，就能提前做好准备并采取措施，将风险消弭于无形，使其不至于影响最终的成果。

技能点二　微信营销的策略研究

一、微信营销实用技巧

（一）善用事件营销，借事发力

如今，作为一种新兴的公关传播和市场推广手段，事件营销已日益成为企业公关、营销的有力武器。它能够在最短的时间里，用最快的速度获得最好的效果，并且制造出最大的影响力。国内外很多企业成功地运用事件营销，在给其自身带来良好销售业绩的同时，也带动了良好企业品牌的建设。

事件营销指的是企业在保证真实及不损害消费者利益的前提下，进行相应的策划，制造或利用具有一定宣传价值的事件进行营销。通过“热点新闻效应”来吸引媒体和公众的注意力，引起广泛的兴趣，从而提高企业的社会知名度，塑造企业的良好形象，并最终促进产品或服务的销售。在微信营销中，也可以善用事件营销这个利器，借事发力。而且，微信作为一个即时交流工具和信息推送平台，也能为事件营销提供充足的便利条件，使它的威力升级。

（二）用“圈子”圈住核心用户

古人曾说过，“物以类聚，人以群分”，正因如此，消费者就天然地分布在各种各样的圈子里，每个圈子里的人们都拥有某种共通的特性，比如同样的兴趣爱好、同样的利益追求、同样的生活品位、同样的人生目标等。

某个企业在进行微信营销时，所锁定的目标用户群，一定是属于某个“圈子”的人群。比如，户外旅游类的微信公众账号的目标群体是那些热衷于登山、徒步、骑行等活动的旅游爱好者，他们中的很大一部分人都会加入一些“驴友会”等协会或组织。所以，企业在进行微信营销时，不但需要对用户群进行观察、分析，还需要对用户的圈子加以关注、研究，从而找到他们所属的各类圈子，将圈子作为信息分享与传播的途径，利用他们之间的人际互动来实现营销（图 4.10）。

（三）差异化策略，与众不同才是卖点

要想充分发挥微信营销的价值，利用微信这个平台获取更多的利润，一个最简单的途径就是发挥企业的独特优势，进行差异化策略，以个性作为卖点。差异化策略，指的是企业在运营微信公众账号的过程中，以产品或服务独特的某一部分乃至全部不同于其他企业的产品或服务的优势作为主要宣传重点，使用户了解到企业的与众不同之处，从而诱发他们的关注和购买热情。

二、微信营销流量策略

对于传统网站来说，访问量是非常重要的，因为它是衡量网站流量的一个关键性指标。访问量越大，说明这个网站的人气越高，广告价值越高，能带来的收益也就越大。对于微信营销来说，也有一个类似的指标——浏览量。浏览量越大，用户越多、越活跃，说明用户的忠诚度越高，那么微信的价值也就越大。

（一）解答实用问题

如果你的消息能够为用户解决一些生活或工作中遇到的难题，其浏览可能性就会大幅度提高。比如，如果用户正在为身体肥胖、减肥又始终没有效果而苦恼，而你推送的消息中恰好有与减肥相关的话题，用户通常会选择打开读一读，看看是否对自己有帮助。

（二）采取一定的激励手段

在大多数时候，用户评论或分享信息的主动性并不高。但如果你能采取一定的激励手段，如分享即可获折扣券、抽奖机会等，那么用户的分享积极性就会迅速被调动起来。用户的分享能够将更多的人引流到你的微信公众账号上，从而大幅度提高浏览量。

（三）成为用户的朋友

一句真诚的问候、贴心的关怀，胜过一百句毫无感情的骚扰。努力成为用户的朋友，他们才愿意花时间来阅读你的信息。

（四）自动回复

微信公众账号应该根据用户回复的关键词来进行内容的规划，只有这样，才能使用户的需求得到满足。实现自动回复的途径是多种多样的，如关键词快捷回复、自动应答菜单等。善于利用这些功能，不但能使用户获得更好的体验，还能有效提高浏览量（图 4.11）。

图 4.10 圈子

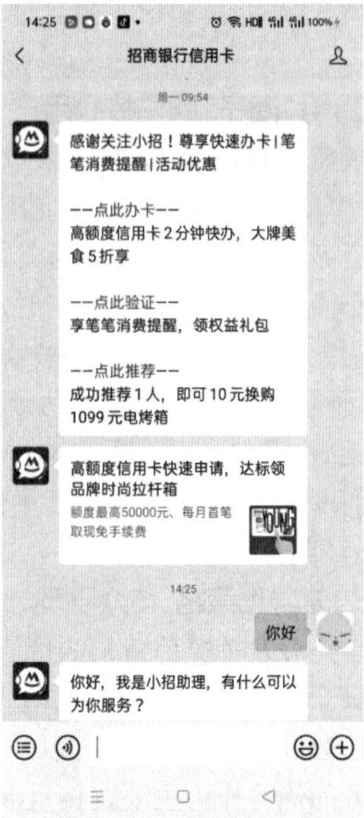

图 4.11 自动回复

（五）重要的文章应重点展示

推送消息时，那些重要的、有吸引力的文章，一定要安排在最为显眼的位置。如果这些文章恰好符合用户的口味，让他们情不自禁地一读再读，微信的浏览量在无形之中就得到了提升。

（六）策划专题

适时策划一些专题，吸引那些关注这个话题的人不断来阅读。如果他们认为这个专题是有价值的，还会分享到同样感兴趣的圈子里，吸引更多的人点击阅读（图 4.12）。

（七）在文章中加入“微链接”

所谓“微链接”，指的是在你所发布的热门文章中加入微信中其他文章的链接，让那些对文章感兴趣的人能通过点击阅读到其他文章（图 4.13）。

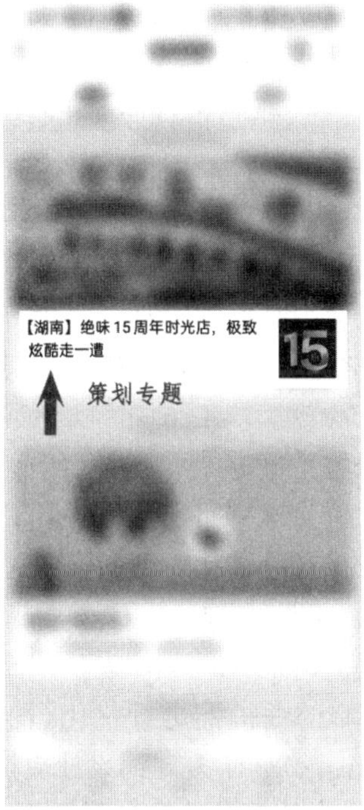

图 4.12　策划专题

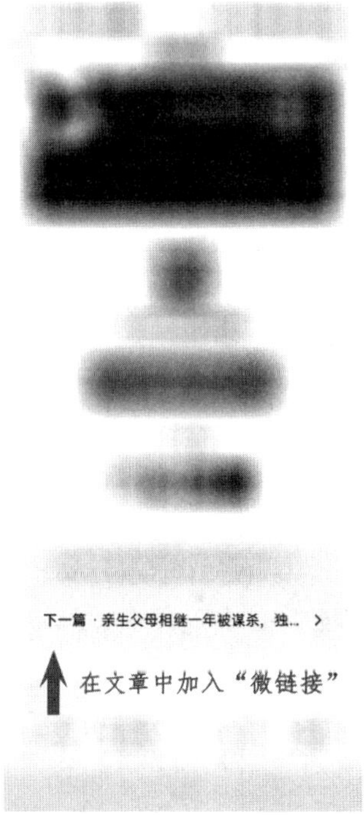

图 4.13　在文章中加入“微链接”

（八）栏目安排要清晰、合理

微信公众账号所推送的信息通常是由多个栏目所组成的，栏目安排一定要简单明了，而且要给这些栏目添加一个清晰的索引，让用户可以便捷地阅读到自己最关注的文章。同时注意每则信息的内容不要太多，以免让用户在阅读时产生疲劳感。

（九）不断更新

微信内容一定要不断更新，尤其是对于那些每天都可以推送一条消息的订阅号来说，这一点显得更为重要。如果你长时间不更新，你的微信很可能会慢慢淡出人们的视线，久而久之，用户就会逐渐流失。

三、微信营销传播策略

对于微信营销来说，信息的曝光率是至关重要的。你的信息只有不断曝光，被更多的人看到，才能吸引更多人关注你。相反，如果你的信息沉寂在一个无人知晓的角落里，那么，即使它再有价值、质量再高，也不可能为你带来用户。

要想提高曝光率，最重要的是要推广你的微信公众账号，让它被更多的人看到、知道和了解。那么，应该怎样进行推广呢？在这里简单介绍几种微信营销传播策略。

（一）利用搜索引擎进行推广

在互联网上，搜索引擎可以说是一大奇迹，它能够使网民们方便地在互联网这个信息海洋中找到自己所需要的信息，也给营销者提供了一种受众广、针对性强且效率高的发布途径。我们也可以利用这个工具来推广自己的微信公众账号，从而使其获得更高的曝光率。

图 4.14　优化关键词

利用搜索引擎进行网络推广，有以下两种策略。

1. 付费搜索引擎广告策略

付费搜索引擎广告策略是指企业在主要网站上做广告。搜索引擎广告是需要向搜索引擎支付广告费的，付费方式一般可以分为固定付费和竞价排名两种：固定付费是以年或月为单位，对固定的广告位或固定移动范围的广告位支付费用；竞价排名则是根据对所选关键词出价的高低，对其网站进行排名，出价越高排名越靠前，并按点击次数收费。

2. 免费搜索引擎推广策略

第一，设计恰当的关键词组合。潜在用户在查找产品、企业信息时，通常以产品名称、行业名称及公司名称等为关键词进行搜索。因此，在推广微信公众账号时，一定要设置一个恰当的关键词组合。

第二，对搜索引擎的关键词进行优化（图 4.14）。搜索引擎的关键词优化指的是让关键词设计更适合搜索引擎的检索，从而使你发布的信息的排名更靠前。关键词优化不但要求优化自身的信息，而且要对竞争对手的微信公众账号信息进行整合，从而让搜索用户在搜索竞争对手的相关信息时，也会看到你的微信公众账号。

百度搜索引擎如图 4.15 所示。

图 4.15　百度搜索引擎

第三，增加关键词密度。关键词密度是指关键词的数量在文本中所占的比率（图 4.16）。对于网络优化来说，关键词密度是十分重要的，一般认为 4% 左右的密度是比较合适的，因为较高的密度会被搜索引擎视为作弊。除此之外，在设计关键词密度时，还可以适当参考竞争对手的密度分布。

关键词	出现频率	2%≤密度≤8%	百度指数	360指数	百度排名	排名变动	预计百度流量(IP)
垃圾处理	35	10.82%	395	52	50名外	-	较少
建筑垃圾处理	9	4.17%	214	21	50名外	-	较少
垃圾处理厂	3	1.16%	165	24	50名外	-	较少
垃圾处理设备	9	4.17%	141	27	50名外	-	较少
城市垃圾处理	6	2.78%	124	-	50名外	-	较少
建筑垃圾处理设备	1	0.62%	119	-	50名外	-	较少
农村生活垃圾处理	3	1.85%	0	-	50名外	-	较少
厨房垃圾处理	3	1.39%	0	-	50名外	-	较少
中博垃圾处理设备	1	0.62%	0	-	50名外	-	较少

关键词密度过低

图 4.16　关键词密度

第四，注册免费会员。企业可以在网上商店（如易趣网、淘宝网），分类广告网站（如赶集网、58 同城、口碑网等），网上拍卖，B2B 行业性网站（如慧聪网、阿里巴巴网、买卖网），以及相关产品的论坛上注册免费会员，在网站许可的范围内大量发布推广信息。

企业在选择搜索引擎推广策略时，应根据关键词的热门程度而定。一般来说，普通热门的产品关键词，采用免费搜索引擎推广策略就可以达到目的了。而对于竞争激烈的产品，建议同时使用付费搜索引擎推广和免费搜索引擎推广，利用这两种方式互相结合，互相辅助，能起到更好的作用。

（二）利用博客进行推广

现在，越来越多的博客作者通过写博客来进行产品和品牌推广。微信公众账号的推广也可以采取这种形式。博客主人通过发表各种形式的博文，比如纯文字、图片、视频、语音，或是将这几种形式结合起来，来与博客的浏览者进行沟通。浏览者也可以跟帖发表自己的意见，从而在博客里形成一种互动的氛围。除此之外，博客具有很强的身份识别性，不同的博客可以针对不同的目标群体来进行推广，便于实现精准营销（图 4.17）。

（三）利用论坛进行推广

利用论坛来推广微信公众账号，有利于直接定位到那些对自己感兴趣的群体（图 4.18）。

第一，应该根据微信公众账号的特点，选择合适的、人气比较火爆的论坛。

第二，是否能将微信公众账号成功地推广给更多的人，关键在于论坛帖子的设计。可以利用论坛头像及签名档来进行宣传，也可以把微信公众账号中的一些精华文章转载到论坛里发布，并插入微信公众账号的二维码。

第三，推广帖子发出之后，不要以为就万事大吉了，要及时对其进行跟踪、维护。不然用不了多久，它就会沉到“水底”，无人关注，特别是那些人气很旺、话题不断的论坛。所以，一定要多顶帖，让你的帖子始终在论坛的第一页。这样才能让更多的人能看到这些信息，从而提高微信公众账号的曝光率。

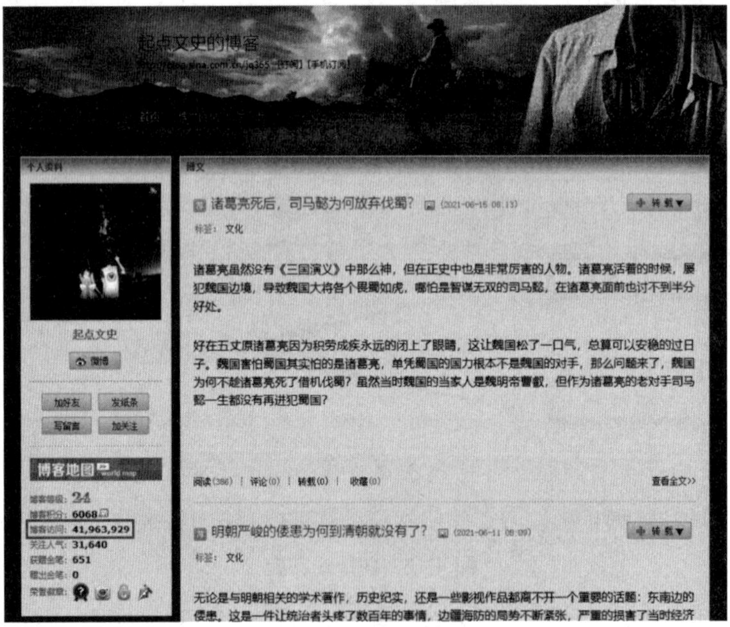

图 4.17　博客大 V

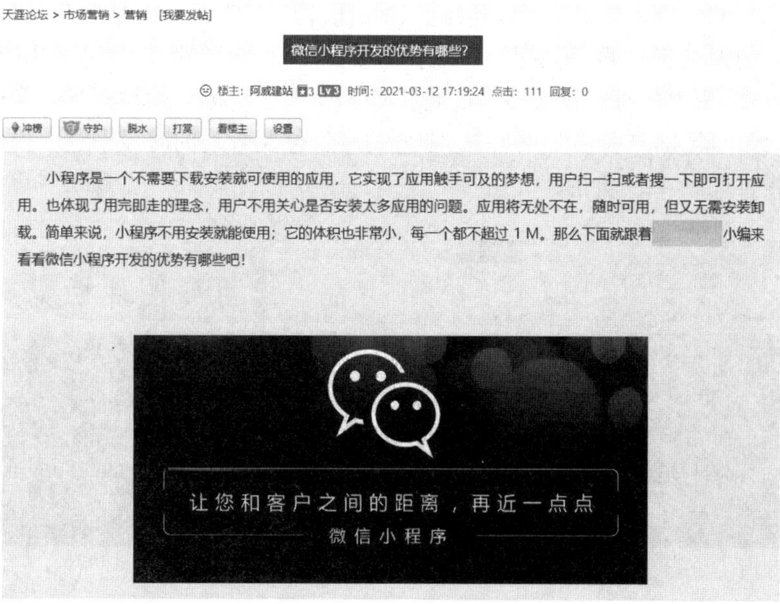

图 4.18　利用论坛进行推广

（四）病毒营销

病毒营销是利用公众的积极性和人际网络，让营销信息像病毒一样传播和扩散，并让目标用户主动进行传播，借助口碑的力量，提高微信公众账号的曝光率。病毒营销主要有以下两个步骤。第一，应该创建一些话题性强、便于传播、吸引人眼球的“病毒”，将你的微信公众账号巧妙植入“病毒”之中。第二，寻找那些容易“感染”的潜在用户群，找到传播效果好的媒体（如人气高的社区、论坛、视频网站等），通过他们把“病毒”传递给更多的人。

例如，凡客的“无心插柳”已在网络上掀起一场大范围的“病毒营销”（图 4.19）。凡客诚品这次营销的最大特点在于，它并不直接产生对凡客诚品本身产品的口碑，而只是通过恶搞来吸引眼球，提升知名度。传统的营销是通过广告的形式，客户被动接受产品信息。但是，随着广告数量的急剧增加，不但营销费用高涨，其效果也越来越差。与传统营销方式截然相反，“病毒式营销”多以诱导为主，同时还为消费者提供可参与的娱乐活动，其已受到广泛欢迎。

图 4.19　凡客体

（五）利用网络广告进行推广

网络广告主要指的是那些以网络为主要投放渠道、以广告宣传为目的的信息，如关键词广告、网络联盟广告、图像式网络广告、邮件广告等，随着互联网的迅猛发展，网络广告已逐渐成为网络推广的一种主要形式。和传统广告相比，网络广告具有很大的优势，包括传播范围广、能有效监控、交互性强、不受时空限制、投放灵活、有针对性、效果可量化、有文字语音视频等多种载体、费用相对比较低等。在通过网络广告推广微信公众账号时，应该根据自己的产品情况、经济能力，选择合适的网站、合适的广告位及合适的时段来进行投放。如百度图片栏目广告位如图 4.20 所示。

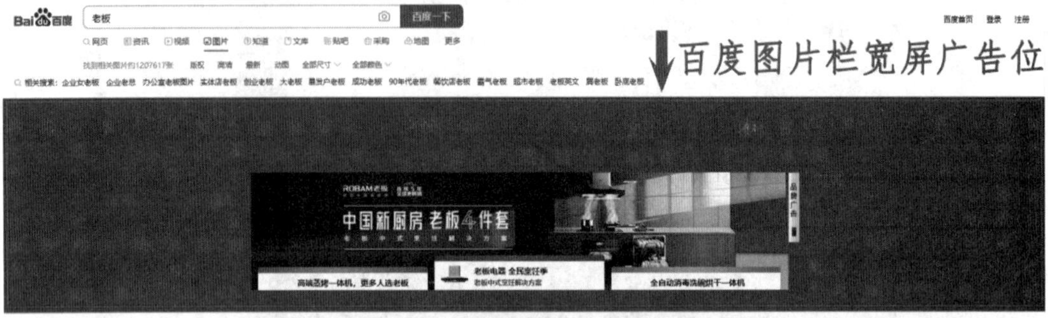

图 4.20 百度图片栏目广告位

任务实施

本次任务主要通过技能点的学习，加深读者对微信营销思路与策略的理解与认识，并培养读者制定微信营销方案的实践能力。

任务介绍 1

微信营销的案例分析

爱钱进“用了就敢炒老板”项目

一、案例背景

爱钱进作为互联网金融行业一个快速崛起的品牌，致力于让每个人都享有简单、公平的互联网金融服务。在互联网金融品牌形象同质化严重的市场环境下，急需通过新一轮营销来差异化自己的品牌，加强靠谱儿、安全的品牌理念。

随着社会的发展，“80 后”与“90 后”已经成为职场的主力军。受时代的影响，他们在生活上追求自由不受约束的个性特征在工作中也表现得越发明显，浮躁、不满、抱怨，甚至将辞职当成家常便饭，不注重个人能力提高与经验的积累而随意跳槽。在这种情况下，爱钱进通过结合自身品牌特性，逐渐引导培养年轻人树立正确的职场观，通过 # 用了就敢炒老板 # 向他们传递炒老板前需要积累职场能力和理财能力双重人生资本的概念，让他们真切地感知到，只有当积累到足够的能力时才能有更多的选择，从而积极倡导社会正能量。

二、策略

（一）创意方面

以“炒老板栗”的跨界形式吸引网友的好奇和关注，以有趣的方式去连接消费者，先倾听他们对于炒老板的想法的各种吐槽，在情感上与消费者站在一起，在消费者亲近品牌后，爱钱进再去表达自己的观点，传递其关于职场加理财的人生资本概念，让消费者认同爱钱进的价值观。

（二）媒介方面

覆盖新闻、微博、微信、网站四大平台的资讯、职场、公知、段子手全渠道资源，以大范围曝光，引发网友对 # 用了就敢炒老板 # 的吐槽共鸣，再通过职场 KOL（关键意见领袖）的精准传播，去传递职场能力积累和理财规划的正能量，最终完整解读爱钱进传递的人生资本概念。

三、创意

（1）“炒老板栗”是爱钱进和金栗圣两个品牌的跨界联合营销活动，将互联网金融品牌和著名的干果品牌放在一起，这种反差性带给人们深刻印象，对爱钱进品牌的传递起到极大的裂变效果，是一个既能满足用户好奇心又能引发极大关注的创意。

（2）同时这个“炒老板栗”的跨界创意有效地承载了爱钱进想要表达的产品信息，将传播的场景文案前置在“炒老板栗”的包装盒上，用户拿到产品后能迅速了解爱钱进传递的信息，对于后续传播的推进而言，是一个有效且多功能的创意（图 4.21 和图 4.22）。

图 4.21　案例分析 1

图 4.22　案例分析 2

四、执行

“炒老板栗”完整的传播分为 4 个阶段，从事件引发到引来围观，到价值观传递解读，完整地与消费者进行了一次关于职场能力提升和理财规划的社会性讨论。

第一步，“炒老板栗”的事件引发。在网易新闻投放“炒老板栗”作为辞职礼物的新闻资讯，引发网友的围观讨论，新闻被迅速转载扩散开，“炒老板栗”事件开始发酵，并引发微博端的讨论。

第二步，炒老板引发网友共鸣讨论。借助微博本地大号、微博段子手等资源在微博上进一步曝光“炒老板栗”，引发全网对于炒老板的各类吐槽共鸣，消费者开始注意到爱钱进的品牌，抒发了情感，对品牌产生一定的亲近感。

第三步，职场提升与理财规划的深度传播。通过前 2 个步骤炒老板得到全网共鸣，爱钱进得到广泛曝光后，通过《职来职往》重磅嘉宾、职场知名 KOL（关键意见领袖）陈默发起一轮关于炒老板的讨论活动，讲述对“炒老板栗”的理解，并邀请 6 位职场好友从自身不同经历来解读炒老板需要具备的职场能力和理财能力的双重资本，最后由陈默总结复盘，引发网友深度共鸣认同。爱钱进实现了品牌诉求，也让网友更深度地理解到爱钱进想要传递的产品信息和品牌价值。

第四步，社会媒体行业案例深度解读爱钱进。作为本次传播的收尾阶段，借用思想聚焦、新闻晨报、新华社等社会 / 新闻媒体解读“炒老板栗”背后的概念，深度报道爱钱进传递的“职场 + 理财”正能量价值观，提升品牌社会影响力；广告门、数英网、SocialBeta 三大行业网站发布案例包装，阐释爱钱进互联网金融营销的新玩法，同时传递爱钱进“职场 + 理财”的正能量价值观，从而提升了行业知名度。

五、效果

（一）“炒老板栗”跨界创意走红网络

“炒老板栗”连接互联网金融品牌爱钱进和北京著名干果品牌金栗圣，这是一个巧妙的跨界创意，从概念到实体都抓人眼球，在上线后引来大量网友围观，线下门店销售火爆，网友在微博朋友圈晒图讨论，恰逢中秋节，“炒老板栗”成为创意网红，形成广泛有效的自发传播效果。

（二）# 用了就敢炒老板 # 概念及品牌曝光加强

借势“炒老板栗”的跨界，# 用了就敢炒老板 # 从《十三亿分贝》花式口播到“炒老板栗”的传播，这一病毒性话题在社交媒体引发关注讨论，爱钱进品牌巧妙露出，从视频广告到 Social 创意的转换，更深入地引发网友共鸣，进一步曝光了爱钱进品牌。

（三）炒老板传递的概念引发社会关注和讨论

“炒老板栗”以诙谐有趣的形式出现在社交媒体，借助微博段子大号的曝光，陈默等职场 KOL（关键意见领袖）的传播，引起网友从对炒老板的关注吐槽到对爱钱进倡导的“职场 + 理财”的人生资本概念价值观的共鸣认可。新闻晨报等多家新闻媒体转载报道，解读“炒老板栗”在洞察年轻人“闪辞”的职场现状后所表达的正向鼓励的价值观，有深度的社会性思考价值。

（四）多渠道覆盖传播效果显著

通过本次传播，爱钱进微博指数和百度指数达到近 3 个月的峰值；在传播媒介上，微博、微信覆盖超 7 000 万粉丝，覆盖新闻、微博、微信、网站四大平台的资讯、职场、公知、段子手全渠道资源；# 用了就敢炒老板 # 话题阅读量两天近 3 000 万，讨论量超 4 万，登上热门话题榜社会类榜单，品牌影响力和曝光度进一步提升（图 4.23）。

（五）炒老板栗线上线下整合 O2O 闭环传播

“炒老板栗”无论从形式上还是创意上都让人眼前一亮，两个品牌有机地结合在一起，使得一颗栗子迅速走红。在线上传播阶段，网友对“炒老板栗”产生概念共鸣，同时有强烈购买欲望；在线下执行阶段，金栗圣总店购买者络绎不绝，销售量是平时的 2~3 倍（图 4.24）。作为一个传播介质，“炒老板栗”不仅有效地协助了品牌传播，同时也促进了产品销售，有效地形成了 O2O 闭环传播。

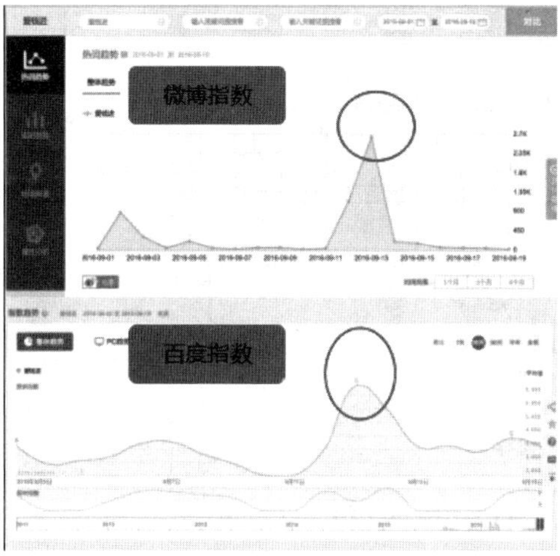

图 4.23　案例分析 3

图 4.24　案例分析 4

六、核心创新点

作为一场跨界营销活动，本次活动最大的创新点在于爱钱进对职场年轻人“闪辞”炒老板的深度洞察，在传播上先倾听消费者心声，再通过“炒老板栗”有趣的形式来与消费者沟通，区别于以往品牌在传播中忽略消费者感受的传播特点。

任务介绍 2
微信营销的微传单 H5 项目实操

微信营销时，使用频率最高的电子物料为微传单 H5，下面我们就来学习微传单 II5 的制作方法。可以使用凡科微传单 https://cd.fkw.com/ 来制作微传单 H5。

第一步，打开制作微传单平台，创建传单（图 4.25）。

图 4.25　微海报制作 1

第二步，按行业类型选择微传单模板（图 4.26）。

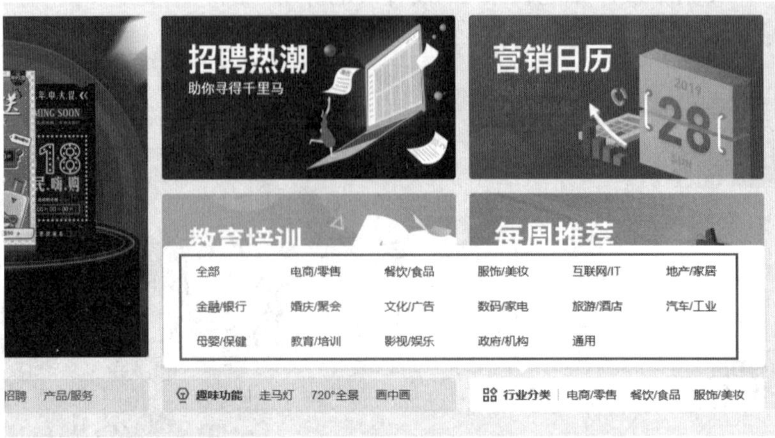

图 4.26　微海报制作 2

第三步，点击微传单中的文字和图片进行更换、编辑（图 4.27）。

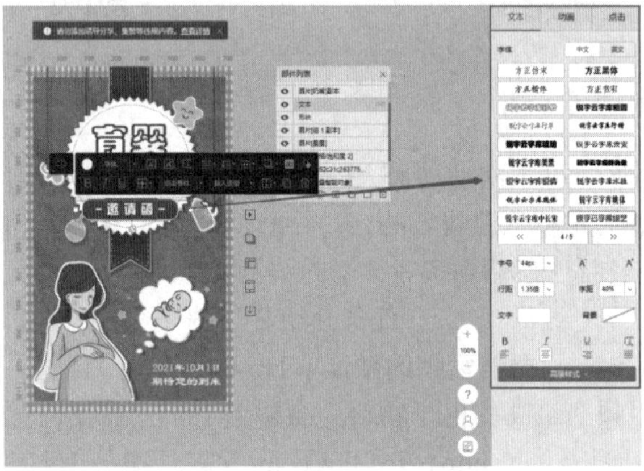

图 4.27　微海报制作 3

第四步，根据自己的需要添加文本、艺术字、图片、形状或控件（图 4.28）。

图 4.28　微海报制作 4

第五步，也可以点击“单页模板”选择封面、图文模板或功能，其中功能包括语音通话、手机来电、雷达扫描等（图 4.29）。

第六步，在右上角的“设置”中选择背景音乐，可以用系统自带的背景音乐，也可以自己上传背景音乐，同时编辑分享样式，包括标题和描述等（图 4.30）。

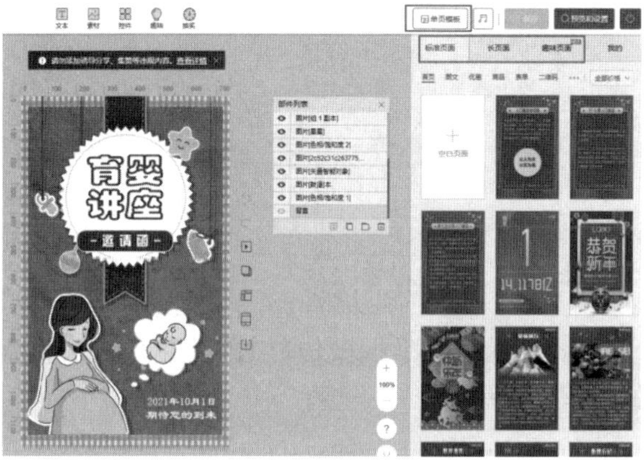

图 4.29　微海报制作 5

图 4.30　微海报制作 6

第七步，保存好，在效果预览中将二维码或链接传播出去（图 4.31 和图 4.32）。

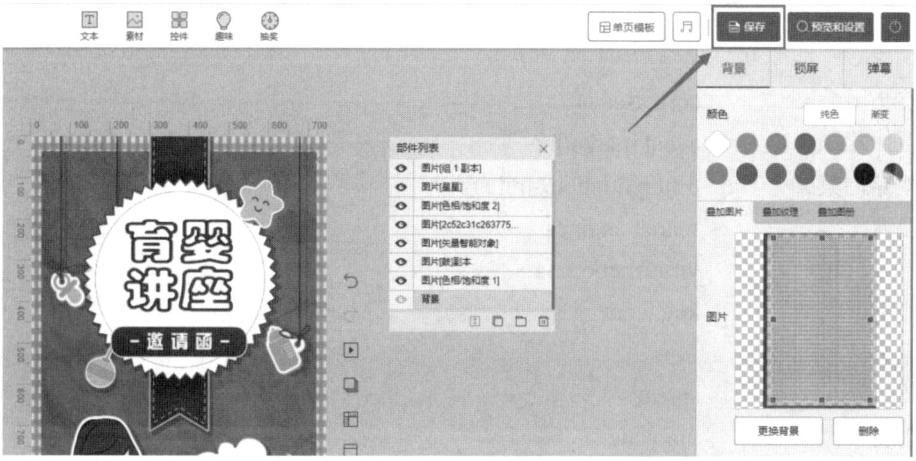

图 4.31　微海报制作 7

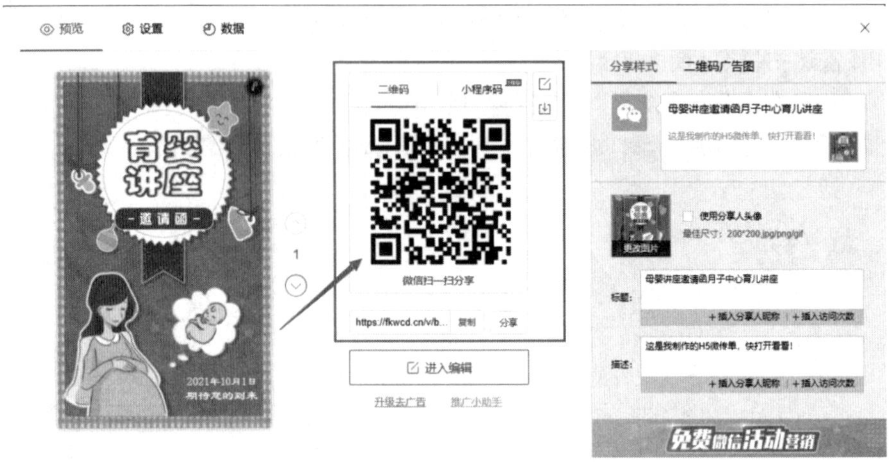

图 4.32　微海报制作 8

任务总结

本项目介绍了微信营销的方法与实践的相关知识点，分别从微信营销的思路、微信营销的策略研究等方面展开学习，以案例分析的形式帮助读者掌握微传单 H5 的制作方法和流程，读者学习之后可以对微信营销有更好的认识与了解。

英语角

核心用户	core users
事件营销	event marketing
差异化策略	differentiation strategy
搜索引擎	search engines
病毒营销	virus marketing
关键词	key word
流量	flow
传播	spread
创新	innovate
关键意见领袖	key opinion leader

任务习题

一、单选题

1.（　　）旨在为用户提供信息和资讯。

A. 订阅号　　B. 服务号　　C.H5　　D. 微传单

2. 企业需要根据自身的实力向某些特定的用户提供符合他们特定需求的产品，这些特定的用户就是（　　）。

A. 用户　　B. 消费者　　C. 购买者　　D. 目标用户群

3.（　　）指的是企业在保证真实及不损害消费者利益的前提下，进行相应的策划，制造或利用具有一定宣传价值的事件进行营销。

A. 病毒营销　　B. 情感营销　　C. 事件营销　　D. 差异化营销

4.（　　）能够使网民们方便地在互联网这个信息海洋中找到自己所需要的信息，也给营销者提供了一种受众广、针对性强且效率高的发布途径。

A. 异业联盟　　B. 搜索引擎　　C. 宣传单　　D. 口头传播

5. 利用凡科微传单制作微传单 H5 时，需点击（　　）选择封面、图文模板或功能，其中功能包括语音通话、手机来电、雷达扫描等。

A. 设置　　B. 单页模板　　C. 创建模板　　D. 控件

二、多选题

1. 微信营销是移动互联网时代下的新型营销方式，具备（　　）等优势，也正因如此，微信营销正在被越来越多的企业和个人所关注和应用，甚至可以说微信营销已然成为新媒体营销的关键阵地。

A. 营销成本低　　B. 潜在客户群大　　C. 营销定位精准　　D. 信息交流及时

E. 信息传播有效　　F. 营销方式多样化

2. 微信服务号具有（　　）特点。

A. 显示在订阅用户的通讯录中

B. 1 个月内仅可以发送 1 条群发消息

C. 每天可以发送 1 条群发消息

D. 发给订阅用户的消息，显示在对方的聊天列表中

E. 发送消息给用户时，用户将收到即时的消息提醒

F. 可申请自定义菜单

3. 设立一个明确的微信营销目标，可以通过（　　）环节来完成。

A. 制定的目标是不是明确具体的　　B. 正确理解企业的总体目标

C. 根据 SMART 原则制定出目标　　D. 列出可能遇到的问题和阻碍

E. 列出实现目标所需要的资源　　F. 确定目标完成的日期

4. 设定了明确的微信营销目标之后，可以按照（　　）步骤来规划微信营销思路。

A. 定位微信公众账号　　B. 定位目标用户群
C. 调研目标用户群　　D. 制订具体营销计划
E. 做到“三个确认”　　F. 执行与跟踪

5. 微信营销的流量策略包括（　　）具体的方法。

A. 采取一定的激励手段　　B. 成为用户的朋友
C. 重要的文章应重点展示　　D. 策划专题
E. 在文章中加入“微链接”　　F. 栏目安排要清晰、合理

三、判断题

1. 一般来说，以提供优质资讯内容、分享行业讯息以及介绍最新产品等为主要目的的企业，应当选择服务号。（　　）

2. 微信公众账号设立的初衷就在于优质内容的传递与分享，所以，可以先用订阅号中优质的内容来引导消费者，形成良好的沟通氛围以及品牌影响力，然后再根据长期积累的客户数据与交流问题，决定是否将订阅号升级为服务号。（　　）

3. 微信营销目标，则是指企业通过微信这个渠道来推广产品或服务以希望达到的目标。（　　）

4. 微信营销的目标最终要落脚于看得见、摸得着的利润。但是，又不能一味只关注利润，还要充分考虑消费者的利益、对社会的责任，并妥善处理企业与消费者、与社会的利益关系。（　　）

5. 任何一个企业都可以将自己的产品或服务拓展到能够服务于所有用户的境界。（　　）

四、简答题

1. 制订具体的微信营销计划都包括哪些步骤？

2. 制作一个微传单 H5，主题自拟。

项目五　微博营销的方法与实践

学习目标

本项目重点学习微博营销的方法与实践，使读者了解微博营销的思路，熟悉微博营销的策略研究，具备微博营销的案例分析与实践能力。在任务实施过程中：

- 了解微博营销的思路；
- 熟悉微博营销的策略研究；
- 掌握微博营销的案例分析与实践能力。

学习路径

微博营销的方法与实践

本次任务主要通过技能点的学习，加深读者对微博营销思路的理解与认识，并培养读者微博营销策略研究的实践能力	任务实施	学习目标	1. 了解微博营销思路 2. 掌握微博营销策略 3. 具有微博营销推广的能力
1. 微博营销的思路 2. 微博营销的策略研究 3. 微博营销的案例分析	任务技能	任务描述	【情境导入】可口可乐发现社交媒体——微博具有强大的商业作用后，便开始利用微博与用户进行情感互动，网罗了大量粉丝，增强了用户的黏性

任务描述

【情境导入】

著名的国际品牌可口可乐，在研究微博营销上下了大量的功夫。可口可乐发现社交媒体——微博具有强大的商业作用后，便开始利用微博与用户进行情感互动，网罗了大量粉丝，增强了用户的黏性。

可口可乐通过调查发现，如今大部分的社交媒体用户在享受美食、收到礼物的开心时刻，都会选择发微博并@相关的朋友，而这正是社交媒体线上与线下结合的绝佳触点。

基于此，在圣诞节来临前夕，可口可乐选择了用明信片传递情感的方式，通过线上@收件人，线下为用户本人和用户的家人、朋友寄送明信片的方式，创造并实践了一种社交媒体情感微博营销新模式。

可口可乐通过聆听用户的心声，了解到受众在享受网络时代便捷的同时，内心深处也渴望着一些过往传统所带来的情感回忆。人们希望除了每天在邮箱里收到账单、广告、垃圾邮件外，还能奇迹般地从门口的邮箱里发现一张来自远方亲人与朋友的明信片。

在看惯了电子屏幕上整齐划一、面目可憎的符号后，人们更希望能够看到一些带着回忆和性格的文字，握在手里反复翻阅，仿佛还能感受到寄件人的美好祝愿与思念。基于此，可口可乐结合消费者切身的情感需求，采取微博@传递活动消息的方式，为用户提供了“明信片”传递情感的活动。可口可乐的微博页面如图 5.1 所示。

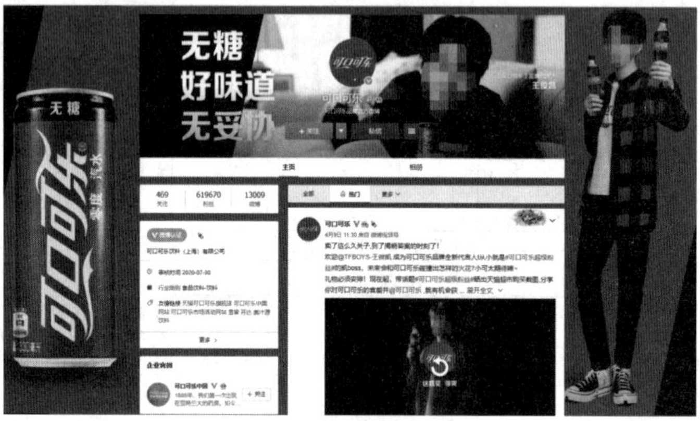

图 5.1　可口可乐的微博页面

微博线上信息的传播与线下活动举办的营销模式是企业营销的亮点。在互联网与移动互联网时代，微营销与 O2O 营销兴起，可口可乐正是掌握了这两种营销方式，将微博营销与 O2O 完美结合，从而增强了企业品牌的用户黏性。

由此可见，微博是一个可供网友自由选择和交流信息的平台。认真洞察粉丝需求，创造性地举办营销活动，不仅可以深化品牌内涵，还可以提高产品及品牌的知名度。

培养学生借助互联网平台，弘扬社会主义核心价值观，传播企业和社会的正能量，宣扬品牌文化、企业文化和中华民族传统文化，宣传积极向上的流行时代风尚和生活方式。

本项目主要通过对微博营销的思路、微博营销策略的研究分析、微博营销的案例分析与实践等技能点的学习，加深读者对微博营销的理解与认识，并培养读者微博营销的实践能力。

任务技能

技能点一　微博营销的思路

一、微博营销的模式

微博营销是微博催生的营销方式，利用有限的展示内容与潜在的消费者交流，传播企业、产品的信息，树立良好的企业形象和产品形象，从而达到营销的目的（图 5.2）。随着微博的火热，越来越多的人开始注意到微博营销背后巨大的商业价值。

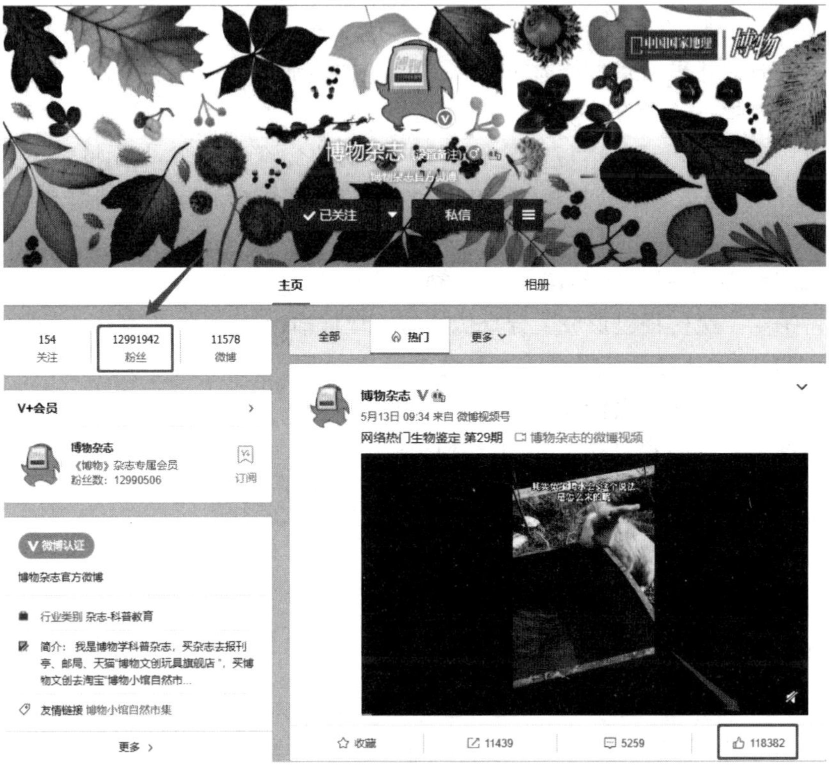

图 5.2　微博营销

(一)微博营销的特征分析

微博营销是指通过微博平台为商家、个人等创造价值的一种营销方式,也是指商家或个人通过微博平台发现并满足用户的各类需求的商业行为。在微博平台,用户只需要用很短的文字就能反映自己的心情或者起到发布信息的目的,这种便捷、快速的信息分享方式使得大多数企业与商家争抢微博营销平台,希望利用微博开辟网络营销市场的新天地。

微博是从一个单纯的社交和信息分享平台转化而来的。在新媒体营销时代,微博凭借其巨大的商业价值属性成为企业重要的新媒体营销推广工具。微博营销的特点主要体现在以下几个方面。

1. 内容形式多样

微博营销可以借助先进的多媒体技术,用文字、图片、视频等对产品进行描述,从而使潜在的消费者更立体地接收信息。

2. 易于互动传播

一条关注度较高的微博,在互联网及与之相关的手机平台上发出后,通过互动性转发,就可以快速地传播开来。

3. 名人效应显著

通过粉丝关注的形式进行病毒式传播,影响面非常广泛。同时,名人效应可以使微博的传播速度变得越来越快。

(二)微博营销的实践意义

微博营销由于具有信息发布便捷、传播速度快、影响面广、互动性强、成本低、企业形象拟人化等特点被企业热捧。在微博上,"人人不但是麦克风,而且是信息的传递者"。微博所具有的及时、便捷的特点和强大的互动性,使越来越多的人在生活和工作中广泛使用微博。微博的即时性几乎消除了传播的过程,让消息的流通变得极为快捷。

1. 第一级传播——分众传播

微博营销第一级传播是指与普通微博用户最初的交流和互动,并无特定对象和确切目的,话题的跟随者都是零星分布和随机出现的,形成一种受众群分散、传播内容局限的分众传播模式。

2. 第二级传播——分众传播与大众传播

微博营销第二级传播已形成了分众传播与大众传播相互交织、相互作用的传播环境,而这两种特征的结合,让微博传播有了新的模式。

3. 第三级传播——大众传播

微博传播第三级传播是从最初的分众传播形式到最终的大众传播效果,依靠微博平台上与其他大众媒体特别是网络媒体的链接和互动,从而让传播活动的参与者和受众由个体、群组迅速扩大为大众。

二、微博营销的思路

(一)创建微博矩阵

企业可以开设运营多个微博账号:企业名称注册企业品牌微博,发布官方信息,并且链接到官方网站;企业领袖个人建立员工微博,对外凸显领袖个人魅力;专业技术人员也可以用个人名义创建员工微博，发布行业技术方案及行业动态评论，逐步成为行业的“意见领袖”；还可以创建客户微博和产品微博，发布产品资料，向客户提供技术支持，充当产品客服。如图 5.3 所示。

1. 品牌微博（企业微媒体）

品牌微博用来传播企业官方正式内容，在第一时间发布企业最新动态、对外展示企业品牌形象，让企业微博成为一个低成本的媒体。

2. 员工微博（企业微传播）

员工微博是企业高管或专业技术人员以个人名义注册的个性化微博，其最终目标是成为所在行业的“意见领袖”。建立员工微博有助于树立行业新标准，具有一定的影响力和号召力，能够影响目标用户的观念。

3. 客户微博（企业微服务）

企业客服人员通过微博与客户进行实时沟通和互动，缩短企业对客户需求的响应时间，在互动中提升企业的服务品质。

4. 产品微博（企业微公关）

通过微博对企业及产品的危机进行实时监测和预警，快速处理和应对与企业相关的负面信息，及时发现和消除消费者对企业及产品的不满。如企业遇到危机事件，可通过微博对负面口碑进行及时的正面引导。

5. 活动微博（企业微营销）

企业通过微博组织市场活动，打破地域人数的限制，实现互动营销。

（二）获取微博认证

企业微博账号一定要立即获得微博认证，被认证后的企业会获得更多关注。获得微博认证后，微博网友才会真正相信这个微博，这有利于企业形成具有相对权威性的良好形象。认证标记也能在很大程度上吸引微博网友的关注。而且，认证后的微博可以被外部搜索引擎收录，更易于传播。如图 5.4 所示。

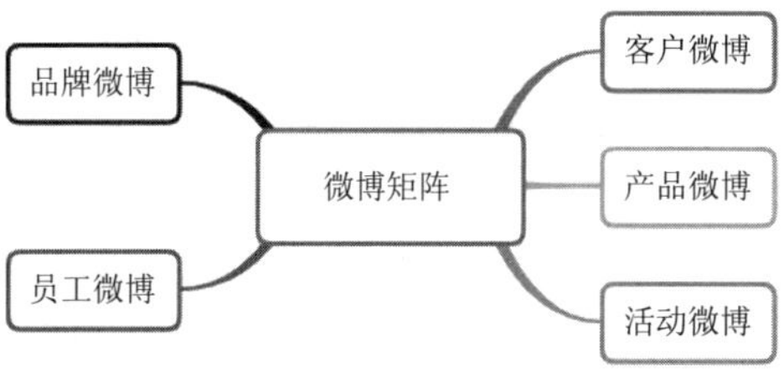

图 5.3　微博矩阵

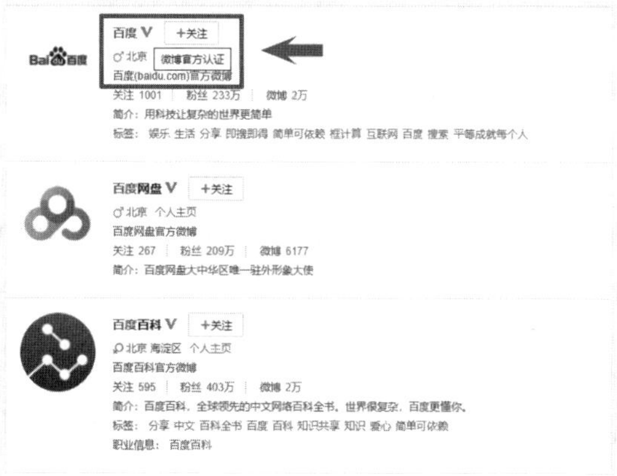

图 5.4　微博认证

（三）加大微博活跃度

任何一个平台，只有不断去使用、去发现，才会有更多新收获，也才能更大程度使其发挥价值。每天都应登录微博两到三次，经常转发或评论有趣的微博，这样才可以吸引更多人的关注。

百度已经把新浪微博的内容放到了搜索结果页，利用微博进行搜索引擎优化的方法是：把行业内值得关注的新闻，提炼要点发成微博，并附上推广链接。一篇这样的微博有可能为企业网站带来每天几千甚至累计过万的陌生访客访问量。

（四）峰值时间+精彩内容

企业微博的内容信息必须是有价值、多样化、图文并茂的多媒体信息，这样才会有较好的客户浏览体验；同时，微博内容需尽量包含合适的话题或标签，以利于微博搜索。企业微博的管理者要将话题潜力释放出来，多引用行业热点来发布可讨论的提问式语句，从而吸引潜在消费者的关注和参与。

在信息发布的时间点方面需要注意，企业微博不能是常规的 8 小时工作制。合理的时间点应该是 3 个微博用户活跃高峰时段：9：00~10：00、16：00~18：00、21：00~24：00。因为这个时候登录微博的用户最多。具有时效性的信息要马上发布，其他信息可以选择在峰值时间发布，这样做能收到更好的效果。

（五）定时定量且定向

微博就像一本随时更新的电子杂志，要让目标受众养成观看的习惯，就要定时、定量、定向发布内容。当受众登录微博后，期待看到企业微博的最新动态，这无疑是最成功的境界。企业微博应经常更新信息，培养消费者形成阅读企业微博的惯性。

定时、大量地发布企业微博是最好不过的。大量发布可在一段时间内占据关注者的微博首页，不会被快速淹没。但此举一定要保证微博质量，在质量和数量的选择上一定要以质量为先。一个多是垃圾内容的企业微博，不仅达不到传播的目的，还可能被不胜其烦的粉丝取关，或压根就不会有人关注。

技能点二　微博营销的策略研究

一、微博营销实用技巧

微博营销有成本低、传播快等传统营销方式不具备的优势。同时微博营销是把双刃剑，用好了威力无边，若利用不善，利器也会伤及企业自身，最终导致产生负面的影响，使企业受损。因此，微博营销特有的方法和思路是企业必须了解并灵活运用的。

（一）基本设置技巧

微博营销要提高转化率，就必须首先具有诚信，应上传真实的头像，并且资料设置要完善。

1. 昵称

昵称是和微博定位关系密切的基本信息，只要把握好其设置原则和技巧，就能随意地想到适合微博营销的昵称。

首先，在设置昵称前企业要弄清楚三大原则：① 4~30 个字符，支持中英文、数字、“_”或减号；②微博的昵称一定要突出所在行业的关键词；③微博的昵称需要兼顾目标群体的搜索习惯。

总之，设置微博的昵称要考虑搜索的需要，注意用户企业的搜索习惯，因为用户一般是搜索行业或者产品，不会直接搜索昵称，这样能保证企业获取更多被检索的机会。

2. 头像

无论是个人还是企业，都应该以真正的面目示人。如果是品牌的微博，可以用品牌标识做头像；如果是店面的微博，可以用店面或商品照片做微博头像；如果是连锁品牌，则可以以连锁品牌名称或标识作为头像（图 5.5）。

3. 简介

在这一栏中，需要对企业的发展历程、业务范围或运营特色进行简要的介绍。运营者也可以对企业精神或品牌内涵进行简要概括。简介后面可以加上企业的客服电话或者微信公众号，以便消费者随时关注联系。

4. 基本资料

微博基本信息中的个人标签、个人介绍、头像、工作信息、职业信息要完善，这样用户才能根据里面的关键词搜索到你，而且还会给人真实的感受，从而增加用户的信任感。

（二）推广内容技巧

微博的推广运营需要掌握内容更新以及推广的技巧。通过微博每天发布一些用户感兴趣的内容，提升用户对企业微博的忠诚度，引导用户转发微博，吸引更多的人关注企业微博。例如，一段简短的网络热门生物鉴定的视频，就能引起广大网友的转发、评论和点赞，它没有软文华丽的辞藻，只是满足了粉丝们的猎奇心理，让浏览者得到放松，愉悦了身心（图 5.6）。

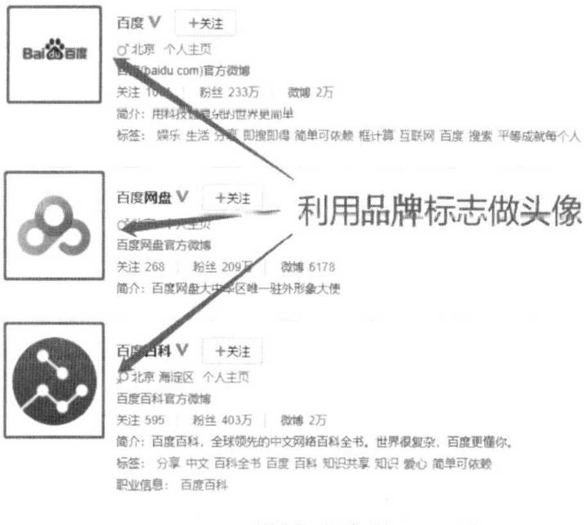

图 5.5　微博头像的设置技巧

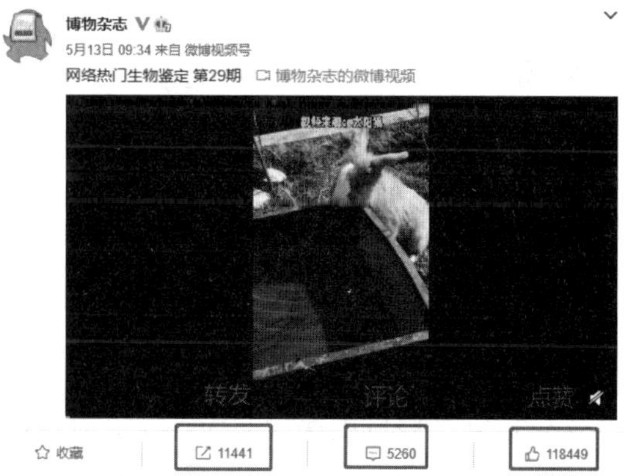

图 5.6　热门微博转发量、点赞次数、评论量

下面介绍一些微博内容推广技巧：①坚持原创内容建设，制定适合的转发热门内容的比例；②图文并茂的内容更受人欢迎，在图片上打上水印，有利于企业微博的推广；③重视突发事件的直播报道，相关内容更容易受到网友关注；④内容要贴近生活和现实，新闻热点事件、热门排行里的内容更受用户关注，可以适当转发和参与。

（三）标签设置技巧

微博个人标签能让用户搜索时快速找到你，还能增加在搜索结果中排名靠前的概率。

1. 技巧

个人标签可以设置为 10 个词，具体操作如下。（图 5.7、图 5.8）

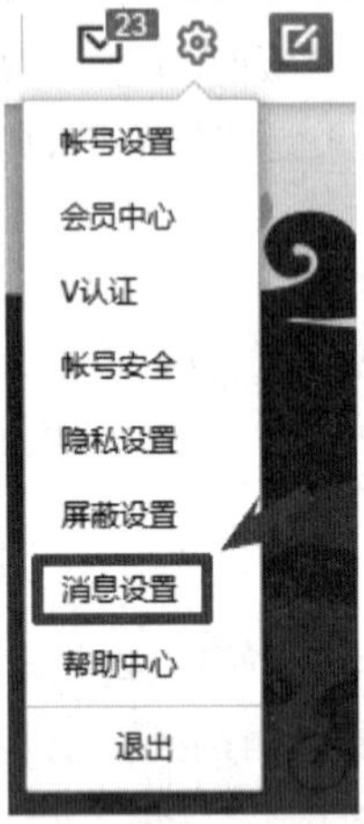

图 5.7 标签设置位置 1

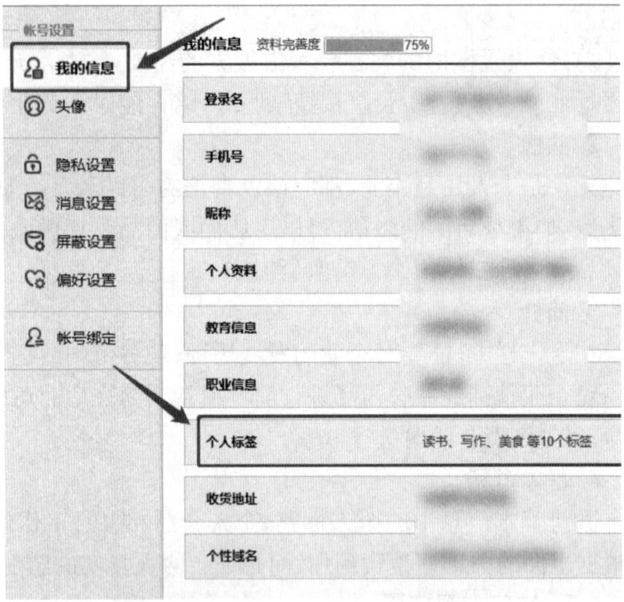

图 5.8 标签设置位置 2

（1）先设置 6 个完整的关键词。如，美容类的标签，站在消费者的角度，可设为“美白”“养颜”“祛斑”“消痘”“瘦身”“去疤”等。

（2）后面 4 个词将每一个词分开写，如美、白、痘、消痘等，这样操作的目的是让一个字能匹配到标签，两个字能匹配到标签，三个字也能匹配到标签。

总之，微博标签词的匹配度越高，被用户搜索并曝光的概率就越高。

2. 规则

当然，设置微博个人标签有一定的规则，不能盲目设置，否则不会产生好的效果。下面总结了设置微博个人标签的 5 个规则。

（1）定期调整标签词汇。企业需要提前准备十几组标签词汇，定期查看用户的搜索习惯，根据搜索最多的词汇来调整自己的标签。

（2）注意概率问题。微博作为一个媒体平台，不可能做到所有搜索到你的人都去关注你，有百分之一的人关注你就已经很不错了。

（3）根据节假日更换标签词。标签词最好一个月换一次，如果遇到节假日，就更换与之相关的标签词。如“情人节”即将到来，就把“情人节”写进标签里，当人们搜索关于情人节的词汇时，就容易搜索到你的微博了。

（4）重视 4 字词语的作用。在产品较多时，标签尽量用 4 个字的词语，如卖衣服就可以用“服装女装”“服装裤子”“服装男裤”等，这样的好处是可以写更多的词，在用户搜索时会自动匹配到你的关键词。

二、微博营销定位策略

微博营销的基础是人气，如果没有足够的粉丝数，就算企业将官方微博经营得再用心，也得不到期待的成效。但粉丝数也不是企业的最终目的，企业的最终目的是将产品卖出去。如果企业微博的粉丝都是对企业产品不感兴趣的人，那企业依然达不到预期的营销效果。

因此，每个企业都应学习如何寻找到“真爱粉”，并通过互动等方式与其保持稳定的联系。

(一)精确定位目标用户

1. 通过标签找用户

微博用户在注册时多会根据自己的特点或喜好为自己的微博贴上不同的标签：旅游、美食、数码控……这些标签都是用户自己设定的，最能体现出个人的特点。根据微博标签显示的用户特点，对他们进行年龄、身份、职业、爱好等方面归类。如果我们需要的目标用户正好和某一类标签代表的人群重合，那具有这些标签的微博用户就是我们需要悉心引导和互动的目标人群。个人标签如图 5.9 所示。

图 5.9　个人标签

2. 通过话题找用户

微博上的话题是通过 # 话题名称 # 来实现的，其最大的营销优点就是可以通过搜索话题直接找到参与话题讨论的人群。举个简单的例子，如果你的企业做的是运动服饰产品，那你就应该留意那些经常参与 #NBA#、# 英超 # 这类话题讨论的用户。

(二)让目标用户主动关注你

找到目标用户后，剩下要做的事情就是想方设法让目标用户关注你的微博，这需要长期的积累，也需要经营技巧。能让用户倾心的必定是优质微博，优质又分成很多类型：实用、幽默等。微博可写的内容很多，为了区别于常见的官方微博，你可以尝试摆脱那种死板的风格，使用更为亲近粉丝的方式记录一些想法、心情、身边发生的趣事等。当然，积极参与相关行业评论和热门话题的讨论也是必不可少的。

例如对于化妆品企业而言，微博的内容就可以包括很多方面。比如美容小窍门、某明星养颜秘籍、某化妆品的使用心得等。中间穿插一些热门笑话、员工遇到的新鲜事等。在与粉丝的互动增多以后，就可以适当进行一些企业信息、主营产品的展示。当然，还是以软文的形式呈现较好，这样更容易被用户接受。

(三)案例分析

用户喜欢什么话题？什么样的话题才能引起用户的共鸣？什么样的话题才能产生多米诺骨牌效应？微博营销能否以小博大，实现有效的“借”力营销？说到底，是要挑选出特别的、优质的微博内容或话题，刺中用户的情感神经，让用户真正由内而外地参与到你的营销活动中来，并让用户在参与该活动的过程中，获得情感上和心灵上的满足感和依赖感。

例如，“中粮美好生活”微博自上线之后，秉承品牌及产品特点，紧扣人们内心对美好的向往与回忆，发布了很多优质的、有特色的微博内容，如养生常识、品酒经验、特色食谱、生活窍门等，成功将品牌理念传达得淋漓尽致（图 5.10）。

图 5.10 “中粮美好生活”微博

同时，中粮通过设计微博话题，用话题来引发用户互动，用内容来引起用户共鸣，以此形成了一股关于“美好生活”的互动沟通热。中粮精心设置了各种关于“美好”的话题，如“记忆中的味道”“最浪漫的事儿”“e 团圆”等。用户可以在这些话题下记录自己的生活记忆，还有机会收到中粮赠送的“中粮福临门粮票”一张。参与这些话题的用户不仅收获了粮票，还回味了一番“美好”记忆。人们在记住美好的同时，也记住了中粮。

中粮“回忆美好”，简单的几个字唤醒了用户内心深处潜藏的情感需求，该口号就如同打开用户心房的阀门，让往昔的美好记忆重现，使用户发自内心地想参与其中。刺中用户的情感，就是微博营销最高明的“借”力之道。

三、微博营销互动策略

有的企业微博粉丝数巨大，但发的微博却很少有粉丝评论或转发。其实，微博的真正魅力在于互动，拥有一群不说话的粉丝是很危险的，因为他们会慢慢地对你发的内容不再感兴趣，直至取关。因此，互动性是使微博持续发展的关键，也是企业进行微博营销的关键。

（一）微博常见互动策略

“活动＋奖品＋关注＋评论＋转发”是目前微博互动的主要方式，但实质上大部分人关注的是奖品，对企业的实际宣传内容并不关心。与赠送奖品相比较，微博经营者认真回复粉丝留言，用心感受粉丝的思想，更能唤起粉丝的情感认同。这就像是朋友之间的交流一样，时间久了会产生一种微妙的情感连接，而非利益连接，这种联系持久而坚固。那么企业该如何获得粉丝的情感认同呢？

1. 取得粉丝的信任

微博营销是基于信任的主动传播，只有取得用户的信任，用户才可能帮你转发评论，进而产生大范围的传播和营销效果。因此企业要不断保持和粉丝之间的互动，让粉丝觉得你真诚热情。此外，企业还要经常转发、评论粉丝的微博。当他们遇到问题时，及时地帮助他们，这样才能与粉丝建立紧密的联系。在企业发布营销信息时，他们也会主动转发、协助宣传。

2. 降低活动参加门槛

很多粉丝参加活动的兴致很高，但由于活动环节设置烦琐，往往导致粉丝望而生畏。这样会降低粉丝的活跃度以及对活动的参与度。微博之所以被认为是一种有人情味的沟通工具，是因为微博活动是在保障推广效果的前提下，尽可能做到简单易行。参加门槛的降低意味着粉丝参加成本的降低，这就会获得粉丝低成本的试验性参加。

3. 用悬念激发粉丝兴趣

作为一种掩护核心信息的心理技法，悬念能引发粉丝的好奇心，使粉丝增加参加活动的深度，增强参与活动的黏性。在预设悬念时，首先要明确粉丝最感兴趣的信息是什么，而后运用打掩护的方法设置悬念，这样才能取得良好的营销效用。

4. 用奖品让粉丝“High”起来

除了利用人们的好奇心施行驱动外，还可以利用奖品促销的方式，提高粉丝的活动参与度。凡客诚品被认为是微博营销的优秀实践者之一，它很善于利用奖品促销的方式调动微博粉丝的热情，其“抢楼送周年庆 T 恤”“1 元秒杀原价 888 元裙子”等活动，在微博上一度引起粉丝们的参加热潮。

5. 给你的粉丝授权

以往企业与用户之间具有明确的分工，企业负责从产品设计、生产到营销的全过程，用户仅仅是充当被告知的角色。然而，在消费者主权时代，企业可以尝试给粉丝授权，或许可以收获意想不到的效果。给粉丝授权，企业在微博平台上可以做的还很多：产品的促销折扣，是否可以由粉丝进行投票决定？新一轮的广告创意，是否可以接受粉丝的评判甚至否决？产品包装设计，是否可以接受粉丝的投稿等。这些授权可以最大化地提高粉丝的参与度，从而让粉丝逐渐成为品牌的“代言人”。小米微博的粉丝授权活动如图 5.11 所示。

（二）互动禁忌

有些企业，特别是经常做活动的企业，非常热衷于使用@功能，此举可增加被查看的概率。但如果经常使用@功能，用户频繁收到@提醒的广告，最后的结果往往就是粉丝的流失。还有些企业微博以刷屏来引起注意，增加曝光率。此举没有考虑粉丝的用户体验，当用户的微博首页被占满而看不到其他内容时，他最终也会弃你而去。

需要注意的是，企业宣传信息最好不要超过其微博信息的 10%，最佳比例是 3%~5%。而且，在发布企业的营销信息时，在措辞上也不要太直接，要尽可能地把广告信息巧妙地嵌入到有价值的内容当中。这样的广告能够为用户提供有价值的东西，而且广告内容具有一定的隐蔽性，所以转发率更高，营销效果也更好。

（三）案例分析

星巴克经营微博的目标，是希望通过微博来做品牌。它通过微博发布一些品牌信息，并与客户建立起稳定的关系。星巴克非常擅长客户关系维系之道，它在发布广告时，一直很注意发布技巧，经常通过转发、互动、提问的方式发布隐性广告。星巴克善于捕捉那些对品牌形象十分有益的用户微博并及时与之互动。

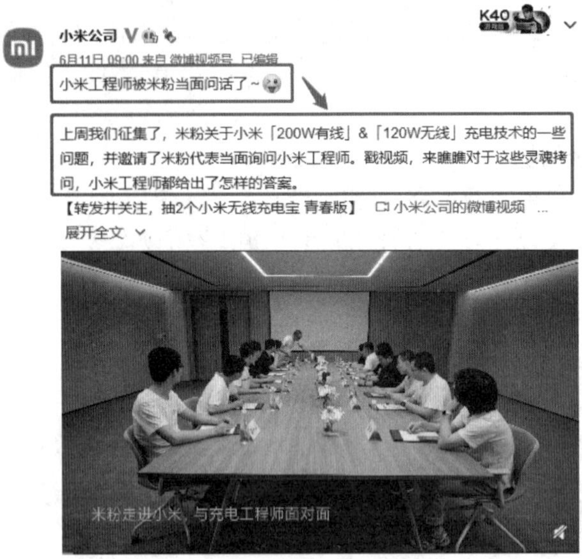

图 5.11 小米微博的粉丝授权活动

除了星巴克，宝马也是微博植入式广告的“忠实玩家”，来看一个有趣的宝马植入式广告：“我终究没能飙得过那辆宝马，只能眼看着它在夕阳中绝尘而去，不是我的引擎不好，而是我的车链子掉了。”这条有趣的微博获得大量转发，大家在微笑之余也记住了宝马这个品牌（图 5.12）。

图 5.12 宝马中国的微博

再如，美图秀秀的营销方式为那些经典有趣且受众面广的图片进行美化（PS），然后打上美图秀秀的 LOGO（标识）。这样的植入式广告发在微博上，给美图秀秀带来了空前的影响力，美图秀秀已成为目前最流行的图片软件之一，其新浪微博粉丝数也已超过 900 万（图 5.13 和图 5.14）。

图 5.13　美图秀秀微博 1

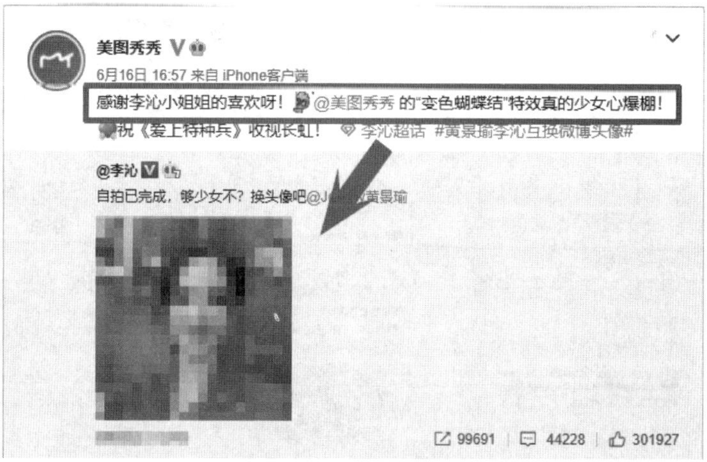

图 5.14　美图秀秀微博 2

四、微博营销运营策略

微博不是企业的装饰品，如果不能做到专业，便只能流于平庸。作为一个与消费者“零距离”接触的交流平台，负面的信息与不良的用户体验很容易迅速传播，给企业带来不利影响。

(一)将微博营销纳入公司常规议程

任何一个营销活动想取得成功,都不能脱离了系统性,如果把微博营销单纯当一个点子来运作,很难持续取得成功。微博营销看起来简单,其实作为全新形态的互动形式,它的方法多样,具体操作起来也十分花费精力。但与之相对应的是,微博营销的潜力巨大。企业要想让微博发挥足够的营销效应,就要将它纳入企业的整体规划中,及时根据微博热点及市场走向修改自己的微博营销战略。

例如戴尔公司一直坚信,互联网营销在未来的前景很乐观,并把互联网营销纳入经营模式中,从战略的高度去挖掘网络营销潜能,才创造出了今天网络年销售额几百亿美元的奇迹。他们的成功完全是因为相信网络会创造巨额业绩,同时以战略的高度来运作新媒体营销。早在2007年,戴尔就通过其在Twitter(推特)上的账号公布产品和服务,同时用该账号与用户互动、解答各种问题。很快,账号被超过60万个用户关注。2010年3月8日,戴尔全球副总裁表示,戴尔通过Twitter直接创造了近700万美元的营业额。而这一数字,到2014年已经翻了许多倍。戴尔中国的微博如图5.15所示。

在制定具体的微博营销策略时,应考虑企业规模。对于大型企业来说,微博营销应成为企业营销规划中一个不可缺少的部分,需要设置一个微博营销团队,其中包含若干成员,对其进行相应的分工,成员应在微博营销中相互配合。同时,微博营销应该与企业整体营销规划中的其他营销手段配合,以达到最佳营销效果。

图 5.15 戴尔中国的微博

(二)有效管控企业微博这把双刃剑

一篇微博的字数有限,但需谨慎推敲每个字,以免出现错误而留下负面问题。一旦出现负面问题,要及时跟进处理,控制局势,而非放任自流。微博开展活动要善始善终,在过程中要进行积极良性的引导。对于互动对象的举动与信息反馈,不可掉以轻心,必须积极而谨慎对待。

企业想在微博上做营销，免不了会遭遇到微博留言中的负面评价。在遇到负面评价时，一个专业的微博营销团队是必不可少的。公司内部应冷静处理，寻找问题症结及解决之道；面对客户的负面评价应平心静气，温和处理。

不论什么样的企业，都应该对微博平台有足够的重视。微博在整个营销活动中可以成为发布信息、了解反馈、吸引新客户、开展促销活动、进行售后服务及危机监测方面的廉价而便捷的渠道。

任务实施

本次任务主要通过技能点的学习，加深读者对微博营销思路与策略的理解与认识，并培养读者制定微博营销方案的实践能力。

任务介绍

微博营销的案例分析与实践

通过学习京东手机年货节《在意在意你的人》的微博营销方案，尝试独立思考，自拟主题与目标，撰写一份微博营销策划案。

一、项目介绍

项目名称：京东手机年货节《在意在意你的人》

投放额度：150 万以内

投放起止时间：2018 年 1 月 14 日—2019 年 1 月 25 日

二、市场分析

年关将至，思乡、归家、欢聚、团圆始终是绕不开的话题。在年末各种走心营销铺天盖地的市场化传播环境中，京东手机力求打造出差异化营销，用一种更加真实的方式，挖掘手机作为人与人之间的通信工具，其背后所蕴藏的、又容易被人们忽略的情感，从而拉近品牌与用户之间的距离，提升用户好感。

视频采用社会实验的形式，采访两代人使用手机的日常，进而探讨信息内容分享背后的“在意”，将讨论焦点提升至代际沟通的社会话题。

三、核心展示

（1）创意内容对于父母与子女的沟通方式洞察细微，社会实验形式真实动人，配合春节前夕的传播时间，容易引起网友共鸣。

（2）60 多家企业蓝 V 转发社会实验视频微博，带动话题讨论（图 5.16 和图 5.17）。

图 5.16　微博营销案例 1

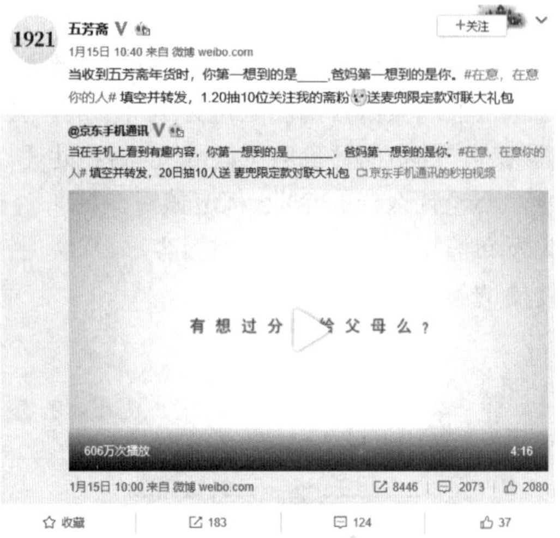

图 5.17　微博营销案例 2

(3)陈铭、邱晨、苏芩等 KOL(关键意见领袖)带入各自的人生体验解读视频内容，走心分享受到网友好评，让用户产生代入感，产生 UGC(用户生成内容)(图 5.18)。

(4)Vista 看天下、中国新闻周刊、新闻晨报等新闻资讯类媒体官微的传播，促使视频内容成为热议的社会话题，加深了视频的公益性质，引发受众对京东手机的好感(图 5.19)。

图 5.18　微博营销案例 3

图 5.19　微博营销案例 4

四、营销效果

《在意，在意你的人》视频线上各渠道总曝光量 2 亿 +，总阅读量 3 795.2 万 +，视频总播放量 1 088.7 万，# 在意，在意你的人 # 微博话题阅读量 3 588.9 万，讨论 1.6 万次。

任务总结

本项目介绍了微博营销的方法与实践的相关知识点，分别从微博营销的思路、微博营销的策略研究等方面展开学习，以案例分析的形式帮助读者掌握微博营销的策划方法和流程，使读者学习之后可以对微博营销有更好的认识与了解。

英语角

微博	micro-blog
分众传播	focus communication
大众传播	mass communication
峰值	peak value
话题	topic of conversation
推特	Twitter
用户原创内容	User Generated Content（UGC）
定时	timing
定向	directional
定量	ration

任务习题

一、单选题

1.（　　）是指通过微博平台为商家、个人等创造价值的一种营销方式，也是指商家或个人通过微博平台发现并满足用户的各类需求的商业行为。

A. 微博营销　　B. 微信营销　　C. 社群营销　　D. 短视频营销

2. 微博营销可以借助先进的多媒体技术，用文字、图片、视频等对产品进行描述，从而使潜在的消费者更立体地接收信息。这句话指的是微博营销（　　）的特点。

A. 易于互动传播　　B. 内容形式单一　　C. 名人效应显著　　D. 内容形式多样

3.（　　）用来传播企业官方正式内容，在第一时间发布企业最新动态、对外展示企业品牌形象，让企业微博成为一个低成本的媒体。

A. 员工微博　B. 客户微博　C. 品牌微博　D. 产品微博

4. 如果是品牌的微博，可以用(　　)做头像。

A. 商品照片　B. 品牌标识　C. 店面照片　D. 连锁标识

5. 微博最大的营销优点就是可以通过搜索(　　)直接找到参与话题讨论的人群。

A. 热点　B. 标签　C. 问题　D. 话题

二、多选题

1. 微博营销的特点主要体现在(　　)方面。

A. 内容形式多样　B. 内容形式单一　C. 易于互动传播　D. 小范围互动传播

E. 名人效应显著　F. 名人效应效果平平

2. 微博营销的思路包括(　　)。

A. 创建微博矩阵　B. 获取微博认证

C. 加大微博活跃度　D. 峰值时间+精彩内容

E. 定时定量且定向　F. 创建品牌微博

3. 微博矩阵包含但不限于(　　)。

A. 官方微博　B. 品牌微博　C. 员工微博　D. 客户微博

E. 产品微博　F. 活动微博

4. 微博信息发布合理的时间点应该是微博用户活跃高峰时段：(　　)。

A.9:00~10:00　B.16:00~18:00　C.21:00~24:00　D.8:00~9:00

E.12:00~13:00　F.19:00~20:00

5. 微博营销的互动策略包括(　　)。

A. 取得粉丝的信任　B. 降低活动参加门槛

C. 用悬念激发粉丝兴趣　D. 提高活动的难度

E. 用奖品让粉丝“High”起来　F. 给你的粉丝授权

三、判断题

1. 微博营销是指通过微博平台为商家、个人等创造价值的一种营销方式，也是指商家或个人通过微博平台发现并满足用户的各类需求的商业行为。(　　)

2. 微博营销由于具有信息发布便捷、传播速度快、影响面广、互动性强、成本高、企业形象拟人化等特点被企业热捧。(　　)

3. 客户微博是企业高管或专业技术人员以个人名义注册的个性化微博，其最终目标是成为所在行业的“意见领袖”。(　　)

4. 认证后的微博可以被外部搜索引擎收录，更易于传播。(　　)

5. 微博内容需尽量包含合适的话题或标签，以利于微博搜索。(　　)

四、简单题

1. 举例阐述微博营销定位策略。

2. 尝试自拟主题与目标，撰写一份微博营销策划案。

项目六　社群营销的方法与实践

学习目标

本项目重点学习社群营销的方法与实践，使读者了解社群营销的思路，熟悉社群营销的策略研究，具备社群营销的案例分析与实践能力。在任务实施过程中：

- 了解社群营销的思路；
- 熟悉社群营销的策略研究；
- 掌握社群营销的案例分析与实践能力。

学习路径

社群营销的方法与实践

本次任务主要通过技能点的学习，加深读者对社群营销思路的理解与认识，并培养读者社群营销的案例分析与实践能力	任务实施	学习目标	1. 了解社群营销思路 2. 掌握社群营销策略 3. 具有社群营销推广的能力
1. 社群营销的思路 2. 社群营销的策略研究 3. 社群营销的案例分析	任务技能	任务描述	【情境导入】罗辑思维集微信公众订阅号、知识类脱口秀视频及音频、会员体系、微商城、百度贴吧、微信群等具体互动形式于一体，主要服务于“80后”“90后”有“爱智求真”强烈需求的群体，现已成为目前影响力最大的互联网知识社群

任务描述

在2012年12月21日，“罗辑思维”（图6.1）出现在了大众视野之中。当天，同名微信公众号开通运营，第一期视频也同时上线。主讲人罗振宇开始了每天早上6点半推出60秒音频和每周一期的视频节目更新。

其口号是“有种、有趣、有料”，倡导独立、理性的思考，推崇互联网思维，并由一款互联网自媒体视频产品，逐渐延伸成长为互联网社群品牌，致力于打造的是一个有灵魂的知识社群。

图6.1 “罗辑思维”

3年多的时间里，“罗辑思维”拥有了超过600万的微信订阅用户，视频点击量近3亿，考验“真爱”的限时限量的会员招募也轻松收入过千万元。2015年10月20日，“罗辑思维”正式对外宣布完成B轮融资，估值13.2亿元人民币。2016年3月，新一代网红papi酱拿到了1 200万元人民币投资，由真格基金、“罗辑思维”、光源资本和星图资本联合注资。“罗辑思维”集微信公众订阅号、知识类脱口秀视频及音频、会员体系、微商城、百度贴吧、微信群等具体互动形式于一体，主要服务于“80后”“90后”有“爱智求真”强烈需求的群体，现已成为目前影响力最大的互联网知识社群。

互联网平台企业对实体经济发展的促进作用不可替代：速度更快、成本更低的网络基础设施支撑新一代信息技术与实体经济融合；平台企业的发展催生新就业形态，充分发挥对产业链、供应链的集群效应以及对弱势群体、草根群体的扶持。

本项目主要通过对社群营销的思路、社群营销策略的研究分析、社群营销的案例分析与实践等技能点的学习，加深读者对社群营销的理解与认识，并培养读者社群营销的实践能力。

任务技能

技能点一　社群营销的思路

一、社群的原理

马斯洛需求层次理论告诉我们，人类对于社交的需求仅在生理、安全之后，换句话说，只要生理与安全被满足，人们就渴求从人与人之间的连接关系中找到归属感。关系必然要经过媒介才能连接，所以可以说媒介是人的延伸，媒介在进化，关系的连接方式也一直在变。

社群也是关系连接下的产物，从古至今一直都有社群，只是那个时代叫书院、会所、俱乐部、圈子、部落、社区……当基于互联网的通信手段开始普及，渐渐地，受地理空间限制的社群关系开始逐步跨越时空，进入虚拟空间连接的阶段。社群的演变如图 6.2 所示。

产品推介是不是信息？当然是。所以，营销人员势必会绞尽脑汁利用这些大众相互连接的媒介将自己产品的信息最快最广地传达给受众，而且要借助口碑传播的力量，提升自己营销信息的可信度，这就是社群营销的原生动力。

当微信成为国人手机标配 APP 后，基于微信社交关系的群连接和推广就成为新的媒介方式，也成为营销人员企图在其中找到推广模式的新研究对象。

二、社群的五大构成元素

社群的五个构成要素，分别是同好（Interest）、结构（Structure）、输出（Output）、运营（Operate）、复制（Copy），简称为“ISOOC 原则”（图 6.3）。

（一）同好

社群构成的第一要素——同好（Interest），是社群的成立前提。所谓“同好”，是对某种事物的共同认可或行为。一群人聚集起来可能是乌合之众，也可能成就一番雄图大业，两者不同的是和什么人一起在做什么。

社群同样如此，不同的群友为了什么而聚到一起？可以基于某一个产品，比如苹果手机、锤子手机、小米手机；可以基于某一种行为，比如爱旅游的驴友群、爱阅读的读书交流会；可以基于某一种标签，比如星座、某明星的粉丝；可以基于某一种空间，比如某生活小区的业主群；可以基于某一种情感，比如老乡会、校友群、班级群；也可以基于某一类观点，比如“有种、有趣、有料”的“罗辑思维”等等。

（二）结构

社群构成的第二要素——结构（Structure），决定了社群的存活。为什么很多社群很快走向沉寂，是因为最初就没有对社群的结构进行有效的规划，这个结构包括组成成员、交流平台、加入原则、管理规范（图 6.4）。这 4 个组成结构做得越好，社群活得越长。

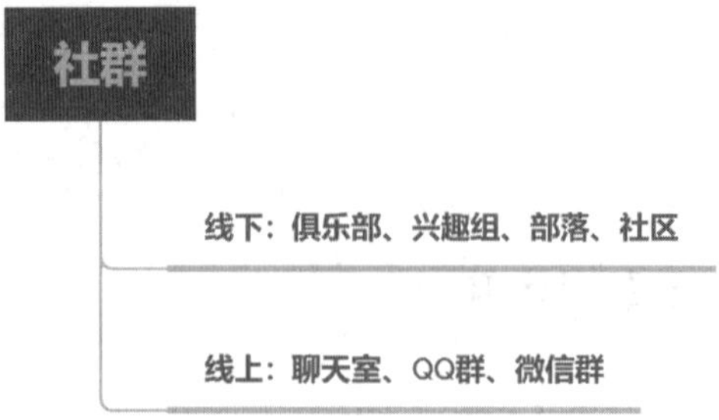

图 6.2　社群的演变

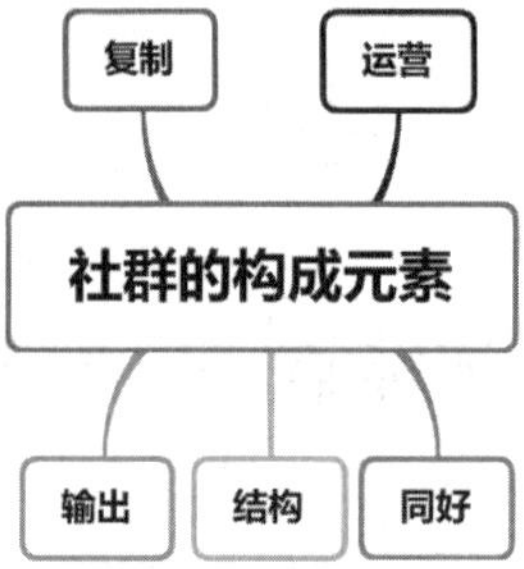

图 6.3　社群的五大构成元素

图 6.4　社群的结构要素

（1）组成成员：发现、号召起同好抱团形成金字塔或者环形结构。最初的一批成员会对以后的社群产生巨大影响。

（2）交流平台：找到人之后，要有一个聚集地作为日常交流的大本营，目前常见的有 QQ、微信、YY 等。

（3）加入原则：有了元老成员，也建好了平台，慢慢会有更多的人慕名而来，那么就得设立一定的筛选机制作为门槛。一来为了保证质量，二来会让加入者由于加入不易而格外珍惜这个社群。

（4）管理规范：人越来越多，就必须有管理，不然大量的广告与灌水会让很多人选择屏蔽。所以，一是要设立管理员，二是要不断完善群规。

（三）输出

社群构成的第三要素——输出（Output），决定了社群的价值。持续输出有价值的东西是考验社群生命力的重要指标之一。

“罗辑思维”作为最大的互联网知识社群，深厚的知识积累和视频输出便是其生命线；最开始做微营销的“万能的大熊”，曾持续产出大量高质量的文章和培训内容，在微信红利期迅速积累了海量的粉丝群（图 6.5）。

所有的社群在成立之初都有一定的活跃度，但若不能持续提供价值，慢慢地活跃度下降，便大多沦为广告群。没有足够价值的社群迟早会成为“鸡肋”，群主和群员就会选择退群或者解散群。为了防止这种情况出现，好的社群一定要能给群员提供稳定的服务输出，这才是群员加入该群、留在该群的原因。比如罗胖坚持每天一条语音（图 6.6）、大熊坚持定期干货分享等。

图 6.5　万能的大熊的微博

图 6.6　罗胖 60 秒

(四)运营

社群构成的第四要素——运营(Operate)，决定了社群的寿命。不经过运营管理的社群很难有比较长的生命周期，一般来说，运营要建立“四感”。

(1)仪式感。比如，加入要通过申请、入群要接受群规、行为要接受奖惩等，以此保证社群规范。

(2)参与感。比如，组织有价值的讨论、分享等，以此保持群内有话说、有事做、有收获，保证社群质量。

(3)组织感。比如，对某主题事物进行分工、协作、执行等，以此保证社群战斗力。

(4)归属感。比如，通过举办线上线下的互助、活动等，以此保证社群凝聚力。

一个社群通过运营这“四感”，就会形成规范、保证质量、拥有凝聚力与战斗力。

(五)复制

社群构成的第五要素——复制(Copy)，决定了社群的规模。由于社群的核心是情感归宿和价值认同，那么社群越大，情感分裂的可能性就越大。

1. 盲目复制会起副作用

发展社群规模要参考社群的成长阶段，每个社群都有一定的成长周期，不同的阶段要用不同的节奏进行控制。一般来说，规模越大的社群，越可能永远只是为新手及小白用户提供服务。在过滤优质信息上有很大的难度，这样的群如果不控制活跃度，看着每天的信息不少，但是信息价值比较低，社群很快就会沦陷为一个聊天灌水群。这也会加速高价值成员的沉默或者离开，社群价值就无法得到提高。

2. 规模的扩大意味着更多的投入

复制不是一拍脑袋的事情，而是综合人力、财力、物力、精力等多角度综合考量之后的结果。2016 年 4 月底，微互动小黄人发出通告，主动删除自己建的全部几百个免费分享微信群，他们发现自己没有精力管理几百个群，很多微信群变成广告群，反而影响品牌形象。删除全部微信群后，微互动计划只对付费用户提供社群服务。

三、社群经济

社群经过一段时间的活跃与增长后开始下降，靠少量广告收入或线下活动根本无法维持其运营成本。于是，“付费社群”兴起，从免费分享到打赏分享，从打赏分享到付费分享，更有少部分已有忠实用户的自媒体账户，进入了会员收费的商业化阶段。

所以，社群不应该盲目扩大规模，而应该通过筛选找到和你趣味相投的人，这样的一群人在一起可以聚合能量、跨界链接、开创新的商业空间；或借助移动互联网的优势，让社群成为企业与用户连接的最短路径和最经济的手段。

社群经济有以下两种主要的实现思路。

（一）先圈地，再推产品

这个思路就是先把规模做大，50 个群不行就 500 个，500 个不行就 1 000 个。保持每个群的关注度和活跃度，直至推出付费产品进行转化。

微信公众号的文章 3 个月后遇到打开率瓶颈，社群 3 个月后遇到沉寂瓶颈……从没有一个所谓的解决方案可以完全解决新鲜感消退的问题。所以，不要寄希望于不断推陈出新的运营方案，而要提前设计好回报策略。如果将粉丝生命周期定为 3 个月，社群运营者需要在 3 个月内把吸引到的人变成用户，通过为他们提供更好的服务吸引他们持续关注，最终使其变成终身用户——这才是商业运营要走的路。

（二）先做产品，再做运营

通过产品慢慢找到喜欢这个产品的人，然后把他们聚拢在一起，并逐步扩大社群圈子的影响力，不断地去占领更大的市场份额，衍生更多的商业模式。

两种路径都可以走向成功，但围绕产品和服务来吸引用户构建社群的思路更值得借鉴。大多数生命周期长的社群都会用不断重复和追加购买的产品或服务来延长社群的生命周期，培养稳定的消费习惯。

我们以小米手机为例看看用户的角色转变。

（1）受众：听说小米手机，可能来自网络消息、新闻报道、朋友口碑等。

（2）用户：使用小米手机，经过各种信息轰炸抱着试试看的态度使用该手机。

（3）粉丝：热爱小米手机，手机的体验让自己很满意，成为一名小米发烧友，俗称“米粉”。

（4）社群：参与小米手机，为了让小米手机变得更好，乐此不疲地在米粉群、论坛、线下活动与来自不同地域的米粉讨论各种提升产品体验的建议和想法。

小米把忠实用户培养成了一年换一部手机、换就换小米最新款手机的用户，这样的用户才有足够的话题彼此交流分享自己的使用心得和经验，这样才能让社群持续拥有需要讨论的话题。

传播受众→体验用户→忠实粉丝→铁杆社群，用产品贯穿整个社群经济链条，也许才是社群经济的基础（图 6.7）。

借助移动互联网的优势，社群已成为企业与用户连接的最短路径和最经济的手段。社群首先是一群志同道合的人的聚集，同时也是连接信息、服务、内容和商品的载体。对于大多数企业而言，建立一个社群或许并不难，最大的痛点往往还在于如何把社群运营与产品连接起来。因此可以说，商业正从“物以类聚”走向“人以群分”。

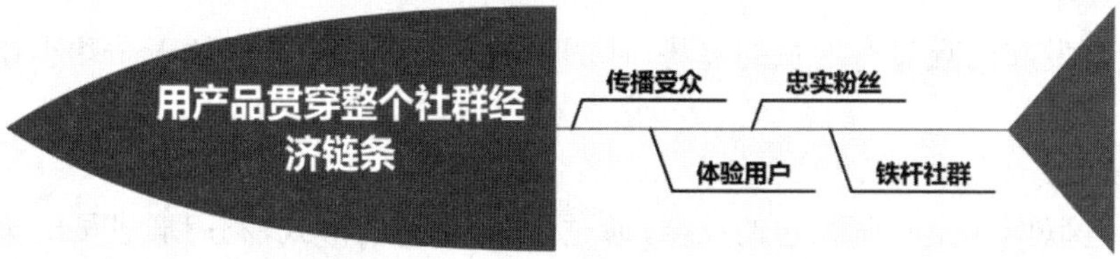

图 6.7　用产品贯穿整个社群经济链条

技能点二　社群营销的策略研究

一、社群营销的变现模式

社群营销的变现有两种途径：一种是对内，一种是对外。对内模式主要是从社群内部获取经济回报，这种模式的重点是规模，常见的有会员式、电商式、服务式、众筹式。而对外模式是组织社群群员共同创造出无穷的价值，利用这种价值换取回报。这种模式的重点是社群集体输出的质量，比如智库式、抱团式。

（一）产品式

这种模式的前提是有产品，社群也是因为产品而聚集在一起，所谓"社群未建，产品先行"。

（二）会员式

会员既是门槛，也是变现渠道。会员式是大多运作得好的社群最常见的变现方式，也是大多兴趣、理念型社群的主流变现形式。

（三）电商式

"罗辑思维"就曾经主张，社群应该走电商的道路，而且他们也在身体力行，卖书、卖年货等。这种模式的关键部分就是引入或者生产高复购率的优质产品，而产品的口碑将影响社群的发展。

（四）流量式

社群流量大了之后可以收广告费，社群是某同类人群的集合，所以对于很多商家来说就是精准用户聚集地。试想一下，如果给你一定的推广经费，你觉得投在报纸、电视、电梯、百度上有效，还是投在与你产品相关的社群里划算？而且后者的价格会相对较低。

（五）服务式

把成员聚在一起，是为了给用户提供更好的服务，这也是大部分企业做社群的目的。虽然不一定获取直接的回报，但是由于在服务的过程中构建了更多和用户的"接触点"，将企业和用户之间的连接时间变得更长，使企业拥有了与用户长期接触互动的机会，进而就产生了时刻进行交易的可能。所以，这种模式一般是企业长期的品牌行为，不需要在短期内直接带动销售。其实，花时间和精力来维系好品牌社群，就已经具有了核心竞争力。

（六）众筹式

通过社群发起的众筹有增加的趋势，社群聚集精准人群的特性便于一些小众产品从内部发起众筹。

（七）智库式

比如某互联网文案专家组建的社群，通过作业、练习的形式，利用群成员的集体智慧给很多前来咨询的商家提供营销服务。群成员本身就是各行各业的专家，这样做出来的营销方案既有高度又可实操，前来咨询的商家自然也会满意。而群成员一方面可以获得专家本人的反馈与指导，另一方面如果给出的内容质量高或获得客户认可，还可以额外获得奖金或产品。

（八）抱团式

很多手艺人有很好的技术，但是一个人很难有能量获得大量订单，只能凭借口碑扩散和行业经验的积累。但是，如果大量手艺人抱团形成社群，就可以像经纪公司一样运作。

比如，很多有才华的PPTer（制作PPT的人）被锐普PPT引入PPT研究院，大家相互切磋技艺。优秀者还能设计模板进行销售，相互介绍定制任务，不但打出了品牌，而且客单价很高。

（九）跨界式

通过两种不同定位或类型的社群及社群与品牌之间的跨界合作，相互导流产生经济回报，共同获益。

二、社群营销的产品化策略

一个社群的管理规模是有限的，它不可能无限大，管理庞大数量的社群成员是需要耗费巨大成本的。与其维护这么大的会员社群，还不如一开始就思考如何把有限的成员直接变成产品的消费者。

有一个定位大学生职场能力的微信号，在2014年用3个月的时间，就运营到每篇文章的阅读量达到2万~3万，风头很劲。但这个微信号到了2015年，数据就开始下滑，而且下滑速度很快，这个时候运营者赶紧推出了APP、在线课程等服务，效果已经很不好了，到2016年，这个微信号已停止更新很久了。

社群的生命周期通常是3个月，3个月之内，如果你能把吸引到的人变成客户，为他们提供更好的服务，就有可能让他们参与社群的生命周期。如果没有产品来吸引订阅者，等3个月后他们就不怎么看你的微信号或微信群消息了，这时候再努力去做产品推广已经事倍功半了。所以说，社群运营者要把握好运营推广的节奏，切莫错过了最佳消费刺激点。

目前的社群运营有两种思路，第一个是把规模做大，50个群、500个群、1 000个群，有的社群号称在全国的300个城市都建立了分舵，但与此同时需要耗费的管理成本也不可小觑；第二个是先做产品，通过产品慢慢找到喜欢产品的人，然后把他们聚拢在一起，慢慢地形成氛围，扩大圈子，不断地去占领更大的市场份额。

因为产品凝聚起来的社群，可以以产品为纽带，找到对产品感兴趣的用户，以热心用户为核心，慢慢地扩展社群里的核心成员，逐步培养社群的核心建设者，共同建设一个产品化社群。

三、社群营销的亚文化策略

社群基于网络连接，大家素昧平生，怎么证明你是某个社群的人？你和社群内部的人有没有对得上的暗号？类似这种在群内引起群成员高度共鸣的信息，被称为社群里的亚文化，拥有亚文化的社群才会更有生命力。

在社群中会经常使用特定的表情包，这种表情包也经常被作为社群亚文化的集中体现。一旦有了表情包，大家想发表情时，会优先使用自己的表情（图 6.8）。

社群成员高频率使用社群表情，不经意的斗图互动既增强了社群亚文化，又自然而然地进行了社群的宣传推广。借助社群的系列表情包，可以把社群的文化和品牌传递出去。

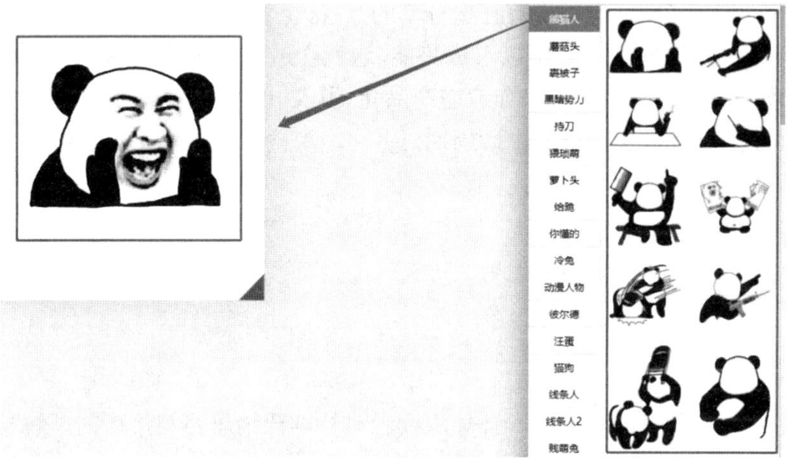

图 6.8　制作社群表情包

四、社群营销的线下化策略

当网上开始建立社群群员的交叉连接时，运营者就要想办法让大家一起参与线上活动，一旦活动有了影响力，就要让社群成员见面。虽然线下见面的运营成本很高，但社群成员见面以后，就会形成情感连接，这个情感连接会变得非常长效，而长效的情感连接会使社群的力量变得更强大。

人跟人之间建立信任最有效的方式，不是网上聊天，是见面。在大部分人的观念里，线下的见面聊天总是要比线上来得实在。对社群而言，让社群群员之间进行面对面连接，是激发和保持社群活跃度的有效方法。

线下的聚会一般分为以下 3 种。

（一）核心群大型聚会

组织一次线下聚会是一件十分烦琐的事，需要先确定人数、协调时间、准备物料、安排行程等等。最好提前将具体事宜罗列清楚，筹划好备选方案，以备不时之需。

（二）核心团队小范围聚会

小范围内几个人的聚会，沟通畅聊、餐饮娱乐，很适合小分舵。比如可以经常自发地组织一些线下的聚餐、游玩等。

（三）核心＋外围社群成员聚会

运营优良的社群已经开始在线下建俱乐部，有了线上到线下的连接，这背后的商业转换就成为可能。

五、社群营销的品牌化策略

很多企业做新媒体营销，都比较注重想法的独树一帜或模式的不断创新，当然这也无可厚非。但不断地推陈出新，往往难以形成话题积淀。社群运营者应该选择一个话题，坚持围绕这个话题做长期运营，进而形成品牌的持续化积淀，衍生出长效追随效应，从而吸引一批忠实的用户。

很多社群做在线分享，但是没有打造分享的品牌，更没有考虑把品牌活动的势能聚合到可以分享的平台上，这些活动就难以形成势能，这就会造成口碑流失，最终导致社群品牌积累的流失。所以，社群运营者要综合考虑产品化、亚文化、线下化、品牌化 4 种手段交叉运营，只有这样才能有效延长社群的生命周期。

任务实施

本次任务主要通过技能点的学习，加深读者对社群营销思路与策略的理解与认识，并培养读者制定社群营销方案的实践能力。

任务介绍

社群营销的案例分析与实践

通过学习十点读书会的社群运营及营销思路，尝试独立思考，自拟主题与目标，构思撰写一份社群运营思路的方案。

十点读书是 2012 年年底开设的，于 2017 年完成 A 轮 6 000 万元融资，估值近 4 亿元。而十点读书会社群是十点读书新媒体矩阵中的一个子品牌，建立于 2015 年 4 月 23 日世界读书日。下面就从社群的五大构成元素入手分析其运营与营销的思路。

一、同好

十点读书会吸引的是一群爱读书的人。十点读书会认为，一个人的知识储备等于阅读力乘以阅读量，他们在关注每一个人阅读量的基础上，关注提升大家的阅读力。通过潜移默化的影响，促进社群成员的进步。社群成员每日阅读打卡、每周阅读话题探讨、每月线下活动、十点线上直播间、作家见面会，每一个有关读书的环节都环环相扣，把处于相同频率的读书人联系到一起。

二、结构

（1）仪式感：十点读书会的训练营每次开营都会有开营仪式和结业仪式，给社群参与人员带来强烈的仪式感，促使参与人员去认真严肃地对待 100 天的训练。

(2)参与感:十点读书会的训练营活动,每天都是以固定的打卡模式在朋友圈或者微博提交自己的作业,每周填表提交,让自己的成长得到系统的输出总结。

(3)组织感:十点读书会的训练营会进行分班,从社群成员中选拔出组长,还配备有助教等,组织性非常强。

(4)归属感:因为训练营有分班制度,所以能让小团队更有凝聚力,归属感也就更强。

三、输出

十点读书会的公众号文章曾经以名家授权转载为主,原创性不强;现阶段特约稿、领读模式越做越好,极具特色的训练营矩阵更让整个社群有所输出。

(一)100天训练营

2015年6月27日,十点读书会联合知名博主,面向全国读书人发起100天阅读训练营活动。仅3天时间该计划招募文阅读量已超10万,最终确定2 500人进入本次训练营。2015年7月1日,十点读书会在新浪微博发起#100天阅读计划#话题。当天就成为新浪微博热门话题,拥有超过4 070万的话题阅读量,此后每天将会有几千名营员在微博上进行阅读打卡。读书类相关内容迅速冲上新浪微博话题排行榜,为全民阅读时代的到来添砖加瓦。

(二)PPT训练营

2015年7月7日,十点读书会联合PPT老师面向全国发起PPT训练营活动。这是史上最大规模、最火爆的一次PPT集体学习。仅3天时间,该计划报名帖阅读量超12万,最终确定4 500人进入本次PPT训练营。7月10日,十点读书会在新浪微博发起#PPT训练营#话题,次日即拥有超百万的话题阅读量,此后每天都会有几千营员在微博上进行PPT训练打卡。训练营作为十点读书会首创的线上学习分享模式,不管是宣传规模还是招募营员数量,均创下不俗的纪录。

(三)100天改变自己训练营

2015年8月8日,十点读书会联合古典老师面向全国发起100天改变自己训练营活动。这是史上最大规模的一次集体学习活动。仅3天时间该计划报名帖阅读量累计超20万,最终确定9 500人进入本次训练营。8月12日,十点读书会在新浪微博发起#100天改变自己训练营#话题,现已拥有超过4 000万的话题阅读量,此后每天都会有几千名营员在微博上进行100天改变自己训练打卡。古典老师更是携手90名助教入驻20个微信班群,零距离悉心指导。

正是这样的杰出的输出能力,使十点读书会社群与社群成员产生了极高的黏性,为社群的发展打下了好的地基。

四、运营

目前十点读书会做了几大矩阵,包括新媒体矩阵(公众号、微博、十点直播间、十点电台等)、作家见面会、十点训练营、十点课程、全国分会。

(一)新媒体矩阵

十点读书会的新浪微博(图6.9)粉丝达400万以上,多个千万级话题成为微博热门话题。拥有强大的自媒体资源"十点读书"作为后盾,十点读书公众号粉丝已超450万。

图 6.9 十点读书会微博

（二）十点直播间

通过严格筛选，面向全国招募了 20 多名高质量专业十点读书会专属主播，全程参与线上直播间访谈节目、主持各地读书会活动，并建立了十点读书会电台。另外还面向会员建立十点文字营，撰写十点读书会的相关文字内容。

（三）作家见面会

举办多名知名作家的见面会。

（四）十点训练营

分别与多位大咖合作开办训练营，包括和 warfalcon 老师合作的 100 天阅读训练营、和 PPT 老师合作的 PPT 训练营、和古典老师合作的 100 天改变自己训练营（图 6.10），都有不错的活动效果和曝光率。

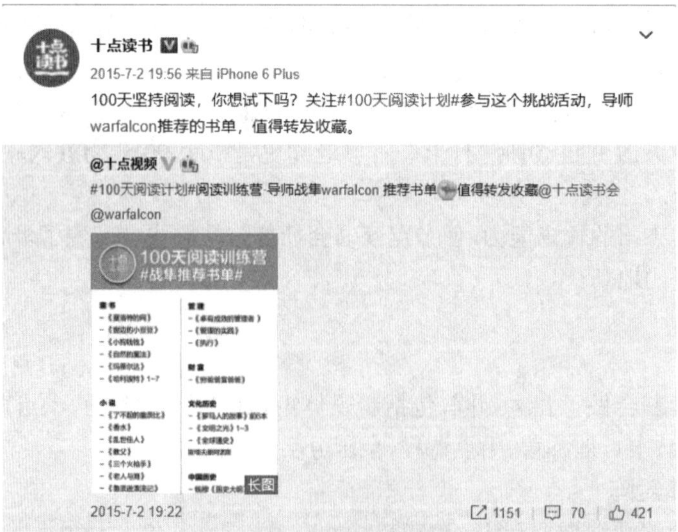

图 6.10 十点训练营活动

（五）线下读书会

目前已在30个城市开设分会，约有3 000名正式会员。其中超过24个城市已经举办完第二场线下读书会，会员们积极踊跃地组织了各种各样的线下读书会，已达近百场。

（六）线上分享会

各城市曾开展六一"致童年书"、父亲节主题分享、班委跨城分享、班委风采展示、达人课堂等数十场线上主题分享，以及开展数次线上共读活动。

（七）兴趣小组活动

在社群的引领下，会员们还建立了各种兴趣小组，有共读一本书、跑步团、羽毛球团、PPT提升组、原创文字营、主播团等，读书会云集了各种各样的不仅爱读书更爱学习的伙伴，其中不乏各种专业技术人才。

五、复制

十点读书会围绕着读书，在线下全国性扩展复制上做得比较好，线下黏性也很高。相对于"罗辑思维"来说，它更偏向于去个人品牌化，以十点读书这个品牌作为辐射点进行复制。

十点读书也开始涉足在线教育，借助自己的导流能力，整合优质社群，特别是能够产出优质课程的社群，一起运营在线课程，通过教育型社群扩展十点读书群的后续规模。

任务总结

本项目介绍了社群营销的方法与实践的相关知识点，分别从社群营销的思路、社群营销的策略研究等方面展开学习，以案例分析的形式帮助读者掌握社群营销的策划方法和流程，使读者学习之后可以对社群营销有更好的认识与了解。

英语角

社群　community
同好　same good
结构　structure
输出　output
运营　operate
复制　copy
会员　member
跨界　transboundary

众筹　crowd-funding

智库　think tank

任务习题

一、单选题

1. 社群构成的第一要素(　　),是对某种事物的共同认可或行为。

A. 结构(Structure)　B. 输出(Output)　C. 同好(Interest)　D. 复制(Copy)

2. 有了元老成员,也建好了平台,慢慢会有更多的人慕名而来,那么就得设立一定的筛选机制作为门槛。即社群结构元素中的(　　)。

A. 加入原则　B. 组成成员　C. 交流平台　D. 管理规范

3.“加入要通过申请、入群要接受群规、行为要接受奖惩等,以此保证社群规范。”指的是社群元素——运营中的(　　)。

A. 参与感　B. 组织感　C. 归属感　D. 仪式感

4. 社群营销的变现模式中的对外模式是指(　　)。

A. 产品式　B. 会员式　C. 智库式　D. 电商式

5.“借助社群的系列表情包,把社群的文化和品牌传递出去。”指的是社群营销的(　　)策略。

A. 产品化　B. 亚文化　C. 线下化　D. 品牌化

二、多选题

1. 从古至今一直都有社群,只是那个时代叫(　　)。

A. 书院　B. 会所　C. 俱乐部　D. 圈子

E. 部落　F. 社区

2. 社群的 5 个构成要素,分别是(　　),简称为“ISOOC 原则”。

A. 输入(Input)　B. 同好(Interest)　C. 结构(Structure)　D. 输出(Output)

E. 运营(Operate)　F. 复制(Copy)

3. 社群的结构包括(　　)。

A. 组成成员　B. 交流平台　C. 加入原则　D. 管理规范

E. 结构体系　F. 运营规范

4. 社群构成的第四要素——运营(Operate),需要建立(　　)“四感”。

A. 价值感　B. 使命感　C. 仪式感　D. 参与感

E. 组织感　F. 归属感

5. 社群营销的变现模式中的对内模式包括(　　)。

A. 产品式　B. 会员式　C. 电商式　D. 流量式

E. 服务式　F. 众筹式

三、判断题

1. 只要生理与安全被满足，人们就渴求从人与人之间的连接关系中找到成就感。(　　)

2. 营销人员需要绞尽脑汁利用这些大众相互连接的媒介将自己产品的信息最快最广地传达给受众，而且要借助口碑传播的力量，提升自己营销信息的可信度，这就是社群营销的原生动力。(　　)

3. 社群的人越来越多，就必须有管理，不然大量的广告与灌水会让很多人选择屏蔽。所以，一是要设立管理员，二是要不断完善群规。(　　)

4. 持续输出有价值的东西是考验社群规模的重要指标之一。(　　)

5. 好的社群一定要能给群员提供稳定的服务输出，这才是群员加入该群、留在该群的原因。(　　)

四、简答题

1. 简要分析社群营销的线下化策略。

2. 尝试自拟主题与目标，构思撰写一份社群运营思路的方案。

项目七　短视频营销的方法与实践

学习目标

本项目重点学习短视频营销的思路与实践操作，通过短视频的目标、用户需求、类型、表现形式、竞品分析、账号定位来确定营销方案，再通过抖音与快手营销策略研究实例，策划并参与实践，培养读者的短视频营销策划实践能力。在任务实施过程中：

● 了解短视频营销思路；

● 掌握短视频营销策略；

● 具有新媒体短视频营销推广的能力。

学习路径

短视频营销的方法与实践

任务实施	本次任务主要通过技能点的学习，以影视推广为背景，进行片段剪辑并在抖音发布进行宣传
学习目标	1. 了解短视频营销思路 2. 掌握短视频营销策略 3. 具有新媒体短视频营销推广能力
任务技能	1. 短视频营销的思路 2. 短视频营销的策略研究 3. 短视频营销的案例分析与实践
任务描述	【情境导入】短视频行业逐渐崛起，通过短视频的营销思路以及策略的分析，以及短视频营销任务实践来使读者快速掌握短视频营销的能力

任务描述

【情境导入】

近年来，短视频行业发展迅猛，移动互联网的突飞猛进式发展和人们消费观念的升级，使得短视频行业竞争越来越激烈，促使其内容创作更加精细化。未来，随着5G技术的发展和应用以及农村互联网的进一步普及，短视频仍然具有很乐观的增长前景。如何快速抓住短视频红利，是很多短视频从业者关注的焦点。

一般而言，短视频是指在互联网新媒体上传播时长在5分钟以内的视频，随着移动终端的普及和网络的提速，短平快的大流量传播内容逐渐获得各大平台、粉丝和资本的青睐。

二十大报告中指出，加快建设网络强国、数字中国，坚持把发展经济的着力点放在实体经济上。未来经济发展重心聚焦实体经济，互联网企业依旧起到重要作用。学生在学习短视频营销的过程中，应结合国情发展，积极传播正能量，严格遵守短视频营销职业道德底线和法律红线，输出对顾客有价值的短视频内容。

随着短视频营销日渐成熟，短视频的运营与推广越来越多样化，短视频行业逐渐崛起。

本项目从短视频营销思路出发，对短视频的定位以及构建进行了详细的讲解，介绍了短视频营销策略的研究，帮助读者快速掌握短视频营销的能力。

一、短视频营销的思路

短视频营销首先要确定本次营销活动的目标，确定了目标才能制定相对应的营销策略。通过对有产品需求的客户进行分析确定目标客户，并且在视频拍摄与制作的过程中融入独特的创意，会更有竞争力，同时应注重短视频表现形式和账号设置定位。

二、短视频营销的策略研究

对整合营销策略、创意策略等进行了研究，对短视频类自媒体的营销活动而言，优质的内容、完善的营销策划方案是保障高效的传播推广的前提。

抖音、快手的大部分用户因为各自的兴趣爱好而结识。用户在共同分享自己所感兴趣的事物，继而形成了一种良好的人际关系，也使抖音、快手社区更加富有黏性；抖音、快手根据用户浏览的视频类型，运用个性化算法为用户推荐其感兴趣的视频内容，在使用过程中用户会看到自己所喜欢类型的短视频。

实训：短视频营销的案例分析与实践

抖音短视频营销案例分析与实践

短视频已成为影视宣发重镇，很多电影在抖音上热播，观众因此对影片带有好奇心，想一看究竟，有效地助力了电影的宣发。

以电影精彩短视频片段推广为背景，展开任务实践，利用已学过的技能在抖音平台发布短视频。

本项目主要通过对了解短视频营销思路、短视频营销策略研究分析、短视频营销的案例分析与实践等技能点的学习，加深读者对短视频营销的理解与认识，并培养读者短视频营销的实践能力。

任务技能

技能点一　短视频营销的思路

短视频营销是内容营销的一种，短视频营销主要借助短视频，通过选择目标受众人群，并向他们传播有价值的内容，吸引用户了解企业品牌产品和服务，最终形成交易。做短视频营销，最重要的就是找到目标受众人群和创造有价值的内容。

短视频营销是视觉营销的一种方式，但是它比图文的形式更立体，更具有情感和代入感，容易带动用户的情绪，可以说，短视频营销非常契合人类作为视觉动物的信息接收习惯。

短视频营销提供了一个展示品牌文化和特点的机会，更容易让企业在竞争者中脱颖而出。对于短视频营销来说，品牌需要在很短的时间内抓住想要表达的重点，将其表现给用户看，并传递他们的品牌文化。

短视频是一个品牌推广的绝佳机会。让镜头转向产品，并加入个性化的元素。配合相应的促销信息绝对能比传统营销方式转化率高。

短视频营销是互联网营销变现得以实现的重要手段。

一、短视频营销目标

无论是短视频账号还是某个短视频都有其最终目的，应根据不同的需求制定不同的目标，有了目标才有前进的方向，最终才能实现目标。

简单地讲，品牌营销就是把企业的特定产品形象通过某种手段深刻地映入消费者的心中。品牌营销是指企业利用消费者对产品的需求，然后通过对产品的质量、文化以及独特性的宣传来创造一个品牌在用户心中的价值认可，最终形成品牌效益的营销策略和过程。

（1）提升品牌知名度。

（2）保持品牌热度（图 7.1）。

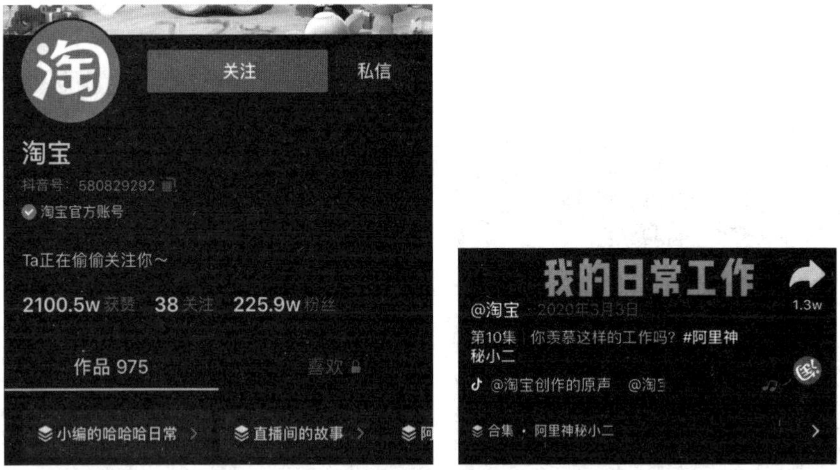

图 7.1　淘宝官方账号展示员工日常生活

（3）推广新品（图 7.2）。

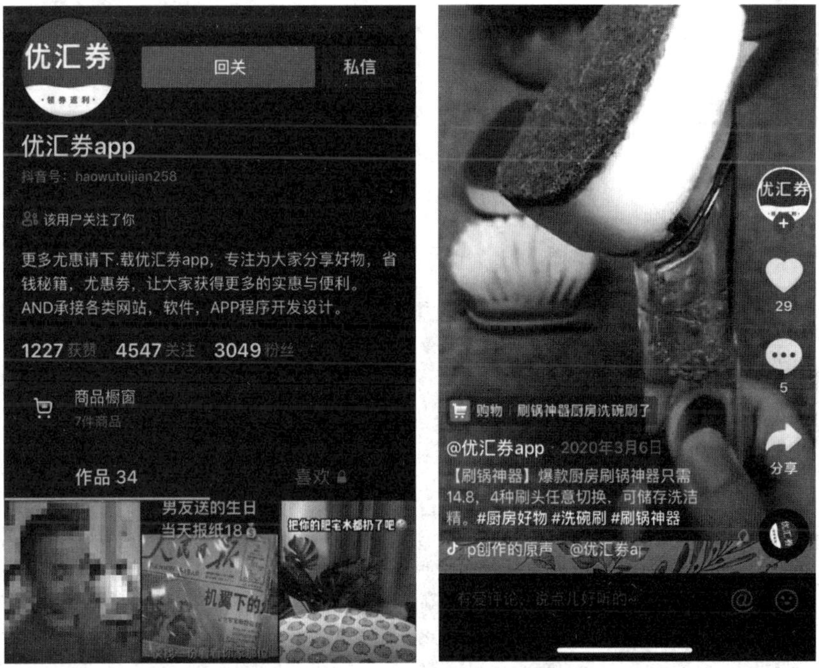

图 7.2　优汇券推广洗碗刷子

(4)打造品牌新形象(图 7.3)。

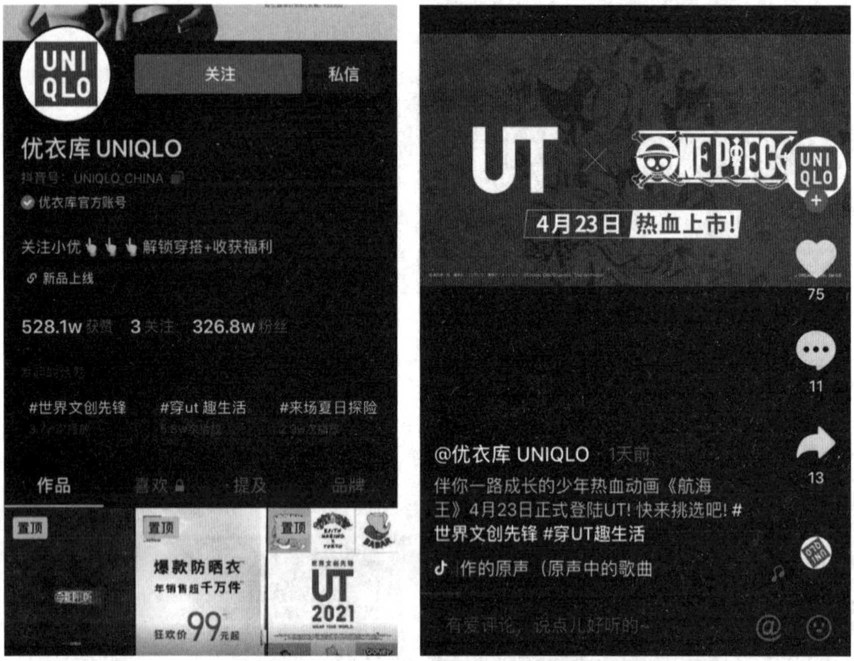

图 7.3 优衣库穿 UT 趣生活

(5)展示自我(图 7.4)。

展示自我大致包含以下几种类型,才艺型、搞笑型、情感型、专家型、娱乐型等。

图 7.4 个人展示

二、用户需求定位

从流量营销到数据驱动，很多产品的精细化运营都是围绕用户来进行的，关键在于用户研究。

用户行为分析是对用户在产品上产生的行为及行为背后的数据进行分析，通过构建用户行为模型和用户画像来改变产品决策，实现精细化运营，指导业务增长。

确定好目标用户，明确短视频是给“谁”看的，分析用户要什么，需要哪些配套服务，深挖用户痛点，掌握用户真实需求，这样才能策划出能够传递价值的短视频，从而受到目标客户群体的认可，最终实现营销目的。

1. 用户群体画像

利用飞瓜数据（www.feigua.cn）进行完美日记的用户画像分析，以彩妆类目进行用户画像分析。

通过用户画像分析可以得出男性与女性客户的占比，购买用户的年龄在 18~24 岁的占比达到了 50.48%，同时可以分析出哪些省份与城市更容易接受。

通过以上数据可以分析出来该品牌产品的用户群体以女性客户为主，但男性顾客占比也有 27%，那么男性顾客购买彩妆需要哪些服务就值得我们深入地研究与分析。该品牌产品年龄定位在 18~24 岁，主要针对年轻群体，要结合年轻群体的习惯与偏好，通过地区分布可以了解到购买人群的具体位置，结合以上数据分析进行适合的营销活动。

2. 挖掘目标用户人群的痛点

痛点是指用户未被满足的、急需解决的需求，只有短视频的内容戳中了用户的痛点，才具有吸引力和说服力。因此，在进行短视频策划时，首先搜集和分析用户的痛点。

在搜集和分析用户的痛点时，可以按照以下 3 个维度来进行。

（1）深度。深度是指用户的本质需求，具有延展性，在创作短视频植入痛点时要考虑到痛点的深度，注重细节的体现。例如，抖音账号“小甲同学”，用户最开始观看其视频时，本质需求是满足好奇心，看一个很瘦小的男孩子到底能吃多少美食。但随着时间的推移，这种单一的内容类型已经无法满足用户的好奇心了，该账号为了让用户持续关注下去，就必须进一步扩展用户需求，分析隐藏在用户心中的潜在需求。大部分的人都爱吃，但受到地域的限制，很多人吃的食品样式比较单一，而该账号的创作者到各地去“探店”，或者探索更多美食的吃法和做法，为用户带来了不一样的美食体验，解决了大多数用户“想吃又不知道吃什么”的痛点，所以获得用户的支持和持续关注就不再是问题了。

（2）细度。细度是指将用户的痛点进行细分。在细分用户的痛点时，可以分为以下步骤。①对垂直领域进行一级细分，如将拍摄类细分为纪实摄影、风光摄影、人像摄影、商业摄影、新闻摄影等。②在上一步的基础上再做细分，如将人像摄影细分为婚纱摄影、个人写真、儿童摄影等。③在上一步的基础上确定目标人群，如果目标人群是育儿家庭，则对儿童摄影会更感兴趣。④以上一步为基础确定一级痛点，以上用户的痛点是如何对不能积极配合的儿童进行拍摄，并能充分体现出儿童天真活泼的特点。

（3）强度。强度是指用户解决痛点的急切程度，如果能够找到用户的高强度痛点，短视频成为爆款的概率就会很大。高强度痛点是指用户主动寻找解决途径甚至于即使要消费也要解决的痛点。短视频创作者要及时发现这些痛点，给用户提供反馈的渠道，或者在短视频评论区仔细分析用户评论，从中寻找其急切需要解决的痛点。

三、内容类型定位

短视频的内容类型多种多样，短视频创作者从自己擅长的领域出发来确定自己发布的短视频的内容类型，并在创作短视频时加入其独特的创意，从而形成强大的竞争力。

1. 搞笑类

它的核心是通过“牺牲”自己来娱乐大众，形式包括但不限于冒傻气、搞怪装扮、自我吐槽等。做“搞笑”类视频，一定不能用力过猛，给观众一种又假又尴尬的感受。你要想办法满足人们在碎片化时间轻松消遣的需求，而不是单纯地展现尴尬无聊。

2. 情感共鸣类

情感共鸣类短视频内容受人喜欢的原因在于，这类视频能够从情感上引起用户的共鸣，并且产生价值上的认同感。只要你的视频能够激发用户的共鸣，就能收获大量关注。

真实感人的小故事、情感爆发的瞬间以及一些真诚且富有说服力的观点，都需要用合适的方式表达出来，只有这样才能引起人的共鸣。

3. 技术类

这类短视频吸引人的核心关键就是：别人做得到而自己做不到的技术。这类技术包括但不限于唱歌、跳舞等才艺，还有特效制作技能、冷门生活技能、传统技艺的展现等等，都能帮助我们赢得关注。

中国非遗传承人“李子柒”，她的视频里所展现的农村生活让人熟悉又陌生，看似简单的日常生活却让人似乎看到了世外桃源，这是大多数人向往却又无法实现的生活方式。

4. 美食类

美食类的短视频也是很受欢迎的，有教我们做家常菜的，有展示美食、介绍美食的。眼下美食类短视频确实很多，如果要做你也不必担心，因为毕竟谁也不知道下一位食神会是谁！只要您的美食类短视频做得干净漂亮，色香味俱全，教程通俗易懂，让大家感觉您所拍摄制作的美食可以轻轻松松走入寻常百姓家，就足够了！

5. 正能量类

正能量视频之所以能够赢得用户的认可，最主要的原因在于价值观的打造上，其所展现出的一些积极的价值观，往往很容易引发一部分人的共鸣，直戳痛点。

四、账号设置定位

账号的定位能让用户快速地了解你是谁，你想要做什么。结合用户的需求，短视频内容必须要做好账号定位，才能保持后续内容的持续产出，账号才能持续运营。

五、竞品分析定位

竞品分析对于策划环节来说是必需的。它是一本具有实际参考价值的导向性手册，甚至可以起到功能文档的作用。

具体而言，应分析竞品基本信息、核心功能、平台流量机制、用户画像、用户行为、市场运营等维度，学习借鉴竞品的市场推广、竞争策略，并且提出优化市场策略的建议。

技能点二　短视频营销的策略研究

在这个“内容为王”的时代，短视频的内容策划是决定短视频账号运营成败的关键因素。短视频创作者要想让自己的短视频脱颖而出，需要凭借新奇的创意来策划短视频的选题和内容，选题要新颖、贴近用户，内容要注重用户诉求。短视频创作者在短视频创作过程中要充分发挥创造力和想象力，通过演绎故事、渲染情感，引起用户的共鸣，从而打造出传播力强的优质作品。

一、短视频营销的优势

经过不断地探索与研究，短视频营销的方式越来越多，其具有如下几个方面的特点。

1. 灵活的互动性

短视频都可以进行单向、双向甚至多向的互动交流，对于创作者而言，短视频的这种优势能够帮助创作者获得用户的反馈信息，从而更有针对性地对自身进行改进；对于用户而言，他们可以通过与创作者发布的短视频进行互动，从而对创作者的产品进行传播，或者充分表达自己的意见和建议。

2. 低成本

短视频营销的成本算是比较低的，这也是短视频营销的优势之一，短视频是否能够迅速传播，并不耗费太大的成本，关键在于如何打造短视频的内容，以及短视频内容有没有真正击中用户的痛点和需求点。

3. 购物方便快捷

短视频是一种时长较短的图文影音结合体，因此短视频营销能够带给消费者图文、音频所不能提供的感官上的冲击，这是一种更为立体、直观的感受。它的高效性就体现在消费者可以边看短视频边购买产品，这是传统的营销模式所不能拥有的优势。

4. 目标精准

短视频营销还具有指向性强这一优势，因为它可以准确地找到目标受众群体，从而达到精准营销的目的。

短视频平台通常都会设置搜索框，对搜索引擎进行优化，目标客户一般都会在网站上对关键词进行搜索，平台会根据访客的搜索习惯打上标签，从而将具有同类标签的短视频推荐给访客，这一行为使得短视频营销更加精准。

5. 传播速度快且传播范围广泛

短视频营销还具有传播速度快、难以复制的优势，因为短视频营销本身就属于网络营销，所以短视频能够迅速地在网络上传播开来，再加上其时间短，适合现在快节奏的生活，因此更能赢得广大受众的青睐和欢迎。

6. 数据化

短视频营销本身就属于网络营销，因此可对短视频的传播和营销效果进行数据分析。一般而言，短视频营销的语言都是由数据构成的。因此大致可分为点击量、浏览量、转载次数、粉丝数量、评论人数以及互动效果等。

二、短视频内容策划的核心要素

话题交流是发动群员共同参与讨论的一种活动形式，具体做法是先挑选一个有价值的主题，让社群的每一位群员都参与交流，继而输出高质量的内容。与分享活动一样，话题交流也需要经过专业的组织和准备，下面对话题交流应具有的特性进行介绍。

1. 创意性

如何选择合适的内容，以及如何让内容呈现出更多的与众不同，是包括短视频在内的各类新媒体在应用中所面临的基本问题。

2. 幽默性

能让用户笑出来的短视频，就能让用户记住、喜欢甚至追捧，这一要素已经成为短视频领域的共识，要明白用户大部分都是来娱乐找开心的。

3. 能量性

应传递出正能量，让很多人看到了社会有良好的风气。正能量的内容往往能激发用户的正向情感和行为，并能够获得更广泛的点赞和转发。

4. 精简性

短视频的内容节奏要快，在十几秒几十秒中就要展现出内容吸引用户，一般用户刷视频时，在前几秒播放的黄金时间里会决定是继续观看还是划掉，因此，策划的过程中要减掉多余的内容。从推荐算法的角度来讲，时间短的视频往往完播率高，高完播率会带来更多的推荐量及观看量。

5. 故事性

用户喜欢听故事、看故事，优质的短视频，既需要素材生动有内涵，也需要精心构思剪辑。要做到把好故事讲好，通过故事向用户传递信息、情感、思想。

6. 猎奇性

通过寻找、探索新奇事物来满足人们好奇心理，用户喜欢利用短视频内容体验一些自己不曾听过、见过、经历过的人、事、物，并从中获得一定的满足感。

7. 时效性

追热点是提高点击率最直接且最有效的方式。在特殊的时间节点或者某个热点事件刚发生后，借势这些热点往往能够让视频瞬间被引爆，从而达到扩大影响力的目的。

8. 实用性

一些教学类的视频，比如说美食制作，DIY 手工制作、电脑操作、折纸教学、瑜伽教程、瘦身教程、生活小妙招等等，这类视频贴近生活，一般用户刷到都会看完或者点赞收藏。

三、短视频整合传播策略

整合传播的目的就是让传播者主体（个人、企业、团体等）的声音以细分因素组合，细分因素包含了信息源的质量和传播因素的累加，传播因素包含了传播介质的选择和整合。通过传播策略手段的因素组合让传播因素一次次累加，使得信息不断增加，从而达到传播的价值效果。

以用户为中心，以产品和服务为核心，以互联网为媒介，整合视频营销和传播的多种形式和内容，达到立体传播的效果。在通过互联网进行短视频营销的过程中，可以整合线下活动资源和媒体进行品牌传播，从而进一步增强营销效果。

四、短视频连锁传播策略

1. 纵向连锁传播

纵向连锁传播贯穿短视频的构思、制作、宣传、发布、传播每一个环节，应精确抓住每一个环节的传播点，配合相应的渠道进行推广。

2. 横向连锁传播

横向连锁传播贯穿于整个纵向传播的过程，又在每一个环节进行横向延伸，因此应选择更多、更热门、更适合的传播平台，不应局限于某一个媒体或网站，应将社交平台、视频平台全部纳入横向连锁传播体系，扩人每一个横向环节的传播策略，扩大传播深度和广度，让营销效果进一步延伸，从而实现立体化营销。

五、短视频互动体验策略

短视频互动体验策略是指在视频营销过程中，及时与用户保持互动和沟通，关注用户的体验，并根据他们的需求提供更多的体验手段。

短视频互动体验营销的前提是要有一个多样化的互动渠道，能够支持更多用户参与互动。为了提升用户的体验，需要综合设计视频表达方式，比如通过镜头、画面、拍摄、构图、色彩等专业手法制作视频，为用户提供美好的视觉体验；为了拉近用户的心理距离，可以利用贴心的元素、贴近用户的角度、日常生活中的素材制作视频。另外还需要通过平台与用户保持直接互动，包括引导用户评论、转发、分享和点赞等，让用户可以通过多元化的互动平台表达自己的看法和意见。

六、短视频营销获取流量的策略

1. 封面

封面是一个作品的脸面，也是推荐的一大评判标准，在搜索推荐场景中，视频封面作为视频内容的第一页信息在很大程度上影响到了用户的一个点击意愿。要展现好内容，最基本的要求就是封面要绝对地清晰，不要存在侥幸心理。

2. 标题

标题也就是我们的文案，不要做标题党，在视频播放的过程中，文案实际上就成为一个备注，有助于让粉丝对你的整条视频产生兴趣。

举个例子来说，抖音上之前有一个很火的视频，内容是一个人坐在出租车上，开着车窗看窗外的风景，就视频内容而言非常平淡，但是他的文案写的是背井离乡来到这座城市已经四年了，还是一无所有，明天又要交房租了，感觉快要撑不下去了，看到的朋友给我点个赞，鼓励一下我，好吗？

3. 背景音乐

这都是有热门推荐曲目的，所以在操作时尽量选择平台重点推荐的曲目，例如短视频平台，大部分会涉及音乐榜单，你就可以从这个音乐榜单当中去进行选择。这样粉丝在点开歌曲专辑时，自然有机会浏览到你的作品。

4. 粉丝运营

在平台上持续发布优质短视频后，会吸引一些粉丝。对于这些粉丝，可以把他们当成线上的朋友，怀着平等、感恩的心态，与其进行互动，让粉丝感受到你的接纳与友好。每个人都有情感需求和社交需求，粉丝被你热情相待时，总会有被尊重和重视的感觉，反过来也会继续支持鼓励你。

任务实施

短视频营销的案例分析与实践

实训目标

本实训分享短视频营销策划活动，结合本项目的短视频营销知识，使读者了解短视频营销的实现方式、短视频营销的优势和案例中体现的短视频营销的思维。

案例 1:苏宁易购 818 极品发烧友短视频营销分析

1. 项目介绍

项目名称：苏宁易购 818# 极品发烧友 # 短视频营销

投放时间：2017 年 8 月 8 日—2017 年 8 月 16 日

投放渠道：美拍、秒拍、快手、抖音、bilbil、微博、微信、头条等 20+ 平台

传播 PUGC（专业用户生产内容）资源：魔力 TV、小情书 LOVETE、小心肝 TV、小蛋黄等 49 位 PUGC

背景 & 目标：每年 8 月是苏宁易购的店庆月，其中 8 月 18 日是苏宁易购店庆日，是全年投入最大的一次活动，旨在打造苏宁易购专属购物狂欢节。今年，苏宁易购特别策划 # 极品发烧友 # 短视频营销活动，推出“10010 计划”，即通过 100 名短视频 UGC（用户生产内容）制作 100 条产品短视频，将 100 件单品植入 100 条短视频中，进行全网分发；通过联合 10 大品牌，邀请 10 位头部短视频 PGC（专业生产内容）制作 10 条品牌短视频，借助短视频强化品牌互动，共同造势！（图 7.5）

图 7.5　苏宁易购 818 活动

2. 核心展示

（1）策略——PGC 领衔，UGC 齐发。寻找全网“发烧”系视频达人，演绎最“发烧”场景、故事，全民互动，共赴“发烧”高潮，打造现象级视频平台热潮，引爆 818 全民发烧节！

（2）创意。以本次传播主题“燃”为基调，将全部短视频原创内容均按照“合作方产品信息 + 苏宁 818 促销信息”的逻辑进行演绎，利用故事、娱乐搞笑等受众最爱关注的点进行视频创作（图 7.6）。

图 7.6　苏宁易购 818 活动创意

部分创意视频：

● 小心肝 TV：《零智商奶爸高调逆袭》

短视频简介：用日常照顾孩子的场景，融入苏宁易购红孩子频道和 818 发烧节活动，精准影响受众人群，将产品品类高效触达（图 7.7）。

图 7.7 零智商奶爸高调逆袭

● 小情书 LOVOTE:《外星少女的地球之恋》

短视频简介:视频内容脑洞大开,借用外星少女返回外星的故事,巧妙传达出苏宁易购新机汇频道的活动信息(图 7.8)。

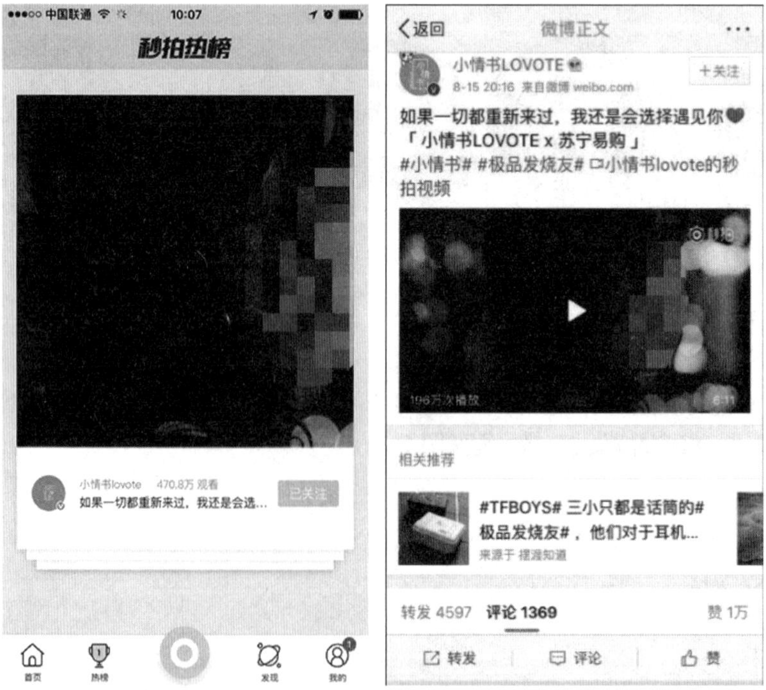

图 7.8 小情书极品发烧友

3. 项目执行

● 用户——以用户为中心打造创新体验

聚焦来自“母婴、家电、洗护”等不同圈层的用户，洞察用户核心诉求，以“燃”为传播基调，以故事型的原创内容为主，以轻松、搞笑的风格进行短视频创作，让用户在有趣好玩的情绪中接受植入。

● 内容——多品牌植入打造开放生态

所有的短视频原创内容，均按照“合作方产品信息＋苏宁818促销信息”的逻辑进行演绎，跟随苏宁一起曝光的品牌还有小米、松下、华为、海尔、PPTV等品牌，并覆盖电脑、电视、洗衣机、冰箱等产品类别。

● 账号——垂直突破 精准发力

依靠微播易SNBT（社会化媒体行为定向精准投放技术）质检技术与大数据分析，匹配与商品类型合适的账号，合作发力。

● 分发——密集投放形成声量传播

“小心肝TV”“奋斗的小斤斤”“小蛋黄”等49个覆盖母婴、搞笑、美食等多领域的达人，从8月8日起开始进行阶段式投放，并开始持续在网上引爆。传播渠道覆盖了现在最热门的短视频平台，包括美拍、秒拍、B站、今日头条等。

4. 营销效果

49位PUGC（专业用户生成内容）短视频账号原创短视频自8月8日起陆续在全网20多个平台分发，截至8月16日，视频全网播放量已突破2.1亿次，超过100万次互动，覆盖上亿真实用户，多个短视频登上平台热门榜，并获得平台持续推荐，其间用户评价积极，口碑正向。在活动推动下，苏宁易购线上销售增长263%，线下销售增长107%。

5. 任务实践

在策划短视频营销活动的过程中，可以思考以下或更多的问题。

（1）你会选择什么样的东西在网上售卖？

（2）你会选择短视频营销方式推广自己的产品吗？

（3）在售卖产品过程中，营销核心是什么？

任务总结

本项目介绍了短视频营销的方法与实践的相关知识点，分别从短视频营销的思路、短视频营销的策略研究、短视频营销案例分析、短视频营销任务实践等方面展开学习，以逐条分步的形式帮助读者掌握短视频营销的方法和流程，使读者学习之后可以对短视频营销有更好的认识与了解。

英语角

短视频	short video
营销	marketing
定位	location
画像	portrait
策略	strategy
创意	originality
幽默	humor
时效	prescription
猎奇	curiosity
精简	streamlining
能量	energy

任务习题

一、单选题

1. 在“内容为王”的营销时代，（　　）才是视频的生存之本。

A. 视频内容的质量　　B. 视频的拍摄技术

C. 视频的价值和意义　　D. 视频拍摄者的名气

2. 对于进行短视频营销的创业者而言，其主要的变现方式包括平台补助、广告、电商和（　　）。

A. 知识付费　　B. 众筹　　C. 会员　　D. 创意

3. 下列哪个选项不是短视频营销的目标（　　）。

A. 品牌知名度　　B. 新品推广　　C. 打造品牌形象　　D. 封面设计

4. 下列哪个选项不是短视频营销的优势（　　）。

A. 灵活性　　B. 占内存　　C. 低成本　　D. 目标精准

5. 下列哪个选项不是短视频内容策划的核心要素（　　）。

A. 创意性　　B. 故事性　　C. 猎奇性　　D. 烦琐性

二、多选题

1. 在短视频室内拍摄中，“三光布灯法”指的哪三种灯光？（　　）。

A. 伞灯　B. 轮廓灯　C. 主灯　D. 辅灯

2. 下列属于短视频后期编辑工具的有（　　）。

A.Premiere　B.Photoshop　C.Audition　D.VUE

3. 短视频内容策划的核心要素有（　　）。

A. 创意性　B. 幽默性　C. 故事性　D. 实用性

4. 短视频营销的目标（　　）。

A. 提升知名度　B. 推广新品　C. 维持品牌热度　D. 打造品牌新形象

5. 短视频营销有哪些内容定位（　　）。

A. 搞笑类　B. 情感共鸣类　C. 技术类　D. 美食类

三、判断题

1. 在内容消费上，长视频给用户的沉浸感比短视频更好。（　　）

2. 用户画像分析是短视频创作者进行创作的第一要务。（　　）

3. 短视频创作者要尽可能地在第一时间回复用户的评论。（　　）

4. 在短视频领域，抖音和快手争夺的是竖屏市场，而西瓜视频争夺的是横屏市场。（　　）

5. 短视频字幕在任何情况下都不能出现错别字。（　　）

四、实践题

对 ××× 影片进行分析，总结精彩片段，并提炼文案。

项目八 H5营销的方法与实践

学习目标

本项目重点学习H5营销思路与实践操作。移动互联网的快速发展，带动了H5技术的广泛应用，而这种能够更加便捷地处理多媒体内容的技术，也越来越频繁地被用于新媒体营销。

分析H5的特性与优势以及引起H5传播的心理诱因，研究分析H5营销的发展趋势、H5营销的策略，使读者了解H5制作工具，培养读者H5营销策划的实践能力。在任务实施过程中：

- 了解H5营销思路；
- 掌握H5营销策略；
- 具有H5营销推广能力。

学习路径

H5营销的方法与实践

本次任务主要通过技能点的学习，以夏令营招生推广为背景，利用H5进行策划推广	任务实施	学习目标	1. 了解H5营销思路 2. 掌握H5营销策略 3. 具有H5营销推广能力
1. H5营销的思路 2. H5营销的策略研究 3. H5营销的案例分析与实践	任务技能	任务描述	【情境导入】移动互联网的快速发展，带动了H5技术的广泛应用，而这种能够更加便捷地处理多媒体内容的技术，越来越多地被用于新媒体营销

任务描述

【情境导入】

从词源上讲，H5 是 HTML5 的缩写，也就是第 5 代的 HTML，但是在生活、工作中接触使用的 H5，实际上已经超越了 HTML5 的范畴。就本项目而言，H5 并不是指 HTML5 这种语言本身，而是指运用 HTML5 制作出的移动网页。

H5 已经成为众多企业进行新媒体营销的一大利器，其兼容性强、传播方便的特点也为营销带来了巨大的便利。

通过 H5 营销的学习，让学生对网络强国有一个清楚的认知，加强以网络舆论引导为主的互联网建设，防范不良网络思潮风险，同时通过一些经典的新媒体案例培养学生形成正确的人生观和价值观。

本项目从 H5 营销思路出发，对 H5 营销进行策略研究，介绍了 H5 营销的制作工具，帮助读者快速掌握利用 H5 营销的能力。

一、H5 营销的思路

凭借 H5 自身的特性与优势，H5 营销成为越来越火的营销手段。分析引起 H5 传播的心理诱因以及发展趋势。先以好的内容输出做基石，做好品牌的传播。

二、H5 营销的策略研究

分析 H5 营销的重点，对 H5 几种常见的营销类型展开分析研究，包括展示型营销、互动性营销、场景型营销、游戏型营销、测试型营销。

H5 从建立创意、设计到制作、传播是一个一气呵成的系统工程，其中，技术的把握、创意与文案的优化、传播的执行都不可或缺。

主题要有创意的新鲜感，应创建具有分享价值的内容，集中传播，内容展示尽量把信息视觉化。

实训：H5 营销的案例分析与实践

小爱语音点歌台案例分析与实践

在小米 IX 2S 发布会上，“小爱同学”大放异彩。而这款 H5“小爱同学”以主播形象现身，采用聊天的形式，与“小爱同学”进行互动。聊天内容以配音的形式读出，其中还搭配小爱专有的表情包，显得更真实可爱。有多久没和身边的人说说话了呢？如果不好意思说出口，可以通过小爱为 TA 点一首歌，小爱语音点歌台，让歌声传递感情，让歌曲替你表达所感所想。产品在互动过程中植入，起到了良好宣传效果。

网站类 H5 制作工具是随着互联网技术发展，由互联网公司推出的 H5 制作网站。如 MAKA、凡科互动、易企秀、人人秀、iH5 等。

本项目主要通过对 H5 频营销思路、H5 营销策略研究分析、H5 营销的案例分析与实践等技能点的学习，加深读者对 H5 营销的理解与认识，并培养读者 H5 营销的实践能力。

任务技能

技能点一　H5 营销的思路

H5 是指第 5 代 HTML，也指用 H5 语言制作的一切数字产品。所谓 HTML 是“超文本标记语言”的英文缩写。我们上网所看到的网页，多数是由 HTML 写成的。

与传统广告媒介相比，H5 具有开发周期短、传播范围广、传播速度快、开发成本小、形式丰富等优势，因此 H5 已经成为现今新媒体营销的首要选择。本项目将引领读者一起了解什么是 H5，H5 营销的优势以及引起 H5 传播的心理诱因。

一、认识 H5 营销的概念

H5 营销就是通过将营销内容制作成 H5 的形式，发布到微信朋友圈、微博等不同平台，以吸引用户查看内容、参与互动等，达到提高品牌知名度、营销产品的目的。

1. 广义上的 H5

广义上的 H5，就是指第 5 代“超文本标记语言”(Hyper Text Markup Language 5, HTML5)，也指用 H5 语言制作的一切数字产品。我们上网所看到的网页，多数是由 HTML 代码写成的。“超文本”就是指页面内可以包含图片、链接，甚至音乐、程序等非文字元素，而“标记”指的是这些超文本必须由包含属性的开头与结尾标志来标记。浏览器通过解码 HTML，就可以把网页内容显示出来。

2. 狭义上的 H5

狭义上的 H5，就是指互动形式的多媒体广告页面，它是和移动互联网一起发展起来的。H5 最显著的优势在于它的跨平台性，用 H5 搭建的站点与应用可以兼容 PC(个人电脑)端与移动端、Windows 系统、Linux 系统、安卓系统与 iOS 系统。

二、H5 营销的优势

H5 之所以能引发如此广泛的关注，其根本在于它不再只是一种标记语言，还为下一代互联网提供了全新的框架和平台，包括提供免插件的音视频、图像动画、本体存储以及更多炫酷且重要的功能，并使这些应用标准化和开放化，从而使互联网也能够轻松实现类似桌面的应用体验。

1. 制作及传播成本低

H5 技术的多设备跨平台优势使得其在开发过程中无须利用分平台分系统，企业在人工、时间上的成本都可以大幅缩减。

H5 的多设备跨平台特性也节省了 H5 的测试以及维护成本。

H5 营销传播从发布到渠道到后续传播的主要阵地都是社会化媒体平台。这种传播方式对于品牌来说传播成本并不高。

2. 传播性强，利于推广

H5 发布渠道以及传播阵地主要集中在移动互联网的社交平台，在传播过程中的障碍很少，跨平台的特性使得 H5 在传播过程中不至于存在技术或设备障碍，而 Flash 动画或是 APP 在传播过程中需要用户设备自带插件或是自行下载应用才能体验。

3. 用户感官体验丰富，互动性好

H5 自身的绘图功能及可以实现三维效果的特点有力地提高了互动性及用户感官体验效果。H5 绘图功能与三维效果的结合从技术角度来说可以实现很多动画形式，制作出来的画面十分精美，再结合触屏、重力感应等技术，用户的感官体验也更加丰富。

H5 小游戏对于我们而言并不陌生，常常能够在微信上见到多种类型的 H5 小游戏，它是能够迅速提高趣味性的一种营销方式。企业在制作 H5 小游戏的过程中，根据小游戏设置及其用户群体的投入程度，不但能够获得许多重要的用户信息，也可以适度地将一些需要营销推广的品牌信息、产品内容穿插在游戏中，采用这种形式用户会更乐意去接受。

4. 便捷收集用户数据

H5 营销传播终究要看的是传播效果，传播效果追踪及数据反馈是品牌最关心的。而基于 H5 营销传播的效果可以实现跨平台监控和数据反馈及整合。当然能有这样的优势也是与 HTML5 的多设备跨平台特性有关的。

5. 便于开发

H5 的开发可直接在浏览器中完成，没有各种复杂的应用平台，且其开源库的调用及制作方法都较为简单。

三、引起 H5 传播的心理诱因

1. 好奇心

网友对 H5 的标题好奇，会点击进去；对焦点图好奇，会点击进去；看到某个 H5 被熟悉的朋友转发了，也会点击进去。

2. 认同感

不少测试型的 H5 会被转发，主要源于认同感。例如，通过一系列娱乐性的测试题，来测算出自己如果在古代会是哪个朝代的皇帝，或测测你的人气指数是多少，等等。这些娱乐性测试，其测试结果切合了部分网友的认同感心理。

3. 攀比

这种心理体现多出现在游戏型 H5 和测试型 H5 中。典型的游戏型 H5，如围堵神经猫和 2048，都由于攀比“谁的成绩更高”而被传播得非常广；测试型的 H5，如用自拍照测颜值，会因为“我比别人更好看”而被传播。

4. 炫耀

能满足炫耀心理的 H5 比较多，几乎所有类型的 H5 在某种程度上都可以满足参与者或转发者的炫耀心理，其中包括：在比分赛制类 H5 中获得了高分，想要分享出去炫耀一番；我比其他人更早发现了一个很有趣的 H5，转发出去炫耀自己在流行最前沿，等等。

四、H5 营销思路

H5 以“2020 科幻成为现实”开头强势营造科幻氛围，以超能力觉醒吸引用户点击阅读，随着用户滑动屏幕，沉浸式的体验 H5 营造出剧情内容，并实时完成 6 道互动测试，最后根据用户的选择给出“拥有的超能力”，测试题目与剧情紧密结合，一气呵成，体验流畅。H5 的 6 个结果页与东京奥运会、特朗普大选、火星探测等 2020 大事件紧密结合，不仅大玩了一波回忆杀，也抓住了年轻受众的阅读口味。在不影响用户体验的同时，在结果页添加抽奖按钮，植入线下活动信息和到场福利，实现从线上到线下的引流（图 8.1）。

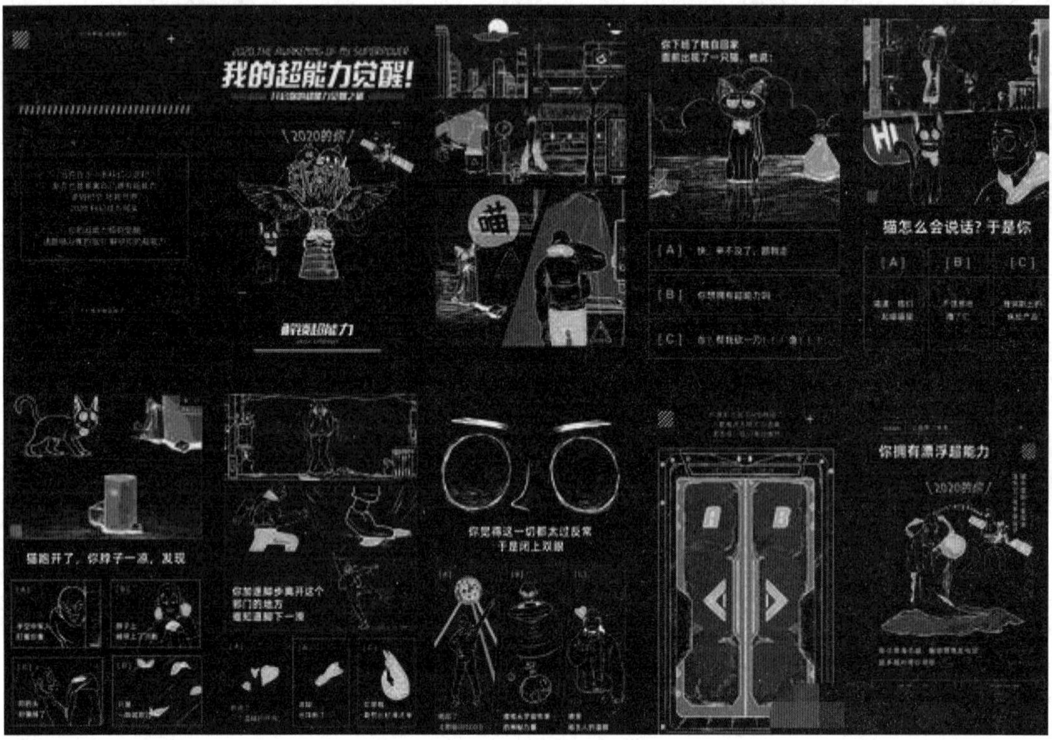

图 8.1　我的超能力觉醒

为 70 周年国庆制作头像的互动类 H5，也是 2021 年流量最大的 H5，超 3 亿人次参与。首先授权腾讯，进入后根据手指的演示，直接调整图片，再次点击进入画面，即可领取你的国庆专属头像，点击左右按钮选择自己想要的头像框，长按即可完成保存（图 8.2）。

图 8.2　迎国庆换新颜

上述 H5 案例，虽然其内容和呈现形式各具特色，但不难总结出它们成为爆款刷屏背后的共同点。

- 定位明确，内容简约有力。
- 具有极强的社交传播敏锐度和用户心理洞察力。
- 页面设计与主题内容紧密贴合，独具匠心。
- 品牌植入与内容强关联，用户体验好。

技能点二　H5 营销的策略研究

随着移动终端和 4G 网络的发展，移动广告飞速发展。整个广告行业的移动广告发展呈现一片繁荣景象，尤其以 H5 广告的发展最为明显。掌握正确的 H5 广告的营销理论和技巧，对提升 H5 广告的营销发展水平具有十分重要的意义。以 H5 广告的营销现状分析为出发点，对 H5 广告的营销策略展开分析。

一、H5 营销的类型

经过不断的探索与研究，H5 营销的方式越来越多。

1. 展示型

展示类 H5 是最常见的移动 H5 网页，因其交互形式简单（翻页）、制作快捷，所以应用非常广泛，如邀请函、多媒体新闻、相册、动态海报等（图 8.3）。

图 8.3　展示型

2.VR/ 全景型

全景是指借助手机的重力感应，用户可以滑动手机屏幕或移动手机，查看上下左右 720° 或 360° 的画面。这种互动方式让用户可以看到的视角更大，更有身临其境的体验。这类 H5 很考验设计师的设计能力，需要绘制很多的图片素材，才能形成层次感（图 8.4）。

图 8.4　VR/ 全景型

3. 视频类型

视频类 H5 大多以全屏视频的形式存在，能够减少其他因素对用户的干扰，用户对 H5 的体验不会轻易被中断，而且用视频能够展现出一些 H5 实现不了的特效，结合音乐和音效使用户全身心沉浸（图 8.5）。

图 8.5　视频型

4. 动画型

动画类 H5 以全屏动画为主，大多通过讲述故事来吸引用户的注意力，整个动画几乎没有交互，或者只使用简单的交互，当故事进入尾声时一般会出现一屏广告画面（图 8.6）。

图 8.6　动画型

5. 合成型

合成类 H5 一般以恶搞、幽默、新奇等形式居多，用户填写名字生成新闻头条、合成海报、合成证件等（图 8.7）。

图 8.7　合成型

6. 数据应用型

数据应用类 H5 是用于数据统计、收集或展示的 H5，其应用场景很丰富，包括抽奖、测试、投票等，创作上的空间很大，但也比较考验设计者的逻辑。

7. 游戏型

游戏类 H5 按照用途可以分为两类，一类是纯游戏，如棋牌游戏、吃豆人、钢珠迷宫游戏等；另一类是营销游戏，会在游戏的基础上增加排名设定，在游戏结束时显示导流页（图 8.8）。

图 8.8　游戏型

8. 综合型

一个优秀的 H5 作品往往综合了多种不同的技术，除了翻页以外，还有点击、输入文字、擦除屏幕、滑动屏幕、重力感应、摇一摇等，玩法非常丰富。

二、H5 营销的策略研究

在设计与制作 H5 时必须要换位思考，研究用户的心理，让他们自发地传播。

1. 知识技能加油站

大多数用户都有强烈的求知欲，他们关注的东西往往是自己需要的、对自己有用的，如一些实用干货、生活技巧等，当用户认可了其价值，认为对自己产生了帮助，就愿意分享到其他有同样需求的群体中。

2. 游戏娱乐

游戏思维是借助用户的兴趣点，通过游戏互动的方式吸引用户注意，提高 H5 的浏览量，进而提高产品或品牌的知名度。

3. 借势

借势思维是指将营销目的与节日、热点、热门事件等相结合，引起用户的好奇心，以提高

H5 的点击率，增强营销效果。因此，在制作 H5 时要善于抓住并结合当下的热点事件，利于话题效应让 H5 在短时间内火爆起来。

4. 奖励驱使

在 H5 中增加一些利益因素，能够调动用户自主传播的积极性。例如，通过分享领取卡券、礼品等方式，让用户主动把 H5 活动页面转发给好友，以获取一定的奖品或优惠。

在设置奖品时，一般来说，实用性强的大众礼品，如购物抵扣券、电影票等，其吸引力会大于细分领域的礼品，有时过于豪华的礼品反而会引起用户产生“哪有这么好的事情”的怀疑。

5. 多样交互

随着技术的发展，如今的 H5 拥有众多出彩的特性，让用户能够轻松实现绘图、擦除、摇一摇、重力感应、3D 视图等互动效果。

6. 生活日常

将营销信息融入用户的日常生活中，根据日常生活场景制作 H5，引发用户共鸣，提高营销效果。

任务实施

H5 营销的案例分析与实践

实训目标

本实训分享 H5 营销策划活动，结合本项目的 H5 营销知识，使读者了解 H5 营销的实现方式、H5 营销的优势和案例中体现的 H5 营销的思维。

一、案例：小爱语音点歌台

1. 项目介绍

在小米 IX 2S 发布会上，“小爱同学”大放异彩。而这款 H5“小爱同学”以主播形象现身，用户可以采用聊天的形式，与“小爱同学”进行互动。聊天内容以配音的形式读出，其中还搭配小爱专有的表情包，显得更真实可爱。有多久没和身边的人说说话了呢？如果不好意思说出口，可以通过小爱为 TA 点一首歌，小爱语音点歌台，让歌声传递感情，让歌曲替你表达所感所想。产品在互动过程中植入，起到了良好宣传效果（图 8.9）。

图 8.9　小爱语音点歌台 1

2. 案例分析

“小爱语音点歌台”是小米公司推出的一个音频互动类的 H5。打开 H5 可以听到动人的背景音乐，单击“进入点歌台”，就会听到“小爱”的声音，用户可以根据性别选择歌曲类型并进入模拟的微信聊天界面，单击相关按钮就可以与其进行语音交流。在模拟的聊天界面中，选择“我要点歌”按钮后，可以选择要送的人，如果其推荐的歌曲不符合自己的要求，还可以选择“自己选择”“更换选歌对象”，如果是心仪的歌就可以点击“就它了”。接下来，还可以选择写悄悄话送给要送的人，如果不想写可以略过。在同一个界面里，可以选择“了解小爱同学”，其会出现关于小爱的介绍，可以单击“了解小爱的兄弟姐妹”并进入小米商城；单击“我想要红包”，就会出现小米商品的推荐，其会宣传小米的各种智能产品，其下方还会有一个抽奖红包的样式，根据提示点击去抽奖便会登录小米 ID 切换到抽奖界面；单击“不用啦，谢谢”即可结束聊天。

小米公司的这款 H5 通过模拟真人对话的设计，很好地展示了小爱音箱产品的智能性，能够让用户觉得非常有趣并沉浸其中，在无形之中还拉近了用户与产品之间的距离。在互动的过程中加入其他产品，很好地宣传了小米公司的其他产品，用户还可以在 H5 页面中直接点击进入小米商城购买产品，利于转化，另外抽奖的设置也可以有效引导用户打开、参与和分享作品，让产品或品牌得到有力的传播（图 8.10）。

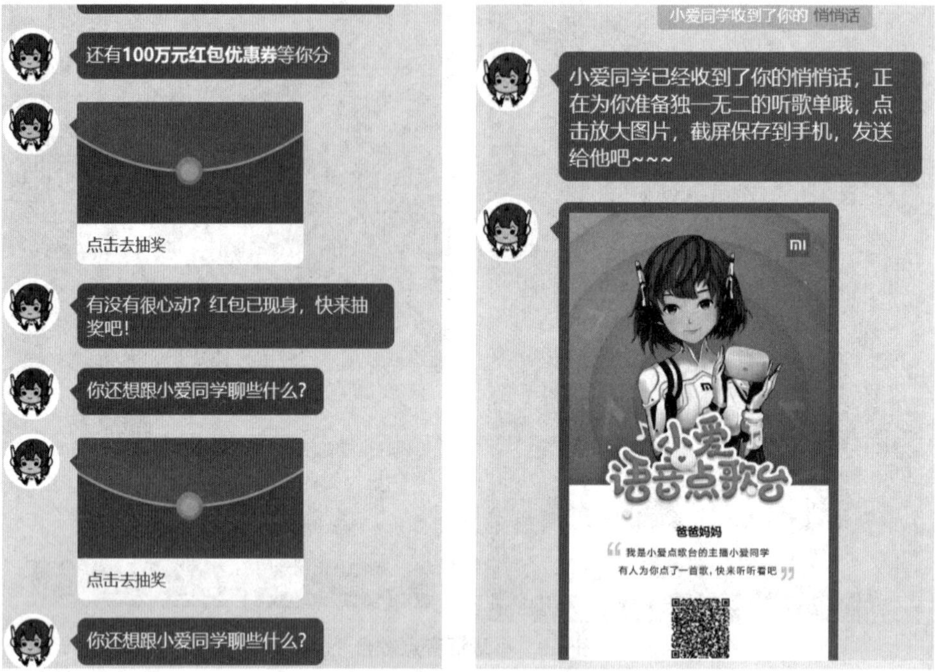

图 8.10　小爱语音点歌台 2

二、H5 制作工具

人人秀是一款强大的 H5 制作工具，以操作简便、互动功能多而受到用户的广泛好评。人人秀的 H5 互动界面如图 8.11 所示。

图 8.11　人人秀互动界面

1. 选择模板制作 H5

在人人秀中提供了超过 50 000 个 H5 页面模板，运营人员可以根据企业的运营目标在模板库中按照用途、功能、行业等挑选适合的模板。例如，运营人员要做一个与商场活动宣传 H5，则可以打开人人秀的“模板商店”板块，在“行业”菜单中选择“促销”选项，就可以找到符合要求的 H5 模板，如图 8.12 所示。

图 8.12　模板市场

2. 人人秀的创意 H5 插件

除了使用模板以外，运营人员还可以自行制作 H5，其制作方法类似于在电脑上制作 PPT，但比在电脑上制作 PPT 要简单，能实现的功能也更加强大。一般来说，人人秀的创意 H5 主要步骤为新建人人秀→导入背景→添加内容（图片、文字、音乐）→设置动画→页面调整（增加页面、调整页面顺序、删除页面等）→作品保存→发布作品。

要想制作出有足够吸引力的 H5，富有创意的插件必不可少，人人秀中有很多创意 H5 插件，包括活动营销插件（抽奖、新年签等）、电商营销插件（砍价、拼团、助力等）、红包营销插件（微信公报、口令红包等）、趣味营销（一镜到底、微信朋友圈、语音来电等）等。

打开人人秀制作界面，单击顶部的“个人中心”按钮，在打开的页面中单击“互动”选择进入管理“创建活动”插件，如图 8.13 所示。

图 8.13 互动插件

3. 新建人人秀

点击左侧＋号或者左上角新建作品，创建新的人人秀展示（图 8.14）。

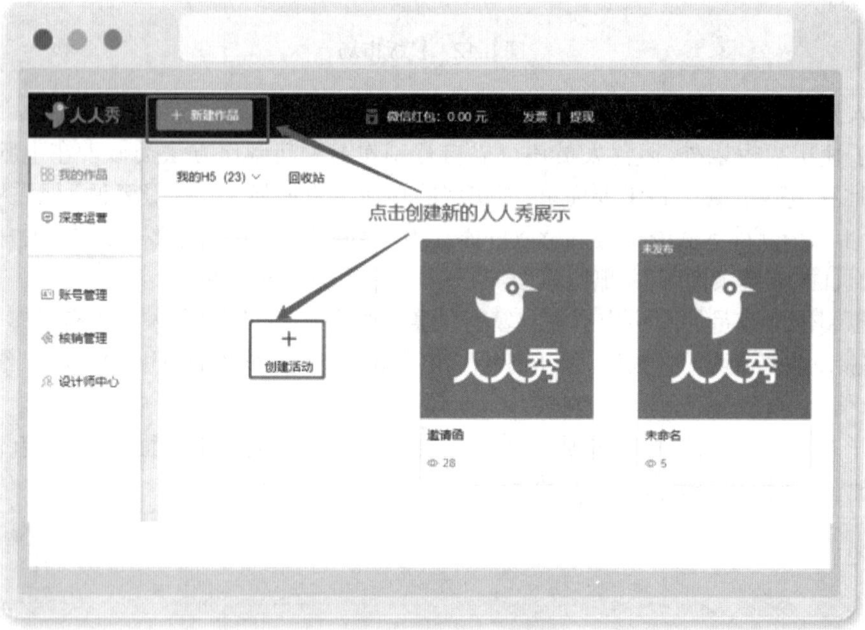

图 8.14 创建活动

4. 选择模板

选择创建空白模板，或者套用模板市场的模板。若选择模板市场，页面则会跳转到模板商店，可以在模板商店中选择喜欢的模板进行套用。选择常用功能则会跳转到模板市场相应的模板分类，就可以直接选择有相应功能的模板了（图 8.15）。本教程只介绍基础操作，因而选择空白模板，进入人人秀 H5 编辑器。

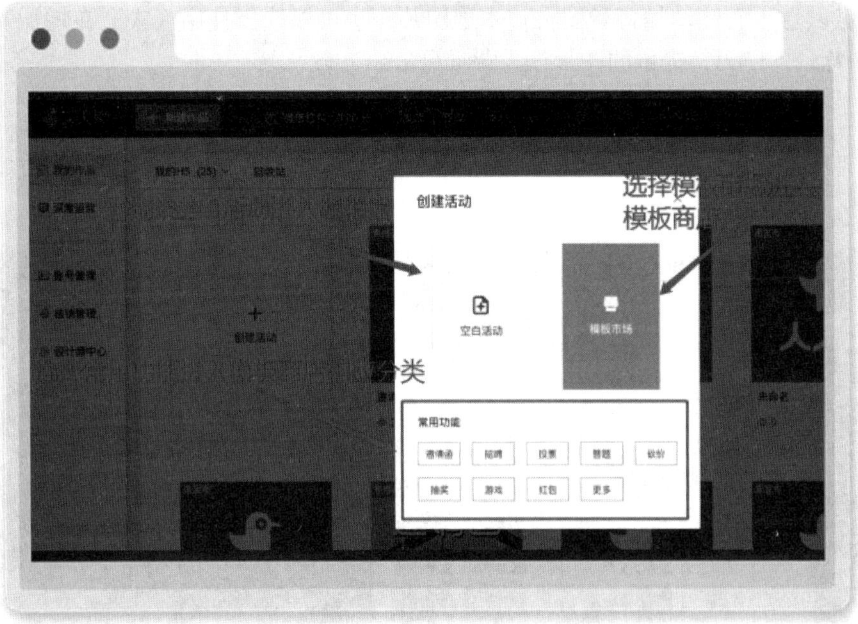

图 8.15　选择模板

5. 导入背景

在编辑器右侧可以直接进行背景设置（图 8.16）。

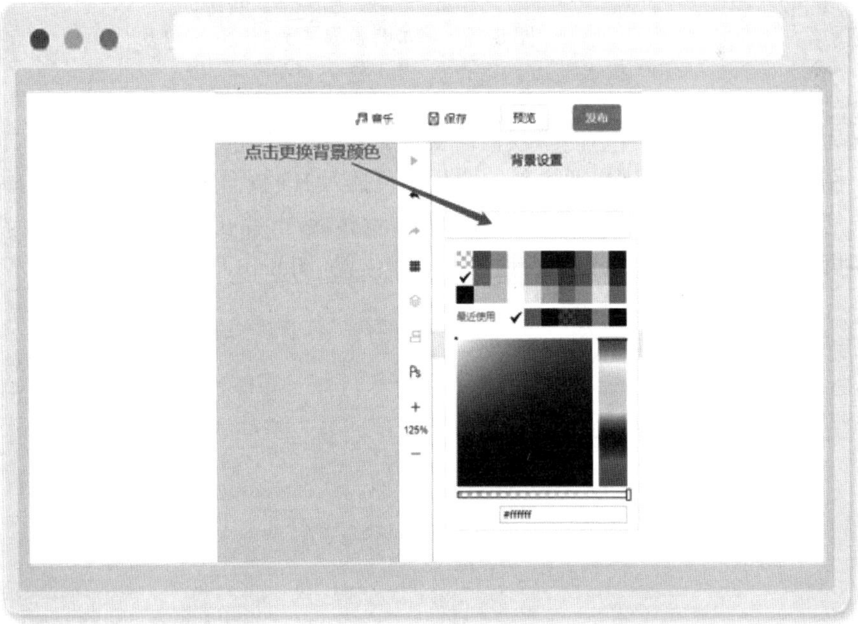

图 8.16　背景设置

点击第一个白色框，在弹出的颜色库中选择自己喜欢的颜色背景。如果希望使用自己的素材，可以点击右侧增加背景图上传本地图片。也可以选择使用人人秀在增加背景图的图片库和背景库中为您提供的图片作为背景（图 8.17）。

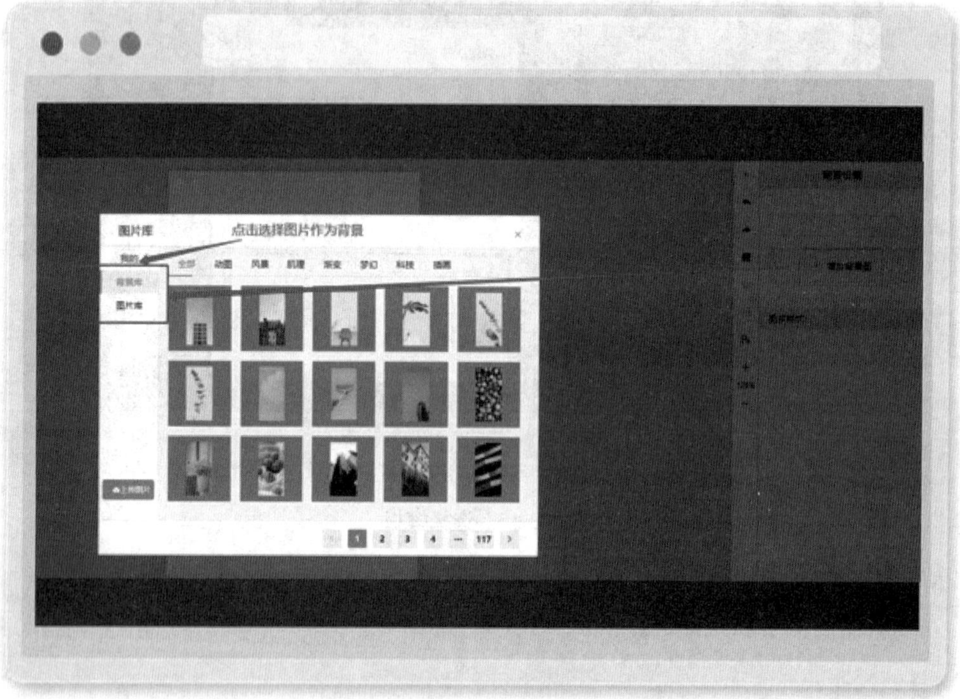

图 8.17　增加背景图

6. 添加内容

首先为 H5 页面增加图片。这里我们需要添加一个邀请函字样的图片。

点击图片→图片库，找到想要插入的图片即可插入 H5 页面中，调整到合适的大小和位置。如果您希望插入自己的图片，可以点击图片，上传图片，并在“我的”下方选择希望插入的图片即可插入 H5 页面中，调整到合适的大小和位置（图 8.18）。

图 8.18　H5 页面增加图片

7. 添加文字

选择文字，系统会自动在 H5 页面中插入文本框（图 8.19）。

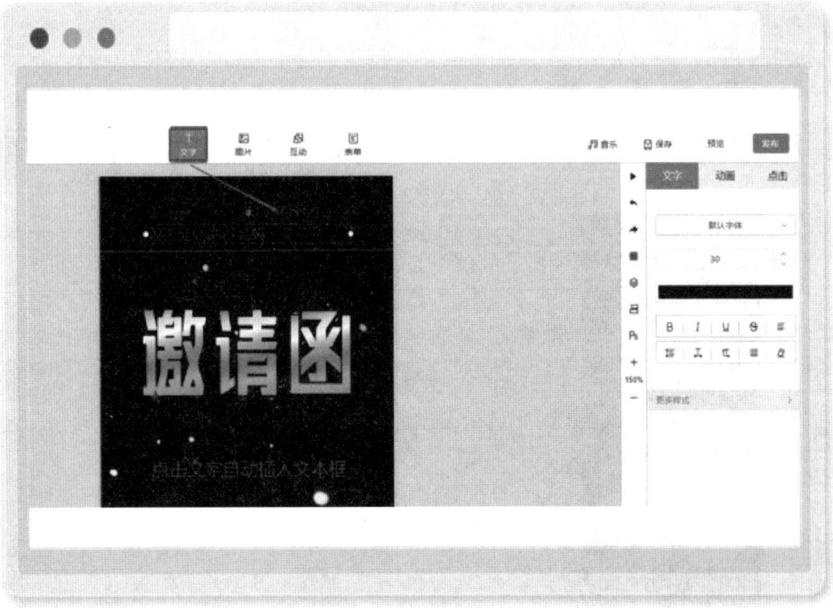

图 8.19　添加文字

编辑文本框内的文字，并在右侧为之设置合适的字体和颜色（图 8.20）。

图 8.20　设置字体颜色

8. 添加音乐

选择合适的音乐背景。选择音乐，选择更换。如果您是企业标准版或以上用户，也可以在此对音乐图标进行更换（图 8.21）。

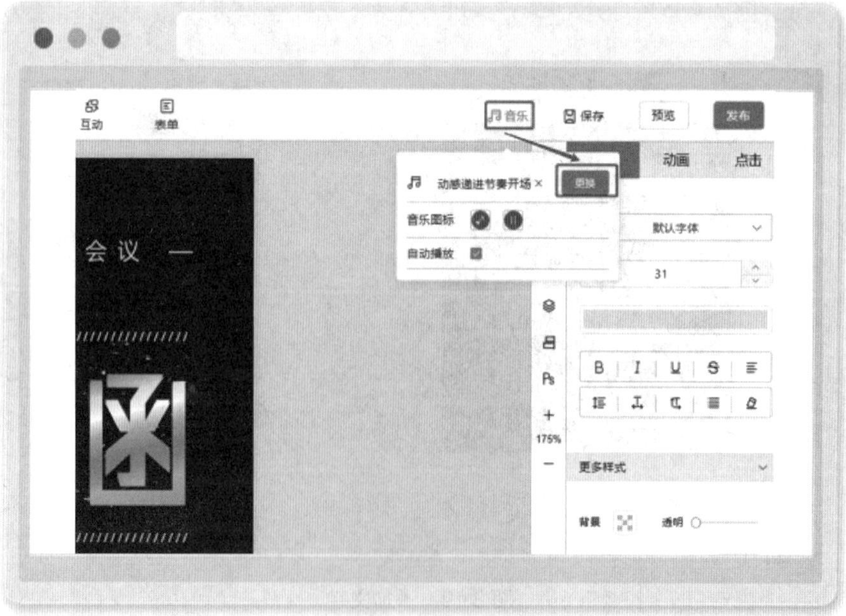

图 8.21　添加音乐

9. 设置动画

当页面的内容都添加完成后，我们可以对页面内容进行动画效果的设置。选择您要制作动画效果的内容，点击右上角的动画。选择你需要的动画方式（图 8.22）。

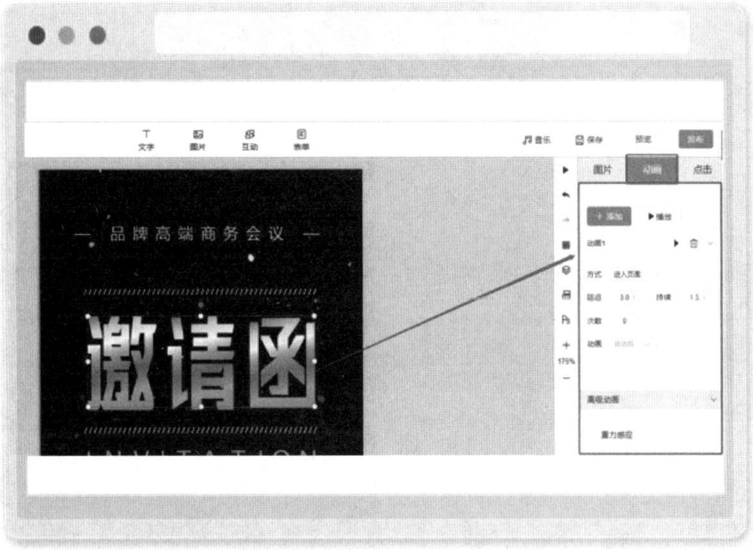

图 8.22　动画设置

对同一个内容，如果选择不同的触发方式，也可以设置多个不同的动画效果，不同的事件将触发不同的动画。点击添加，可以添加动画事件。点击播放，可以预览动画效果（图 8.23）。

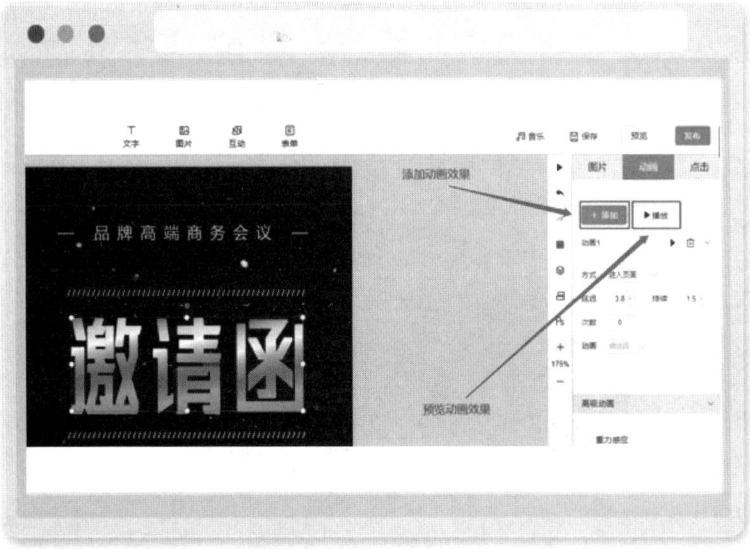

图 8.23　动画效果

10. 页面调整加内容

第一页内容完成后，我们可以添加更多的页面。点击屏幕左下角添加页面可以增加页面（图 8.24）。

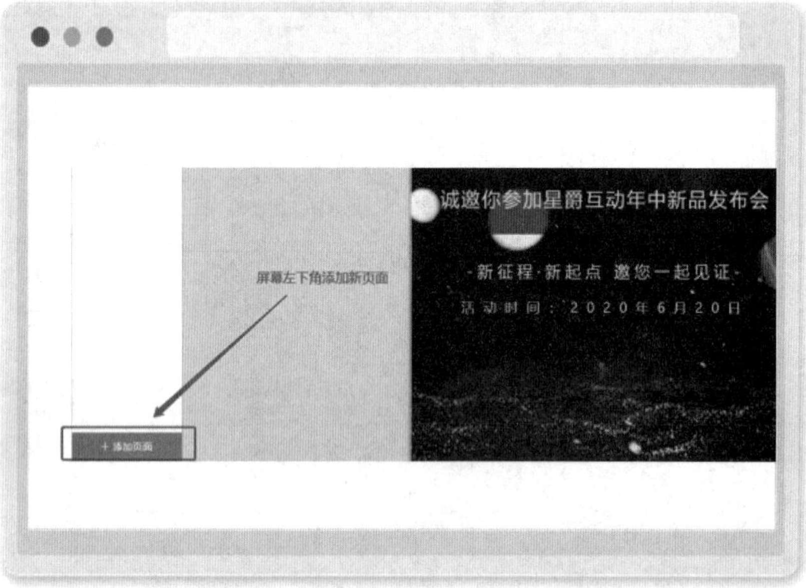

图 8.24　添加页面

在屏幕左侧拖动页面，可以调整页面顺序（图 8.25）。

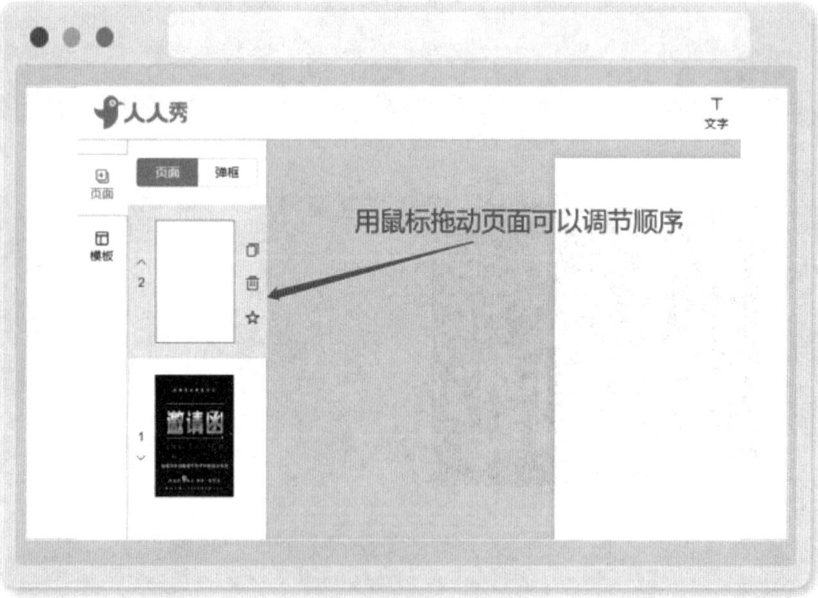

图 8.25　页面顺序

点击垃圾桶按钮，可以删除页面（图 8.26）。

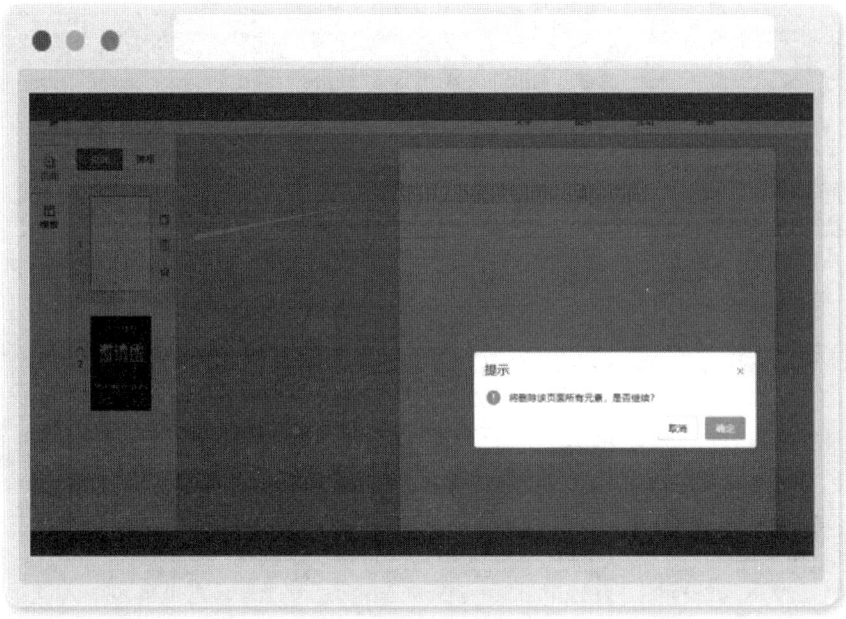

图 8.26　删除页面

11. 作品保存

选择预览作品后，在预览页内可以设置页面翻转效果，也可以选择是否循环翻页。

12. 翻页效果

选择发布作品后，在发布页内可以设置页面翻转效果，也可以选择最后一页是否返回第一页。

任务实施

本次任务主要通过技能点的学习，加深读者对 H5 营销的理解与认识，并培养读者 H5 营销策划与推广的实践能力。

任务介绍

假设你是某夏令营公司的营销人员，公司推出了本季度的夏令营招生活动，现公司要求你借助 H5 营销策划本季度的活动以及推广，以吸引用户预约活动，提高公司的影响力。

步骤 1：活动策划

对本季度活动作出详细的活动策划。

步骤 2：选择模板

选择模板（图 8.27）或者自定义模板。

图 8.27 选择夏令营模板

步骤 3:页面设置

(1)图片设置。可以在图片里进行挑选或者自定义上传图片(图 8.28)。

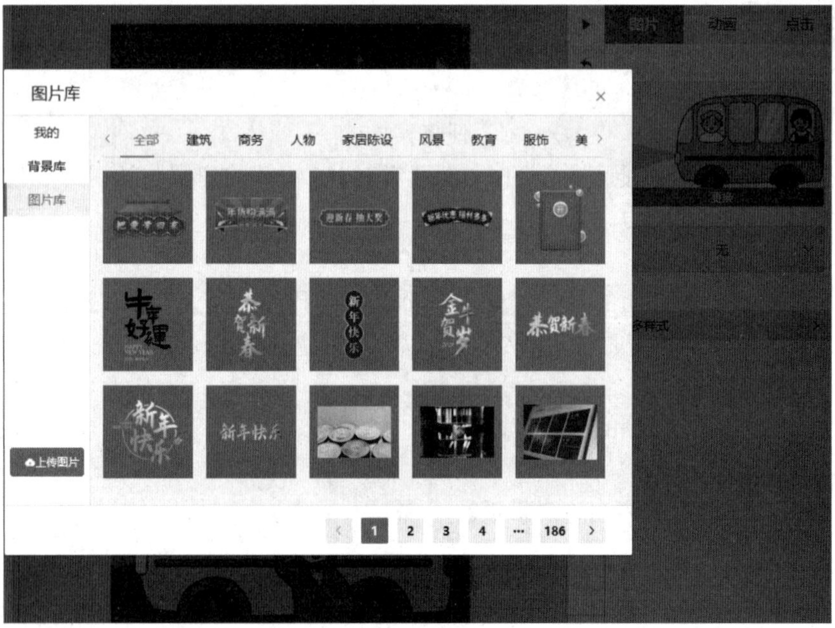

图 8.28 图片设置

（2）动画设置（图 8.29）。

图 8.29　**动画设置**

（3）点击设置。用户点击效果设置，例如翻页、发短信、不打电话等（图 8.30）。

图 8.30　**点击设置**

（4）公司介绍以及项目内容编写（图 8.31）。

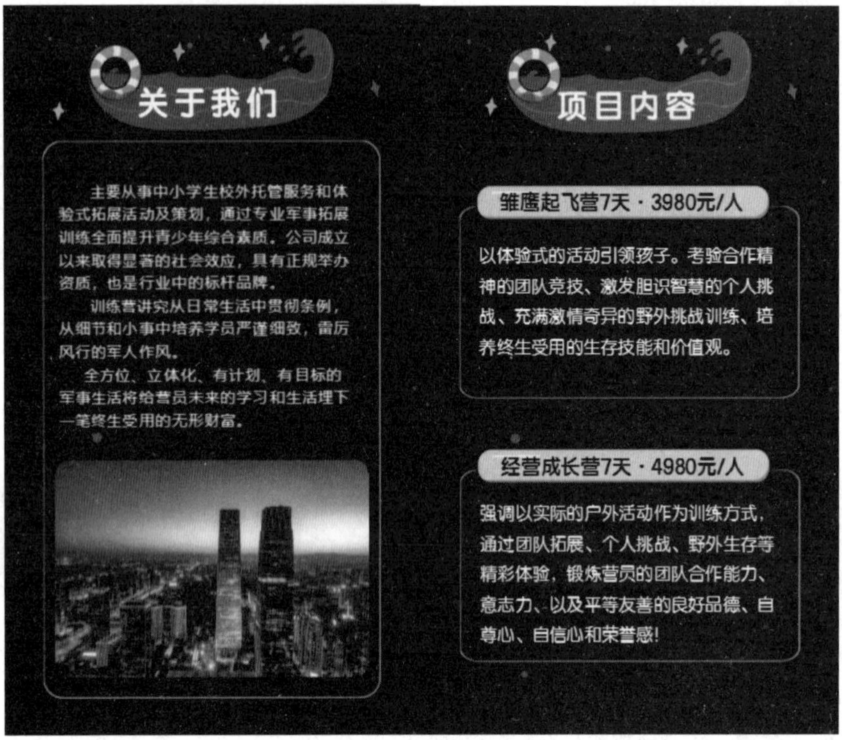

图 8.31　内容编写 1

（5）活动以及形成编写（图 8.32）。

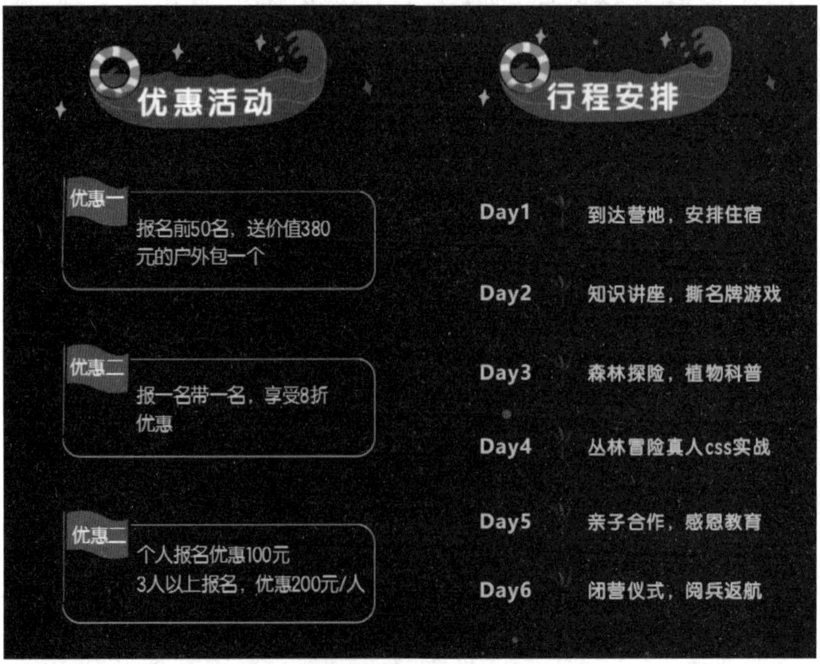

图 8.32　内容编写 2

(6)相关事宜以及在线报名(图 8.33)。

图 8.33　内容编写 3

(7)上传背景音乐,选择音乐库里面的音乐或上传音乐格式为 mp4 格式(图 8.34)。

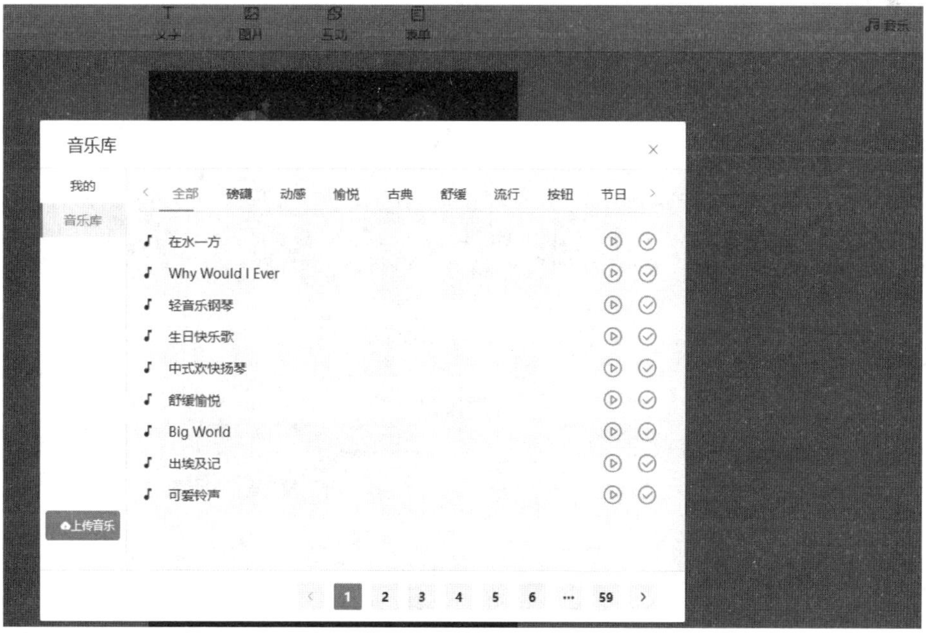

图 8.34　音乐

（8）发布（图 8.35）。发布 H5 可以利用二维码以及连接等方式进行宣传推广。

图 8.35　发布

（9）数据统计（图 8.36）。

图 8.36　数据统计

（10）下载参与互动用户表格（图 8.37）。

图 8.37　下载表格

（11）根据意向客户基本信息可以发短信或者电话沟通，确定意向客户。

任务总结

本项目介绍了 H5 营销的方法与实践的相关知识点，分别从 H5 营销的思路、H5 营销的策略研究、H5 营销案例分析、H5 营销任务实践等方面展开学习，以逐条分步的形式帮助读者掌握 H5 营销的方法和流程，使读者学习之后可以对 H5 营销有更好的认识与了解。

英语角

点歌	choose a song	炫耀	show off
广义	generalized	全景	panorama
狭义	narrow sense	分享	share
好奇	be curious	翻页	turn the page
认同	identification	导入	Import
攀比	comparison		

任务习题

一、单选题

1.(　　)会影响 H5 的最终效果。

A. 视觉效果　　B. 交互　　C. 音乐　　D. 以上都是

2. 不论 H5 的形式如何变化,始终要把(　　)放在第一位。

A. 页面风格　　B. 版式设计　　C. 有价值的内容　　D. 动效设计

3. H5 的形式多种多样,其最终目的是(　　)。

A. 美观　　B. 有趣　　C. 推广　　D. 成本高

4. 以下不属于 H5 营销的功能特色的是(　　)。

A. 局限性　　B. 跨平台性　　C. 传播性　　D. 互动性

5. 下面不属于常见的 H5 类型的是(　　)。

A. 产品介绍型　　B. 游戏型　　C. 视频型　　D. 动画型

二、多选题

1. 当前, H5 已被广泛应用于营销、广告与传播领域。使用 H5 进行营销具有(　　)等优势。

A. 互动性好　　B. 跨平台　　C. 低成本　　D. 高传播

2. 常用的 H5 制作平台有(　　)。

A. 易企秀　　B. 人人秀　　C. 兔展　　D.MAKA

3. H5 的应用领域有(　　)。

A. 品牌营销　　B. 邀请函　　C. 活动推广　　D. 电商营销

4. 新媒体在为我们带来便捷的同时,也产生了一些新的问题,包括(　　)。

A. 信息共享　　B. 网络谣言　　C. 网络暴力　　D. 侵权抄袭

5. 常见的 H5 营销平台有(　　)。

A. 微信公众号　　B. 微博　　C. 今日头条　　D. 百度百家

三、判断题

1. H5 若使用 Web 字体,需要下载、解析、重绘当前页面,所以尽量少用。(　　)

2. 在进行 H5 页面色彩的整体布局时,点缀色的数量不宜过多。(　　)

3. 易企秀是一款针对移动互联网营销的手机幻灯片、H5 场景应用制作工具。(　　)

4. 应该有选择地推广适合在朋友圈发布的 H5,且推广频率不宜过高,以免给别人造成打扰,引起好友的厌烦。(　　)

5. H5 为移动而生,只能在手机或平板上观看。(　　)

四、实践题

1. 引起 H5 传播的心理诱因有哪些。

2. 以某公司招聘为背景,利用人人秀工具为企业策划招聘活动,并发布。

项目九　直播营销的思路与实践

学习目标

本项目重点学习直播营销思路与实践操作，通过直播营销的思路、直播营销的策略研究与实践分析，再通直播营销案例分析，策划并参与实践，培养读者直播营销策划实践能力。在任务实施过程中：

- 了解直播营销思路；
- 掌握直播营销策略；
- 具有新媒体直播营销策划推广的能力。

学习路径

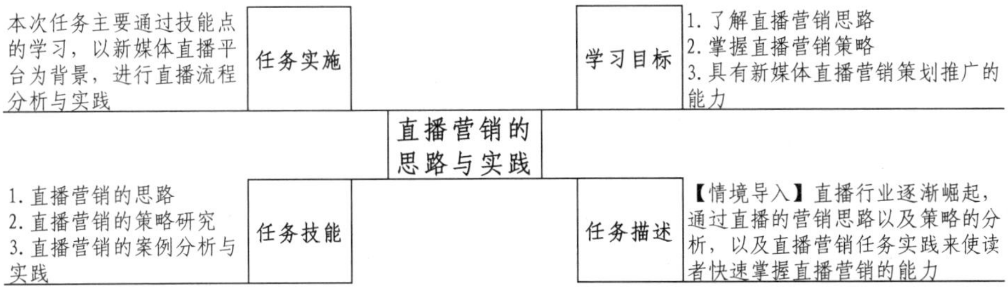

任务描述

【情境导入】

自2015年以来，随着各路资本涌入网络直播领域，以及智能手机与平板的快速发展，各大网络直播平台纷纷将业务重点转移至移动端。与此同时，电竞行业的迅速崛起使得游戏直播更是风起云涌，资金的不断涌入促成了网络直播百花齐放的局面。

基于互联网背景，网络直播成为一种新型营销模式，以其多元化的直播内容和多样化的直播方式在社会上形成了一股收视热潮，形成了独特的发展特点，包括即时的互动性、独特的展现形式、受众的年轻化。网络直播的出现首先给企业带来的机会便是营销渠道的增加。

本项目从直播营销思路出发，对直播营销的流程策划进行了详细的讲解，介绍了直播营销策略的研究，帮助读者快速掌握直播营销的策划与实践能力。

一、直播营销的思路

无论是大品牌还是个人，在利用直播进行营销时往往离不开以下几个流程：精确的市场调研、项目自身优缺点分析、市场受众定位、直播平台的选择、良好的直播方案设计、后期的有效反馈。

二、直播营销的策略研究

近些年来，网络直播平台受到了年轻一代的狂热追捧，网络直播平台之间的竞争变得更为激烈。

对直播＋品牌、直播＋活动、直播＋发布会、直播＋互动、主播＋游戏、直播＋电商、直播＋新闻营销策略进行分析总结。

对直播平台营销策略、直播视频内在价值、策略建议进行分析。

实训：直播营销的案例分析与实践

罗永浩抖音直播营销案例分析

4月1日，罗永浩在抖音完成了直播首秀，直播持续3小时，支付交易总额超1.1亿元，累计观看人数超过4 800万人，创下抖音直播带货的新纪录。当晚，罗永浩带货清单总计22件，主要包括食物饮料、生活居家用品、科技产品三大类。

对本次直播活动进行分析。

本项目主要通过对了解直播营销思路、直播营销策略研究分析、直播营销的案例分析与实践等技能点的学习，加深读者对直播营销的理解与认识，并培养读者直播营销的实践能力。

任务技能

技能点一　直播营销的思路

直播是向大众推销产品或者个人，推销的前提是我们要深刻地了解到用户需要什么，我们能够提供什么，同时还要避免同质化的竞争。因此，只有精确地做好市场调研，才能制定出真正让大众喜欢的营销方案。

首先要精确分析自身的优缺点。做直播，如果营销经费充足，人脉资源丰富，可以有效地实施任何想法。但对很多公司和企业来说，并没有足够充足的资金和人脉储备，这时就需要充分发挥自身的优点来弥补，一个好的项目也不仅仅倚靠人脉、财力的堆积就可以达到预期的效果，只有充分发挥自身的优点，才能取得意想不到的效果。

营销能够产生结果才是一个有价值的营销，对于我们的受众是谁，他们能够接受什么等等，都需要做恰当的市场调研，只有找到合适的受众才是做好整个营销的关键。

一、直播营销的优势

直播营销是一种营销形式上的重要创新，也是非常能体现出互联网视频特色的板块。对于广告主而言，直播营销有着极大的优势。

（1）某种意义上，在当下的语境中直播营销就是一场事件营销。除了本身的广告效应，直播内容的新闻效应往往更明显，引爆性也更强。一个事件或者一个话题，相对而言，可以更轻松地进行传播和引起关注。

（2）能体现出用户群的精准性。在观看直播视频时，用户需要在一个特定的时间共同进入播放页面，但这其实是与互联网视频所倡导的“随时随地性”的宗旨是背道而驰的。但是，这种播出时间上的限制，也能够真正识别出并抓住这批具有忠诚度的精准目标人群。

（3）能够实现与用户的实时互动。与传统电视相比，互联网视频的一大优势就是能够满足用户更为多元的需求。不仅仅是单向的观看，还能一起发弹幕吐槽，喜欢谁就直接献花打赏，甚至还能动用民意的力量改变节目进程。这种互动的真实性和立体性，也只有在直播的时候能够完全展现。

（4）深入沟通，情感共鸣。在这个碎片化的时代里，在这个去中心化的语境下，人们在日常生活中的交集越来越少，尤其是情感层面的交流越来越浅。直播，这种带有仪式感的内容播出形式，能让一批具有相同志趣的人聚集在一起，聚焦在共同的爱好上，情绪相互感染，达成情感气氛上的高位时刻。如果品牌能在这种氛围下做到恰到好处的推波助澜，其营销效果一定也是四两拨千斤的。

二、直播营销的发展因素

1. 移动网络提速和智能设备的普及

移动网络速度的提升以及流量资费的降低，使视频直播能够比以往更加流畅，并且更为重要的是智能手机的普及，让人们逐渐完全摆脱无线网络和电脑而可以直接通过智能手机拍摄视频上传，这就使得视频直播能够有更多的场景，从而让企业有了全新的营销机会，可以随时随地、更加立体地展示企业的文化，发出企业的声音，而不再仅仅依靠微博和微信。

2. 企业需要更立体的营销平台

在过去几年，很多企业、政府机构已经将在微博、微信开通账号，将其作为企业品牌营销和文化传播的标配。不过，这些传播主要还是以图文为主的，在微信上，传播方式还要更多一些，比如一些 H5 游戏或展示页面。但这可能远远不够。图文始终不够立体，用户看到的内容还都是静止的，并且在如今这个信息泛滥的时代，单纯的文字传播很可能被忽略。而视频直播正在兴起，正好弥补了以前企业进行营销传播时的缺憾，在微博、微信之外，多了一个更为立体生动的营销阵地。

3. 网友看视频玩视频的习惯养成

无论是移动互联网时代的机遇也好，还是企业营销的需求驱动也罢，这一切最重要的根基是用户愿意在这个平台上进行“玩耍”。越来越多的人愿意在视频平台上花费时间创造内容和浏览内容，这都得益于用户习惯的培养完成。

三、直播营销的流程

无论是大品牌还是个人，在利用直播进行营销时往往离不开以下几个流程。

1. 精准的市场调研

直播是向大众推销产品或者个人，推销的前提是我们要深刻地了解到用户需要什么，我们能够提供什么，同时还要避免同质化的竞争。因此，只有精确地做好市场调研，才能制定出真正让大众喜欢的营销方案。

2. 优缺点分析

精确分析自身的优缺点。做直播，如果营销经费充足，人脉资源丰富，可以有效地实施任何想法。但对很多公司和企业来说，并没有足够充足的资金和人脉储备，这时就需要充分发挥自身的优点来弥补，一个好的项目也不仅仅倚靠人脉、财力的堆积就可以达到预期的效果，只有充分发挥自身的优点，才能取得意想不到的效果。

3. 受众群体定位

营销能够产生结果才是一个有价值的营销，对于我们的受众是谁，他们能够接受什么等等，都需要做恰当的市场调研，只有找到合适的受众才是做好整个营销的关键。

4. 选择直播平台

直播平台种类多样，根据属性可以划分为不同的几个领域。如果做电子类的辅助产品，直播推销衣服、化妆品将会带来意想不到的流量。所以，选择合适的直播平台也是关键。

5. 设计方案

成功的关键就在于最后呈现给受众的方案。在整个方案设计中需要销售策划及广告策划的共同参与，让产品在营销和视觉效果之间恰到好处。在直播过程中，过分的营销往往会引起用户的反感，所以在设计直播方案时，如何把握视觉效果和营销方式，还需要仔细商酌。

6. 后期反馈

营销最终是要落实在转化率上，实时的及后期的反馈要跟上，同时通过数据反馈可以不断修整方案，将营销方案的可行性不断提高。

四、直播营销思路分析

直播可以提升粉丝的归属感，与粉丝更好地沟通，提升粉丝黏性，增进粉丝和品牌之间的感情联系，为品牌带来有效增长。直播带货的模式会不断进步，更会不断吸引新用户。

直播方式品牌营销思路如下。

1. 直播会成为品牌营销的标配

直播带货已经成为一种新型的营销渠道，直播平台和系统架构日趋完善，除了抖音、京东、淘宝，还有音乐软件等等，几乎皆已开通直播功能。这一点可以看出，直播对传统的营销模式有着强而有力的补充，对于各个企业品牌而言，“两微一抖＋直播”，将会成为企业内容运营的标准配置。

2. 直播是私域流量化的方式

在品牌营销中，大家对私域流量这个词都不陌生，私域流量能够为品牌带来有效增长。想做好私域流量有很多种方法，直播的出现正是提升私域流量的一种强有力的手段方式。这就好比每个品牌注册的公众号一样，都可以非常好地为品牌带来持续的流量转化。

3. 广告推广插入

主播卖货可以替代品牌广告吗？这个问题并非无厘头。因为从本质上看，两者可以说是一脉相承的关系。什么是广告？广而告之。而最早的商业广告，就以推销商品或者提供服务为目的，向消费者传播商品或服务信息，使人们改变对商品的态度，诱发其购买行为。

主播卖货的兴起，则得益于直播平台的发展。当一场直播可以聚集庞大的观看人数，也就成了极好的信息传播平台。因此，直播和推广是一个承前启后的关系，同时掌握这两种工具，才会为品牌带来更大效益。

4. 品牌直播

尽管和网络直播一样，品牌投放广告的终极目的是为了卖货，但广告对于一个品牌而言，具有超出卖货层面更广泛的价值意义，这些是单纯靠直播无法实现的。

技能点二　直播营销的策略研究

网络直播最重要的便是用户，掌握用户的数据可以很好地分析其年龄段、偏好、消费喜好等。根据数据显示，网络直播用户以年轻男性居多，游戏直播用户以“90后”男性学生为主，年龄偏大的白领更喜欢电视、赛事直播，而全民直播对女性更具有吸引力。

根据数据分析出用户群体特征后，接下来可以为此制订营销对策与计划，从而锁定营销目标客户。首先是做宣传，可以利用微信微博的宣传效应。

直播营销具有很强的实时互动性。在直播过程中，商家可以根据受众的喜好与建议，实时作出调整，使广告效应最大化。

一、直播营销策略

互联网的飞速发展也突显出了各种各样的营销模式，然而有一种模式（直播营销）取代了传统的营销模式。

1. 直播 + 品牌（明星）

在明星或品牌的效应下，群众处于跟风状态，喜欢这个品牌或者喜欢这个明星就会购买其所代言的产品。大牌明星出现往往会引起全场轰动，而且引流性也会很好，通过直播方式进行广大宣传，从而吸引更多观众成为潜在客户。

2. 直播 + 活动

以公司或企业为例，举办周年庆时会有促销活动，活动会通过官方网站或者其他平台进行视频直播，通过直播宣传企业的活动。

3. 直播 + 发布会

直播品牌发布会也很受欢迎，在新品上架时，很多企业都会选择商品发布会，提前给观众一个新的预告，让观众对一个新的事物有一定的了解，同时由企业代言人亲自介绍产品的细节会比图片文字效果要好。

4. 直播 + 互动

直播最大的优势就是互动性很强，可通过手机、电脑、电视等设备观看，给观众更亲近的体验感，观众甚至可以发表自己的感受，送礼物与主播互动等，主播也可以通过直播发放福利（如优惠券、幸运观众等）。

5. 直播 + 游戏

对于游戏玩家来说，有时看别人打游戏也是一种乐趣，而斗鱼直播刚好满足了这个要求，主播可以直播打游戏，可以陪打游戏，在直播过程中也会讲解一些主播的个人游戏经验等。游戏直播行业还没有达到饱和状态，很多人也成了全职的游戏主播。

6. 直播 + 电商

以淘宝为例，“双十一”大型活动之际，多数店主都会通过直播与客户进行交流，有新品上架的商家就会通过直播的方式把商品展示给顾客，使顾客在购买之前能够看到实体效果，而不是图片效果。卖家同时可以发放优惠券，买家可以领取并得到优惠，同时也可以通过直播与主播互动，有疑问可以提出，能够在第一时间了解产品。

7. 直播 + 新闻

新闻会插入一些转播的情况，进行现场直播，查看以及解释现场的情况。让观众能够满足好奇心；画面和声音同步传输，观众的现场感会更强，更容易产生共鸣；也更加能够满足新闻的时效性。

8. 直播 + 社交

直播最大的一块潜力市场是视频社交，资本方对直播的关注，也是因为潜藏在直播背后的巨大社交价值。一对多直播平台上，互动会随着播主的火热程度下降，而一对一直播的特性，让其天然具备社交互动功能，在社交价值上显然一对一社交直播更有想象空间。

二、直播平台的营销策略

随着互联网的快速发展，网络直播平台也越来越多元化，人们可以用手机或电脑通过网络直播平台进行即时的信息传播。借助粉丝“变现”，催生出更多的粉丝现象，所以传统的直播平台多呈现出草根性、实时性的特点。

1. 打赏和广告营销

直播平台通过与主播签订合约，在主播收到粉丝打赏后分成来赚取利益。粉丝花钱购买礼物送给主播的行为，是粉丝实现自我满足的过程，在这个过程中用户得到了虚荣心的满足，送的礼物越贵，代表身份等级越高，也吸引了大量的投资者和创业者。在这种情况下，优质的主播便理所当然成为加强主播和粉丝互动过程的关键所在，直播平台也常常会利用用户对主播的喜爱，在直播过程中植入一些产品广告，这样的宣传也的确取得了良好的营销效果。直播平台通过接各种广告来获取利益，广告商利用直播平台来达到宣传目的，从而达成互利共赢的目的。

2. 垂直营销

垂直营销是指用户可以在直播的同时通过发弹幕提问等方式与主播或者商家进行直接的沟通和交流，从而了解更多商品信息，形成互动。如以“明星 = 公益”“直播 + 淘宝”为切入点的直播形式，已成为越来越多的直播平台获取利益的方式。这种营销手段激活了用户的体验需求，加强了主播与粉丝间的交互，以动态的角度向用户展示商品，形成更直观更全面的感官刺激。这也是直播平台流量变现的重要手段之一。

3. 技术营销

近几年虚拟现实（VR）技术、人工智能技术、CDN（内容分发网络）技术正处于突飞猛进的发展态势，许多直播平台利用该技术，对网络直播进行了从视觉到听觉的一系列改进，使用户的体验效果提升，缩短了用户与平台之间的距离，在短时间内吸引大量用户的流量围观，为直播平台带来了更多的潜力和发展空间。但值得注意的是，在直播过程中应把关注的核心集中在粉丝的互动上，而非技术的视觉、听觉效果之上。

三、让直播视频提供内在价值

成功的视频营销策略和不成功的视频营销策略的区别在于内容的价值。访问者能否分享你的视频和想了解更多关于你的品牌视频，在于你的视频是否具有娱乐性和知识性。

1. 为观众解决问题和提供新的信息

最好的视频能够为观众解决问题或为观众提供新的信息。你可以做一个快速访谈或者白板会话，关键是要了解你的观众的困境，并提供一个解决方案。

2. 让视频轻易地被找到和观看

另一个你需要做的重要的事情就是确保你所有的视频都很容易找到。创建一个以用户为中心的视频资源中心，让听众可以很容易查看到你所有的内容。为每个视频创建单独的页面帮助实现搜索引擎优化。

3. 在视频中嵌入行动呼吁，增加互动元素

视频营销的目的是增加转化。缺少行动号召很可能让你无法实现转化的目标。你可以很容易地通过增加嵌入式链接、调查、测试或表格、官方电话、二维码等，添加互动元素，在关

键时刻拦截你的观众。如果你的视频是一个知识性指导内容，你还可以提供一个嵌入式链接，链接到你正在讨论的产品。

四、对策与建议

1. 采取绿色健康的营销模式

网络直播平台的兴起是大众化的娱乐需求驱使的必然，网络直播平台必须从高门槛出发把握其基础，加强监管手段，对于打擦边球式的不健康直播内容应坚决取缔，应树立正确的价值观。

2. 大数据营销模式

在这个大数据时代，网络直播平台的挑战将是如何处理好其大数据，从这些大数据中挖掘出更多的商业价值。用户流量的存在是将投资转变为资本的重要途径，目前如何把现有流量更好地长期留存还有待开发，必须加强对大数据的整合。

3. 采取更优质的技术

在移动互联网直播的风口浪尖，观看视频的清晰度成为用户的困扰，也是平台的难点。平台对流量的需求已然从虚拟流量转到把控流量。因此，宽带成本问题直播平台与移动网络运营商无缝接对接，达成合作共赢的长期目的。

任务实施

直播营销的案例分析与实践

实训目标

本实训分享直播营销策划活动，结合项目介绍的直播营销知识，使读者了解直播营销的实现方式、直播营销的优势和案例中体现的直播营销思维。

案例：罗永浩直播的营销运营技巧分析

1. 项目介绍

“上刀”！上灯！上 CEO！上直播间剃须的罗永浩！

告别了大型场馆、走进直播间的罗永浩，用这种自带“物理 PPT”的形式，让每一样商品的出现都有了一种特定的仪式感。

4 月 1 号晚上 8 点，（可能是）中国第一代网红、手机界最会说相声的人、首席“忽悠官”——罗永浩，如约出现在抖音直播间，开启了他的直播首秀。

3 个小时的直播中，老罗展示了 22 件商品，半数为电子类、科技类产品，还有一些性价比较高的日用品、食品。整场直播共吸引了 4 892.2 万人次前来观看，其中 80.5% 为男性受众。最终，老罗这场直播带货达到了 1.8 个亿！

2. 文案分析

无论是从前期的宣传文案，还是直播过程中话术的应用，都能看出老罗对电商直播尤其是电商直播的语言有着自己独特的理解。他在遵循着普遍适用的卖货文案方法论的同时，坚持着自己的语言特色。

老罗的文案举例如下。

● 听起来折扣并不是很多，但有些品牌就是很硬朗。

● 我们也许是最不啰唆的直播电商。

● 相声是穿插其中附送的，卖货才是主要的。

● 我们准备上架第一款产品了，大家可以先拿这个练练手。

● 感谢你们对我的不信任，让我对你们很信任。

● 请大家看在我秃了头的份上原谅我。

● 我们只是演员，是艺人。

幽默、真性情、敢吹牛、带有明显的价值倾向，一切都是熟悉的配方，熟悉的味道，熟悉的罗永浩。

老罗的“罗言罗语”其实很难模仿，毕竟不是所有人都能像罗永浩这样敢说，也不是所有人都如罗永浩这样追求完美、充满情怀。但在围观老罗直播事件的过程中，还是可以发现那些隐藏在文案背后，行之有效的卖货文案方法论。

3. 如何引起消费者的注意和兴趣

直播电商不怕没人买，就怕没人看。如何吸引消费者的关注？在这方面罗永浩绝对是资深玩家。

（1）制造冲突感和戏剧感，引起消费者的讨论。

3 月 19 日，罗永浩在微博预热进军直播带货界。那个卖完手机再卖“鲨鱼皮”黑科技的罗永浩，竟然要去直播？这种反差，是罗永浩制造的第一冲突感。当晚罗永浩直接上了微博热搜，各大媒体也争相报道，帮老罗赚足了关注度。

3 月 27 日，在遛了吃瓜群众一周之后，老罗在微博上官宣与抖音达成合作，将于 4 月 1 日晚上 8 点在抖音直播间带货。

不得不说这日子选得好，本身就充满戏剧性，罗永浩的官宣文案也一直在拿“愚人节”做文章，不断加强这种冲突感和戏剧感。

看到日历，你会觉得这是愚人节，看到东西，你会觉得这不是愚人节，看到价格，你又会觉得这是愚人节，最后你会觉得……这到底是不是愚人节？

在微博上，老罗也积极地在为直播铺路。就好比联想中国的这个转发＋抽奖，原以为只是一次简简单单的蹭热度，但转眼联想就成为老罗第一个官宣带货的品牌。这个神转折在吃瓜群众看来也是充满着戏剧性的。

（2）设置悬念，留给消费者无限想象。

一如既往的倒计时海报，沿用了以往的“锤子风格”，隐去句子中的关键词，吊足了大家的胃口（图 9.1）。

什么样的产品能让人花了钱还心怀谢意？什么样的直播能让不买东西的人也舍不得离开？这都是老罗卖货文案留给大家的想象空间。

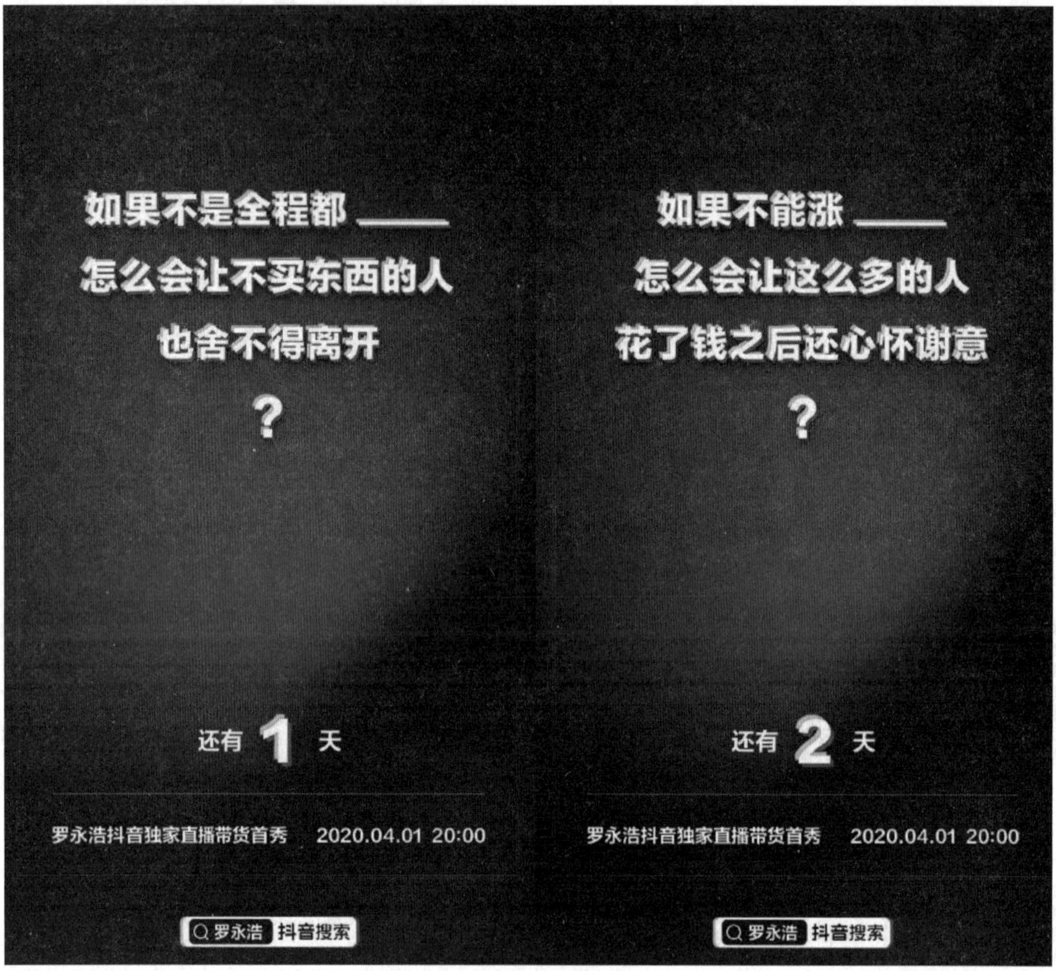

图 9.1 罗永浩抖音

在罗永浩发布第一款手机时，倒计时海报就已经是这样的风格：话只说一半，剩下的让消费者猜去吧。

4. 如何让消费者产生对产品的需求，激发购物欲望？

把消费者吸引到你的直播间只是第一步，接下来就是要让这些观众们买买买！怎么才能让他们心甘情愿剁手？

（1）品牌 / 名人背书，获取消费者信任。

老罗深知只有获取消费者的信任，才能够让他们掏出钱包。在直播刚开始就反复强调，为了确保产品不出现售后问题，本次直播只选取了国际知名的大品牌。而在介绍产品的过程中，老罗也很注重用权威机构、名人等为产品背书。比如，在介绍极米投影仪时，老罗就强调了这款产品是“2018 年、2019 年中国投影机市场销量第一”。展示小米 10 pro 时，也突出介绍了这款手机获得了 DXOMARK 总分第一名。

（2）善用类比，以大家熟知的事物 / 事情 / 语言，描述产品功能、性能。

当你介绍小米巨能写中性笔时，你会怎么说？“拥有 3.92 毫升的储墨量，采用了德国贺利士碳化钨球珠、日本 MIKUNI 速干油墨……”这样的语言虽然没错，但是不够形象、具体。

老罗在介绍这支中性笔时就用了一个技巧，以大家熟知的事物做类比：

“这支笔顺着跑道笔直地画，能画 1 600 米；

一盒总共有 10 支笔，都够手写完一本《小王子》了；

这可能也是很多人一辈子手写的量。”

（3）打造使用场景，给消费者一个购买的理由。

在推荐商品时，老罗很注意针对消费者的痛爽点，打造一个使用场景，给消费者一个“不能说不”的理由。

在介绍搜狗 AI（人工智能）录音笔 S1 时，老罗就为记者、律师、学生等群体打造了一个十分具体的使用场景：当你采访时、上课时，可能这边刚结束录音，然后文本就转出来了，岂不是大大提高了工作、学习的效率？

而在介绍每日黑巧时，老罗也为这款产品写下了一个难以抗拒的使用场景：减肥的时候又想吃巧克力的首选！

（4）接地气、说人话的文案风格，拉近与消费者的距离。

直播带货归根结底是一场与消费者直接互动的销售模式，而此时更接地气、说人话的文案风格显然更能拉近与消费者的距离。直播中，老罗也尽量规避使用太过于晦涩的专业词汇（图 9.2）。

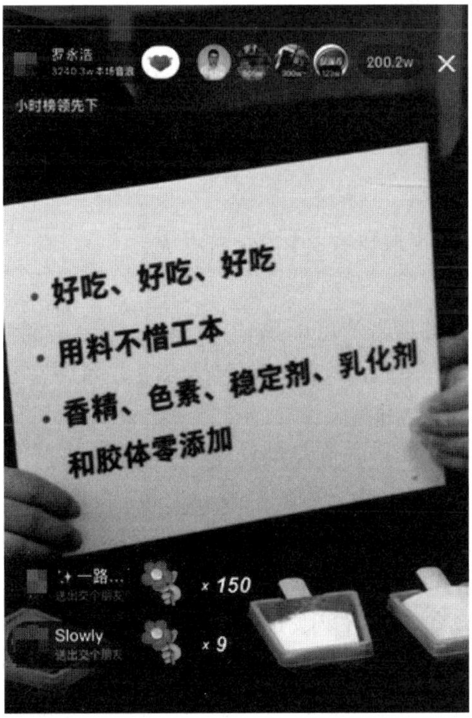

图 9.2　好吃好吃

当老罗揭晓产品价格之前，也十分注意使用这种既接地气，也能引起注意的文案：“难以置信的是”“真正惊人的是……”。

5. 如何让消费者迅速作出购买决定

消费者有了购买的欲望后，如何让他们马上下单，而不是犹犹豫豫地说着“下次一定”？那就用优惠/低价战略、饥饿营销再推他们一把。

（1）用难以拒绝的低价促使消费者迅速购买。

早在直播前的预热阶段，老罗就直言“性价比一定是我们选品的重要考量之一”。

在老罗看来，“直播电商就是一个限时限价限量的超级大团购”。直播中，老罗的话术之一就是不断地强调自己这里的价格最低。老罗搭档朱萧木还拿出了和品牌方的聊天记录，证明直播间的价格是好不容易争取到的全网最低价。

（2）用限时限量销售的方法，制造商品的稀缺性。

“限量定制”“限量抽取20名下单用户抽取中国电信尾号为666/888的手机靓号”“只有在我们直播时才给的价格”……在消费者犹豫的时候，这些话术或许会让他们抓紧剁手！

任务实施

本次任务主要通过技能点的学习，加深对短视频营销的理解与认识，并培养直播营销策划与推广的实践能力。

任务介绍

假如要给以往一年中最赚钱的职业排个成绩，直播间的主播绝对可进到TOP3的队伍。直播带货有多赚钱？

经常刷抖音的抖友更是察觉到这样一个现象：最近一打开抖音，尤其是在晚上9点左右，常关注的号里面，10个就有8个在直播，可见直播已经成了大势所趋。接下来对抖音直播流程进行策划实践。

步骤1：@所有人

任选一个品牌或者网红直播进行分析：@所有人。

步骤2：前期准备

从宏观的角度看，抖音直播带货可以说是人、货、场三要素的结合。

（1）人指的是主播具备的能力，这些能力包括以下方面。

①说：要有控场和带节奏的能力。

②专业知识：深刻理解行业以及商品的优劣，针对用户痛点讲解商品优势。

③有人设：有说服力、引导能力、亲和力、接地气能力、信任感。一个主播拥有以上的能力才可以成为一个合格的带货主播。

（2）其次是货品，商家和达人在选择直播货品时必须进行以下几个方向的考量。

①粉丝画像：了解粉丝年龄段、性别、地域等，根据粉丝画像进行选品。

②优质商品：尽可能选择淘宝皇冠店铺、填满店铺商品，从而确保店铺DSR不低于行业均值。

③优惠活动：商品价格有竞争力。

④商品种类：选择多品类、爆款、清仓折扣款、上新款商品。

（3）最后就是直播场地的选择，如果大家对直播场地有所纠结的话，可以在原产地、门店以及直播间3个地方进行选择。

步骤 3:直播内容规划

1. 主题选择

(1)教程讲解:化妆、穿搭教程分享。

(2)好物分享:粉丝回馈、特价专享。

(3)上新预热:上新优惠活动、通过直播推荐新品。

(4)官方活动:配合活动打榜。

2. 时间段、时长规划

直播时长:3~4 h 以上,可以选择中午、晚上等时间开播,视频热门后随时开播。

3. 商品讲解

(1)结合用户痛点展开讲解,让用户产生购买欲望。

(2)每个商品提炼 3~4 个特点,单品介绍时长不超过 10 分钟。

4. 营销玩法节奏

(1)粉丝福利时间。

(2)返场抢购时间。

5. 提前开播测试

(1)测试网速:确保网速正常、购物车及上下架等直播间功能正常。

(2)设备调试:检查能否正常直播、镜头位置、灯光亮度、网络、话筒收音情况等,确保正式直播时不会出现意外。

步骤 4:获取流量

1. 直播前

(1)视频预热。提前 3~5 天发布预告短视频:在短视频内容、文案、评论中加入直播日期、主题等信息。

(2)直播预热。提前 3~5 天,每天在直播间预热,告知用户直播活动时间。

(3)个人主页及昵称预告。在个人昵称、简介处添加直播预告。

(4)站外流量预热。社群、微博、公众号、小红书。

(5)优化直播间标题、封面。

标题:(10 字内)吸引粉丝点击,比如:粉丝专享等你来。

封面:(1:1 高清方图)选择高清、吸引用户的图片。

2. 直播中

(1)直播 / 短视频 dou+。

购买直播 / 短视频 dou+,投放高播放量的短视频,提升直播间流量;当直播间 / 视频流量下降时,也可选择投放,进一步增长直播间流量。

(2)视频花絮。直播过程中【上传第三方视角拍摄的花絮短视频】导流直播间。

(3)直播推荐流。通过直播间内一系列营销玩法,如抽奖、红包,增加直播间互动氛围,增加直播推荐流展现。

(4)活动资源位。参加官方组织的直播活动、话题、获取活动资源位。

步骤 5:直播技巧

1. 直播间商品讲解

(1)对比讲解。

【价格优势】产品价格对比。

【商品款式】商品外观、材质 / 质地。

（2）使用感受。

商品使用方法、技巧及效果，例如衣服上身效果、化妆品上妆 / 卸妆效果等。

2. 直播间商品玩法

（1）限时 / 限量促销活动。

①商品促销活动（限时、限价、限量）；②设置在整点进行，刺激用户转化，调动直播间气氛。

（2）发优惠券。直播间发放优惠券，专属利益点刺激用户转化。

（3）抽奖。①粉丝团抽奖、评论抽奖、下单免单；②定时抽奖，整点 / 半点抽奖，增加用户停留时长。

（4）发红包。发红包礼物给用户，增加用户粉丝黏性。

3. 直播间剧情表演

（1）粉丝直播间砍价，制造库存紧张气氛。

（2）现场联系商家补库存、砍价等。

（3）品牌方 / 店长联合讲解。

4. 粉丝互动方式

（1）引导用户关注：通过直播增加粉丝。

（2）引导用户评论：向粉丝提问，喜欢的请评论“扣 1”。

（3）设计互动话题：提前了解粉丝的偏好，与用户互动，鼓励用户发弹幕、留言。

（4）活跃直播气氛：盖楼、答题、领红包、整点促销活动、抽奖、连麦等。

（5）下单指引：告知用户下单流程。

任务总结

本项目介绍了直播营销的方法与实践的相关知识点，分别从直播营销的思路、直播营销的策略研究、直播营销案例分析、直播营销任务实践等方面展开学习，以逐条分步的形式帮助读者掌握直播营销的方法和流程，使读者学习之后可以对直播营销有更好的认识与了解。

英语角

直播　　live broadcast

抽奖　　luck draw

粉丝	fans
红包	red envelopes
花絮	sidelights
大数据	big data
调研	investigation and research
发布会	release conference
新闻	journalism
打赏	reward
文案	copywriting

任务习题

一、单选题

1. 主播通过直播与粉丝分享化妆秘籍，植入面膜、洁面乳等护肤产品，采用的直播营销模式是（　　）。

A. 直播 + 电商　　B. 直播 + 发布会　　C. 直播 + 企业日常　　D. 直播 + 广告

2. 目前的直播营销默认为基于互联网的直播，从广义上来理解，可以将直播营销看作以（　　）为载体进行的营销活动。

A. 直播内容　　B. 粉丝　　C. 直播平台　　D. 主播

3. 下列哪类商品平台允许分享（　　）。

A. 枪支弹药　　B. 香烟

C. 平面设计　　D. 医疗、保健等

4. 化妆品可以宣传的效果是（　　）。

A. 治疗皮肤病　　B. 预防皮肤病　　C. 保湿补水　　D. 修复皮肤

5. 下列不属于直播特征的是（　　）。

A. 真实性　　B. 实时性　　C. 互动性　　D. 严肃性

二、多选题

1. 在直播过程中，为了让用户加深对直播的兴趣，长时间停留在直播间，并产生购买行为，主播可以使用（　　）等方式。

A. 营销话术　　B. 发红包　　C. 发优惠券　　D. 才艺表演

2. 关于直播预热方式，下列属于私域场景的有（　　）。

A. 商品详情页　　B. 店铺首页　　C. 短视频平台　　D. 粉丝群

3. 主播在粉丝运营时，下列方法能够提升粉丝黏性的是（　　）。

A. 引导加入粉丝团　　B. 打造人格化 IP

C. 创作优质内容　　D. 高效互动

4. 下列直播间选品策略中，属于高性价比的有（　　）。

A. 包邮 B. 低价 C. 无条件退换 D. 赠送大额优惠券

5. 主播在设计直播营销话术时应怎么做（ ）。

A. 话术设计口语化，富有感染力

B. 将话术作为模板套用

C. 话术配合情绪表达

D. 语速和语调适中

三、判断题

1. 直播营销也可以对直播内容进行剪辑和加工。（ ）

2. 直播活动的过程主要是对直播内容的详细展示，除了全方位、详细展示信息外，还可以设计一些互动活动，如抽奖、赠送礼物等来吸引观众，提升观众对活动的兴趣。（ ）

3. 直播活动的粉丝可以在直播结束后通过线上活动、信息分享、邀请参与策划、线下活动等方式进行维护。（ ）

4. 主播只要人气高，带货能力一定不差。（ ）

5. 在电商直播时，主播给用户的赠品要与商品有关联。（ ）

四、实践题

1. 如何让消费者产生对产品的需求，激发购物欲望？

2. 在抖音平台进行一次直播。

项目十　头条营销的思路与实践

学习目标

本项目重点学习头条营销思路与实践操作，通过头条营销的思路、头条营销的策略研究与实践分析，再通过头条营销案例分析，策划并参与实践，培养头条营销策划实践能力。在任务实施过程中：

● 了解头条营销思路；
● 掌握头条营销策略；
● 具有头条营销推广的能力。

学习路径

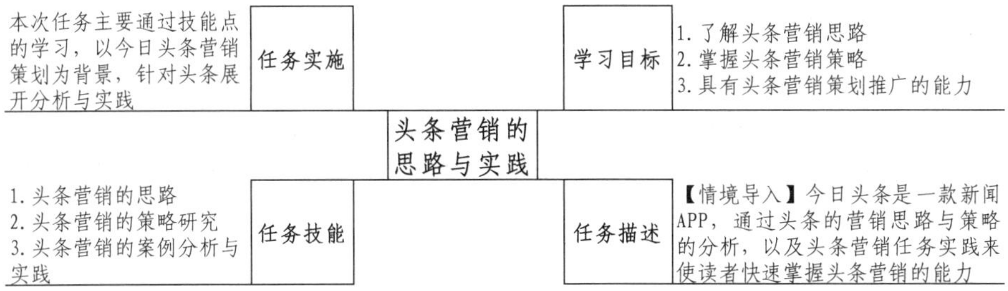

任务描述

【情境导入】

今日头条是一款新闻 APP，致力于向合适的人推荐合适的新闻。手机消耗了人们大量的时间，看新闻排在人们使用手机时间的第 2 位，截至 2016 年 2 月，今日头条 4 亿人安装，每天至少 5 500 万人使用，用户每日平均使用 84 分钟，这个数字还在不断增长。5 秒算出用户兴趣，根据兴趣智能推荐新闻，从不缺新闻，也不缺获取渠道，科技为懒人服务，每个人打开头条，展示的新闻都不一样，因为每个人本来就不一样，精准定向广告投放，让广告主的预算花得值，基于大数据挖掘，可以实现性别、年龄、兴趣、手机、时间、地区等多维度定向投放广告，后台灵活操作，实时数据报表，直接在今日头条的广告投放后台上制定广告投放策略，随时查数据及点击广告的用户画像。

二十大报告中指出，增强中华文明传播力影响力，坚守中华文化立场，讲好中国故事、传播好中国声音，展现可信、可爱、可敬的中国形象，推动中华文化更好走向世界。在营销的同时也要增强内涵建设，推动中国文化传播。

本项目从今日头条营销思路出发，对今日头条定位以及构建进行了详细的讲解，介绍了今日头条营销策略的研究，帮助读者快速掌握今日头条频营销的能力。

一、今日头条营销的思路

今日头条营销首先进行战略层分析，确定了定位才能制定相对应的营销策略。对产品需求客户进行分析从而确定目标客户，深入对读者点的挖掘，进而选择适合的运营方式。

二、头条营销的策略研究

基于个性化推荐引擎技术，根据每个用户的兴趣、位置等多个维度进行个性化推荐，推荐内容不仅包括狭义上的新闻，还包括音乐、电影、游戏、购物等资讯。

对部分营销策略进行研究，包含广告类型、人群定向、预算与出价设置、监控转化效果、裂变分享、热点话题、粉丝互动。

实训：头条营销的案例分析与实践

智能家具与天猫超市今日头条营销案例分析

本项目主要通过对今日头条营销思路、今日头条营销策略研究分析、今日头条营销的案例分析与实践等技能点的学习，加深读者对今日头条营销的理解与认识，并培养读者今日头条营销的实践能力。

任务技能

技能点一　头条营销的思路

近几年移动端流量“爆炸”，促进了自媒体行业高速发展，加上自媒体软件用户体验好、流量高，使很多知名媒体、大咖、时尚人士、个人媒体纷纷入驻，其中今日头条深受广大用户追捧。

“今日头条”是一款基于数据挖掘的推荐引擎产品，通过对用户人群画像的分析，针对兴趣不同的用户推荐用户感兴趣的资讯，这对于喜欢看资讯的用户来说就是一款“懒人资讯”软件。

一、运营定位

在注册头条号时头条号名称、头条号介绍、辅助材料很重要，不仅可以提升注册通过率，而且对以后的运营也有很大的影响。

1. 定位

需要我们提前对头条号进行定位，头条号的名称、介绍以及类目要做到相关、相近、相同，这一步的作用是增加通过率。日后头条对你的考核，其中一项指标就是头条指数专业度。

通俗地讲，定位就是告诉用户“我是谁”，当用户浏览时在客户眼中会被归到那个类型。内容创作者的标签不是自己标榜的，而是用户对创作者的心智认知，这种认知可以通过一个名词概括，当有人提到这个名词时，用户就能马上将其与内容创作者联系起来。例如，在新媒体领域里，提到“田园生活”，很多用户会想到李子柒（图 10.1）。

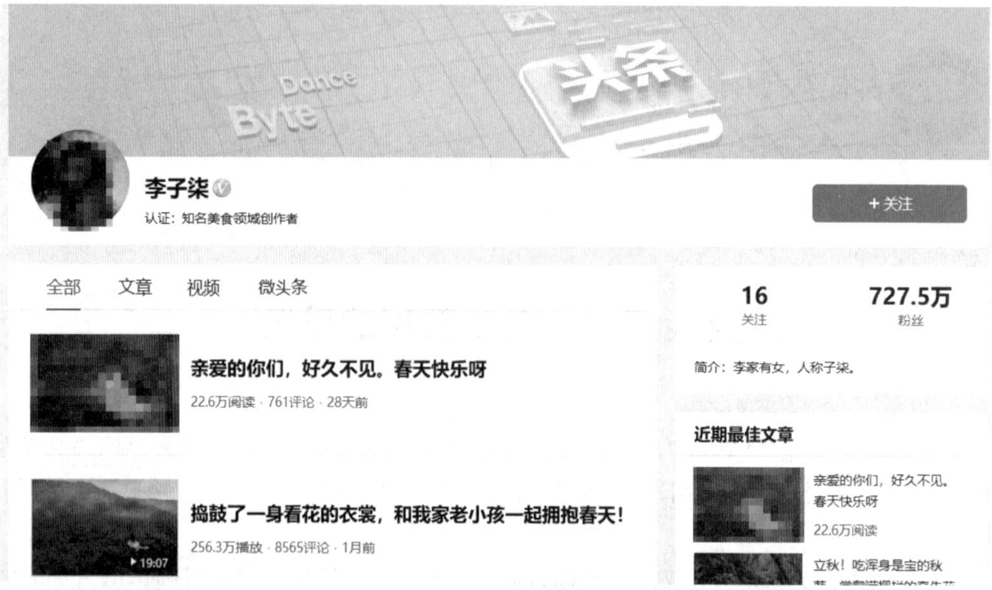

图 10.1 今日头条李子柒

2. 内容

在内容方面所有新媒体都一样，一是要“原创”，二是文章内容必须健康，黄赌毒类的文章决不能发，这两条是头条对入驻头条号原创性与健康指数的考核。因为今日头条是推荐引擎产品，十分注重用户体验，所以只有质量高的文章才能得到推荐。

根据最新的今日头条阅读量统计结果，我们得知今日头条用户最喜欢的十五大领域分别是：搞笑、娱乐、社会、文化、科技、动漫、健康、时尚、美食、游戏、旅游、财经、汽车、体育、教育。在选择编辑内容的领域时，需注意以下 3 点：自己喜欢的领域、有资源优势、能够长期输入的领域。

内容是自媒体的灵魂，新媒体写作的本质是在做产品而不是作品，要以读者为中心产出有价值的内容。内容为王的时代是离不开好内容的，以你自己的风格，写出读者想要看到的内容。好的原创才能赢得粉丝的关注和增加用户黏性。

二、运营方式

今日头条是一个以算法推荐为主的内容平台，是流量巨头，其公司旗下有很多 APP，比如著名的抖音、今日头条、悟空问答、西瓜视频、火山小视频等。

对于以文字为主体的自媒体来说，抖音、西瓜视频等不会是优先选择（除非你的战略有变），只能选择在今日头条上进行内容输出和运营。

对于今日头条上文字方面的内容运营，其实有三个平台要重点把握，分别是：头条号、悟空问答和微头条。

1. 头条号

头条号是今日头条上最主要的内容输出方式，其运营方式非常简单，就是写文章，尽量写原创文章，或者适当选择一些热文进行转载，建议尽量原创。

关于文章的写作，要注意的无外乎两个关键部分，一是如何起好标题，二是如何写好文章的内容。

● 颠覆认知型标题（图 10.2）

标题表达的是反常理、反直觉的观点，而人一旦被颠覆认知，就会产生好奇，进而点击浏览你的文章。

决定孩子一生的不是高考，而是四五年级和初二！现在看到还不晚

推荐 145.9万 · 阅读 28.0万 · 评论 25 · 转发 1.1万 · 收藏 1.1万

已发表　原创　已投自营广告

图 10.2　颠覆认知型标题

● 关联权威型标题（图 10.3）

关联权威，也就是和有名的人物、事件甚至是企业产生关系，这种标题起法其实一般用于追热点，或者和颠覆认知型标题一起使用。

马伊琍女儿拿全国冠军：父母对孩子的教育，本质就是价格歧视

推荐 129.9万 · 阅读 14.2万 · 评论 244 · 链接点击 43 · 转发 297 · 收藏 521

已发表　原创　已投头条广告

图 10.3　关联权威型标题

2. 悟空问答

这是今日头条上第二个比较重要的文字平台，其对标的是知乎。

悟空问答有单独的 APP，其在今日头条上也是会被以算法推荐的方式来获取流量，有非常大的曝光量，很多做头条号的人是图文和问答一起做的，而且，问答向头条号导流是非常可观的，甚至比单纯发图文所获得的粉丝关注量还多。

3. 微头条

微头条是今日头条为了社交而设计的产品，可以理解为微博、朋友圈那样的存在，但却有所不同，因为它也是受算法推荐的，也就是没关注的人也可以看到其他人的微头条，这些是内容比较好的。

微头条被很多自媒体人忽略，所以很少看到运营得好的，其实微头条的运营方式很简单，复制朋友圈的运营方式即可，即文字 + 图片 + 转化入口。

三、选题

选题就是找读者点（读者点是新媒体领域的新兴专有名词，指在新媒体文章、视频等内容中，引起读者心理共鸣的点）。进一步讲，选题就是以用户视角为基础，重点考虑，写作出来的内容有多少人看。

1. 高质量内容

付费专栏和普通的头条文章有一个最大的区别，就是内容知识的“系统性”。所谓系统

性，就是指你的内容必须是围绕同一个“主题”的完整的知识拼图。它有底层逻辑和基本原理，让人方便理解这个知识的来龙去脉；它有框架结构，可以把知识点与知识点进行有效联结；它有概念词汇，可以对知识与知识进行有效区分；它能对出现的问题提供具体的解决方法和技巧，有处理模型和套路，可以让人能直接应用甚至举一反三。

2. 高购买动机

无论哪个领域对应的用户受众都会遇到各种各样的烦恼和问题。而我们的专栏就是解决他们非常迫切、亟待解决的问题，给用户匹配一个最好的解决方案，而这个方案应当是他们切切实实需要的。

要想知道用户遇到了什么问题，我们就得去看用户正在关心什么，焦虑什么。能否满足用户的需求，帮他们解决迫切的问题。

3. 受众范围

选题除了能解决用户的问题，还得考虑面临这个问题的用户量到底够不够大。因为用户量的大小直接决定了专栏能获取的流量和销售天花板。因为用户的行为和付费转化之间是存在一个漏斗的。一个过于小众的选题，就算内容质量再高，问题再痛，也注定只能是小部分用户付费。

技能点二　头条营销的策略研究

今日头条信息流广告是移动信息互联的先驱，通过大数据使用户关注的信息实时推送到终端，让用户可以快速地获得想看到的资讯，从而提升了移动端用户体验。而今日头条也算是主流的信息流投放媒体之一。

一、广告的 3 种类型

今日头条广告主要的 3 个广告位置是应用下载、落地页信息流、段子落地页信息流。应用下载就是点击广告直接跳转到应用下载，iOS 直接跳转到应用市场，安卓直接下载安装包；落地页信息流则是点击后跳转到 H5 落地页；段子落地页信息流则是在内涵段子 APP 中投放的。

如果推广的目的是以量为主，广告计划应该以落地页信息流为主，落地页信息流每日经济的流量大，大约是两到三亿。落地页信息流中分为信息流小图和大图，又应当以信息流小图为主。因为后台会对信息流大图的展示做频率控制，要求不能超过一定次数的展示且价格偏高。除了信息流小图，账户也需要搭配应用下载的计划，一般应用下载的计划成本会较低。信息流以小图为主，应用下载进行搭配，能做到既有流量，又能拉低账户整体成本。如果不求量，只希望降低成本的话，建议可以以应用下载为主，毕竟应用下载类在点击广告之后，直接进入下载，跳过落地页环节，避免了此环节的流失。

二、人群定向策略

今日头条广告在投放初期不宜精细设置受众。首先，今日头条信息流广告推广投放是基本用户模型，就算不限用户类型，投放出去的用户也不会偏差很大。其次，今日头条本身有很多评率控制规则，如果前期设置受众过窄，账户起量也会很难。另外同样的人群标签，在不同的媒体平台上，对于用户的定位肯定有出入。竞价的优化应该根据平台的时机数据调整，而不是经验，因为经验和流量的变化速度是不一致的。当投放累积到一定数据之后，建议广告计划到一百万的展示之后，可以根据成本量级比较好的计划，查看后台的受众分析，对应调整广告计划的受众人群。如果推广的产品有特别明确的受众人群，就可以另当别论了。

三、预算设置与出价设置

在预算和出价方面，今日头条信息流广告也是足够有个性的，其中的问题是计划的实际消耗远远低于预算金额；每日预算不同，总体投放期间广告展示数差距非常大。可以总结出今日头条广告的预算设置一定要大，日预算需要达到 10 万。主要是因为今口头条广告后台的给量模式是分段式的，不同的等级有不同的展示，所需要花费的价钱也会有所不同。设置高预算的账户，另外一个特别需要注意的是实时关注账户的消耗和转化情况。在账户逐渐适应的情况下，就可以适当调低价格，从而减少预算成本。

四、监控转化效果

今日头条信息流广告监控相对比较简单，只需要寻找信息流广告代理推广的平台进行投放监控，就可以减少运营者的时间浪费，而且还非常便于优化。

五、裂变分享

文章发出之后，要第一时间进行转发分享。头条文章可以分享到：微信好友、朋友圈、QQ 好友、空间、微博、知乎、小红书等。俗话说，鸡蛋不要放到同一个篮子里，我们通过分享更多的自媒体渠道，多加一些优质粉丝，真正做到一站式营销。

六、热点话题

今日头条每天都会选出几十个最热门的话题，就像微博热搜一样。热门话题可以增加推荐数量，系统会推送热点事件和热点话题。如果你的内容适合当前热点，就可以得到更好的系统推荐。也可以有意识地围绕热点创作，说不定你的文章会爆红。

七、粉丝互动

头条也非常注重用户体验，因此你的文章或视频，转发、点赞、收藏、喜欢、回复互动越多，你的热度自然也就越高，你的阅读量也就会随之上升。与粉丝互动可以起到一定的引流作用。及时回复用户评论，让用户看到你的关注，提高用户黏性。或者提前给出信息，即在特定时间抽奖，吸引粉丝关注，帮助提升粉丝黏性。

任务实施

头条营销的案例分析与实践

实训目标

本实训分享头条营销策划活动，结合本项目的头条营销知识，使读者来了解头条营销的实现方式，头条营销的优势和案例中体现的头条营销的思维。

一、案例：家居行业 青岛华谊优品智能家具有限公司今日头条信息流广告

1. 项目介绍

投放渠道：今日头条、抖音、西瓜、火山等

品牌故事：青岛华谊优品智能家具有限公司为山东省内同行业规模最大、设备最全的企业之一。自 2008 年起被中华人民共和国海关总署列为中国外贸出口先导指数样本企业。产品目前分为 7 个系列，中式经典祥和系列和悦东方系列，融入中式经典传统文化元素祥和图案及牡丹图案。高端定制雕花欧森堡系列，纯实木手工雕花高端大气，深受别墅业主欢迎。欧式乡村风系列远销国内外十年，深受广大群众喜爱。

背景 & 目标：9 月和 10 月是实木家具行业旺季，中秋节和国庆节双节为家居市场提供了又一波高潮。客户是线下工厂直营模式，希望通过线上投放给线下实现引流，已达到促销目的。成本要求 200 万元以内，双节期间，投放定向为青岛地区，先达到客户 KPI（关键绩效指数）要求，同时提升目标人群精准性。

2. 营销策略

（1）投放方式。头条 + 抖音 + 西瓜 + 火山。

（2）兴趣分类定向。家装百货、教育培训、金融理财、汽车、美容化妆、房产、母婴儿童、生活服务、餐饮美食、文化娱乐、商务服务、医疗健康。

（3）兴趣关键词定向。装修、全屋定制、买房子、二手房、家居、家具、实木、木制品、华谊、房产、住宅、房价、旧屋改造、二手房翻新、新区房、婚房、新房。

（4）广告创意。打破以往家居建材行业素材是家居效果图的模式，在选用产品效果图的同时大胆选用工厂实景照片作为入口素材。落地采用符合中秋和国庆节日气氛的主色调吸睛，首屏简单明了地抓住了用户要便宜也要质量的心理，吸引用户填写表单。

（5）提量阶段。

● 前期问题。客户投放计划阶段为国庆和中秋节阶段，并且跑 CPA 计划，消耗有时会达不到预期，所以测试程序化创意提量。

● 创意筛选。通过新建程序化创意计划，探索选用效果最佳的创意进行投放。

● 维度设置。维度尽可能精准，采用兴趣分类 + 兴趣关键词的定向，锁定精准用户。

● 优化调整。为了避免程序化创意探索时间过长，并没有使用太多的素材进行组合，采用了 3 张大图和 3 个标题 1 个视频进行组合。

3. 营销效果

优化前后放数据对比如下。

（1）优化前点击率 1.18%、转化率 0.86%。

（2）优化后点击率 2.17%、转化率 1.87%。

投放时间为 9 月 20 日—10 月 5 日，主要针对中秋及国庆活动节点，客户反馈线索有效率 75%，有效线索中实际到店率 32%， 15 天时间共成交 11 单，并且有一些高意向客户正在持续跟进。

二、案例：天猫超市今日头条视频广告案例（图 10.4）

图 10.4　天猫超市

1. 项目介绍

投放渠道：今日头条

品牌故事：天猫超市是天猫全新打造的网上零售超市。天猫超市为淘宝超过 1.7 亿的注册用户以及广大网购消费者提供快捷、安全、方便的生活日用品一站式网上购物服务。

背景 & 目标：在 8 月 3 日召开的天猫商家大会上，天猫超市宣布迎来全面升级。从 8 月开始，将开展以时令生鲜为主题的“天猫超市城市专享日”活动，全国 11 个重点城市都可实现新鲜送达。天猫超市小二表示，此次合作无论是地域覆盖、商品调性还是目标受众等，都与“头条美食季之美食每夜”栏目极为契合。本次合作将以“美食 PGC（专业生成内容）生产内容—今日头条主阵地视频分发—天猫超市落地销售”这样的路径，实现“从内容到销量”的全链路营销整合。让品牌找到契合的内容，让 PGC 实现内容和流量变现，让用户获得优质的短视频，实现多方共赢（图 10.5）。

图 10.5 美食季

2. 优质 PGC 内容创作

今日头条汇聚 8 位在美食领域拥有强大影响力和优秀内容创作能力的 PGC 产出 30 支美食短视频。在短视频内容的创作上，天猫超市仅将平台营销主题和主推商品等信息提供给 PGC 创作者进行方向建议，在具体内容创作上充分相信 PGC 创作者的专业度。

3. 品牌多维植入

30 支美食主题视频中，4 条根据天猫超市传播主题进行定制；8 条进行了天猫超市的深度植入；18 条视频进行了天猫超市的包装展示。通过系列短视频，让美食用户对天猫超市产生了深刻印象。

4. 全链路整合营销

本次合作将以“美食 PGC 生产内容—今日头条主阵地视频分发—天猫超市落地销售”这样的路径，实现“从内容到销量”的全链路营销整合。天猫超市的品牌也会得到充分的展现和融入，品牌展示、深度植入、内容定制等合作模式均会开展实践。

5. 营销效果

8 月美食季，围绕美食制作主题，共产出 4 条主题定制视频、8 条深度植入视频、18 条包装权益视频，总播放量：3 000 万 +，评论数：6 000+，点赞数：1.4 万 +。

任务实施

本次任务主要通过技能点的学习，加深读者对今日头条营销的理解与认识，并培养读者今日头条营销策划与推广的实践能力。

任务介绍

某公司入驻今日头条，通过图文、微头条、小视频、音频、问答频道进行策划宣传活动并发布，结合本章所学内容对公司产品进行营销推广。

步骤 1:@注册头条号(图 10.6)

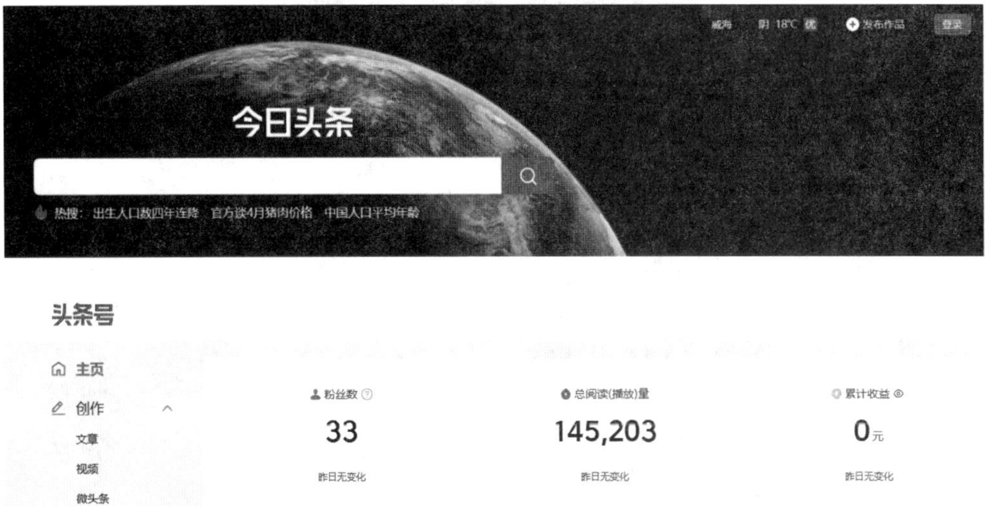

图 10.6　注册登录

进入今日头条并登录:@所有人。

步骤 2:图文创作

● 发文流程

● 电脑端头条后台

在电脑上打开浏览器,登录电脑端头条号后台,点击“主页→创作→图文”即可发布内容(图 10.7)。

图 10.7　创作 - 文章

● 今日头条 APP

方法 1:打开最新版今日头条 APP,点击首页右上角相机形状的发布按钮,选中“写文章”即可快速发文(图 10.8)。

图 10.8　写文章

方法 2：打开最新版今日头条 APP，进入“我的→创作中心”，点击右上角的“发布”按钮，选择写文章即可（图 10.9）。

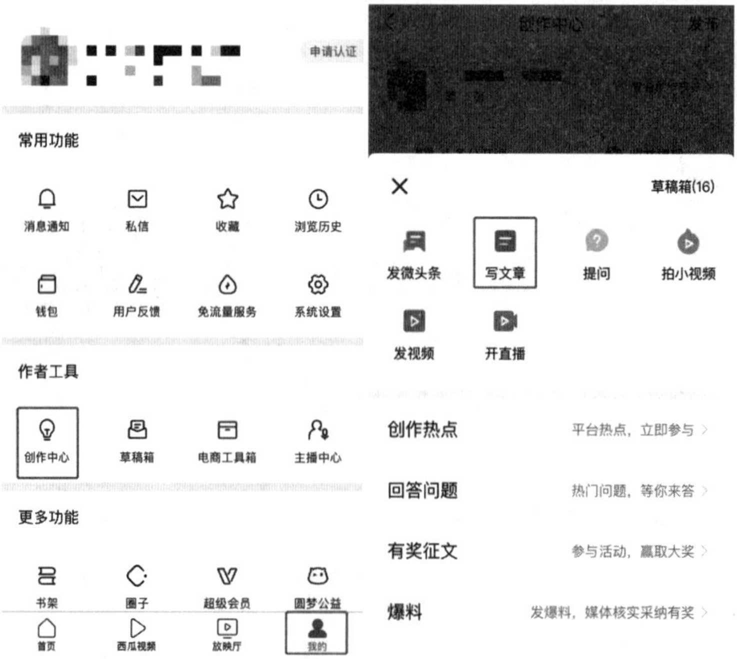

图 10.9　写文章

● 修改文章

● 电脑端头条号后台

在“电脑端头条号后台→管理→作品管理→图文”页面，找到需要修改的文章，点击该文章标题右方的【修改】，进入文章编辑页面。

● 今日头条 APP

“今日头条 APP →我的→创作中心”页面，找到需要修改的文章，点击该文章标题右方的【...】，在下方弹出的页面点击【修改】，进入文章编辑页面。

步骤 3:微头条创作

微头条是今日头条 APP 内一种基于社交的内容形态，是基于粉丝分发的一款社交媒体产品，通过微头条，用户可以随时随地发布短内容，机器会将其推荐给粉丝和可能感兴趣的用户群体。数据显示，微头条是头条内目前涨粉效率最高、互动性最好、使用最简单的产品。

● 发布微头条

今日头条 APP、电脑端头条号后台和今日头条网页版都支持发布微头条，具体操作步骤如下。

● 今日头条 APP

登录今日头条 APP，点击“首页→发布→发微头条”，即可进入编辑微头条内容页面（图 10.10）。

图 10.10　发微头条

● 电脑端头条号后台

登录头条号后台，点击“电脑端头条号后台→主页→创作”，即可进入发布微头条内容页面（图 10.11）。

图 10.11　微头条

● 今日头条网页版

登录今日头条网页版，点击页面顶部【发微头条】，编辑内容添加图片后点击【发布】，即可成功发布微头条（图 10.12）。

图 10.12 微头条

微头条创作技巧如下。

(1)注重时效性:选择近期发生的、新鲜的内容。

(2)内容原创:同质化、搬运的内容会让读者厌倦,经过自身思考发布的内容更有吸引力。

(3)突出个人观点、专业知识:结合自身从事行业、专业领域知识的内容,更会受到读者的喜爱和互动。

(4)图文并茂:精美、有信息增量的配图更能抓住读者眼球。

步骤 4:进行提问

● 今日头条 APP

登录今日头条 APP,点击右上角或导航栏中的“发布 - 提问”,进入提问专区(图 10.13)。

图 10.13 提问

● 电脑端悟空问答主页

登录悟空问答主页，点击最上方的【提问】，进入提问专区（图 10.14）。

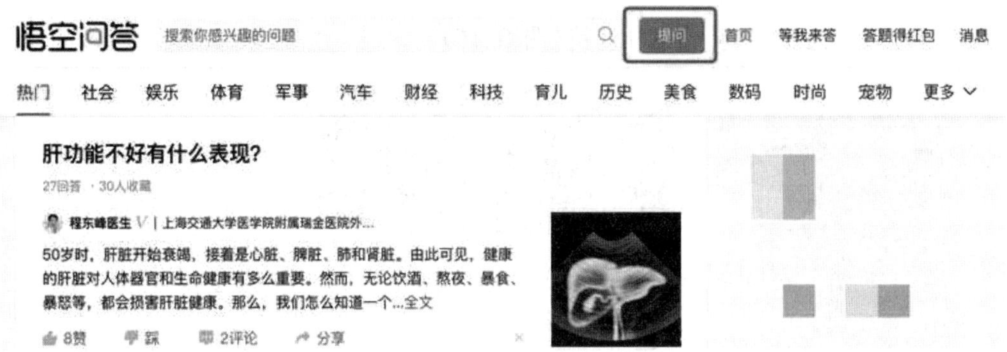

图 10.14 提问

● 让更多人回答问题

提问成功后，可通过「邀请」或「分享问题」的途径让更多的人回答。具体步骤如下：

登录今日头条 APP，在导航栏中找到问答频道，点击“问答频道→我的问答→提问”，选择问题，进入问题页面之后，点击右上方，选择【邀请回答】，即可邀请他人回答（图 10.15）。

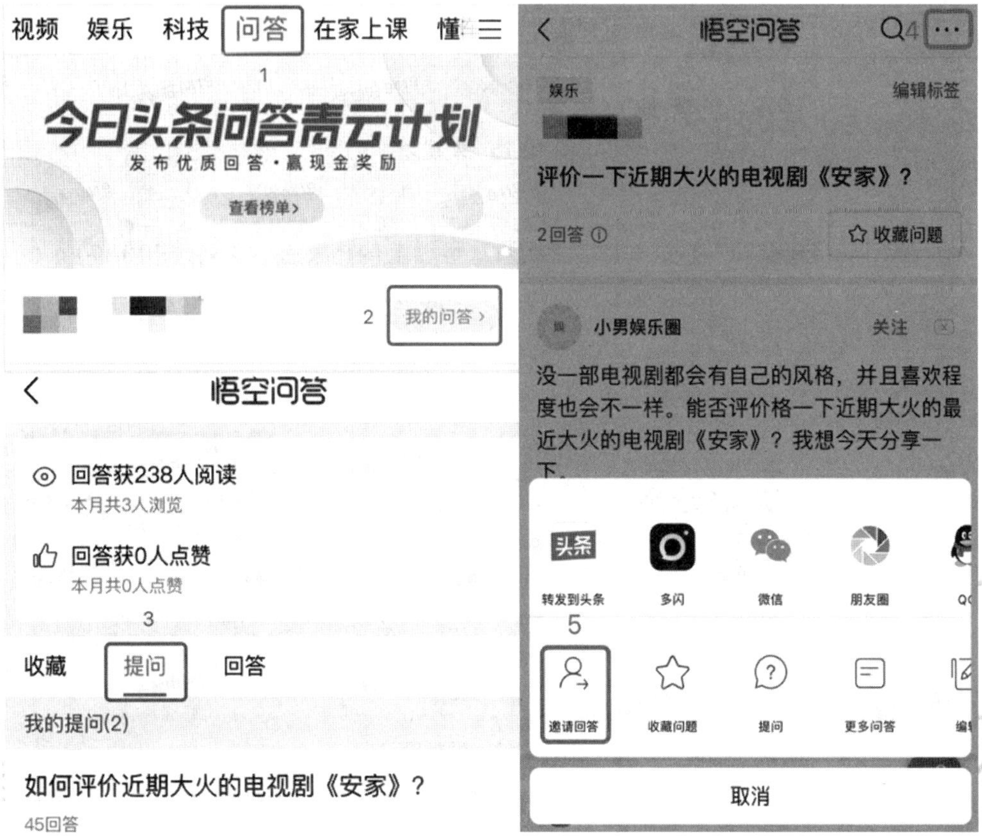

图 10.15 提问

步骤 5:发布小视频

● 今日头条 APP

点击首页右上角【发布】中的【发视频】,选择拍小视频或者上传相册中的小视频。拍小视频时,可以选择贴纸、背景音乐和滤镜(图 10.16)。

图 10.16　发视频

● 电脑端头条号后台

在头条号后台,选择“主页→创作→视频”,可以上传竖版的小视频(图 10.17)。

图 10.17　发视频

● 内容提升技巧

(1)选择精彩的内容素材,制作优质内容,时间最好在 20~30 秒之间。

(2)选择一个适合的剪辑软件(简单便利选手机 APP,专业选各种工程软件),通过剪辑，将视频节奏变得紧凑有亮点。

（3）取一个引人注目的标题。

（4）找出或者制作一张吸引人的封面。

（5）选择参加一个适合视频内容、风格的话题活动。

（6）可以选择 @ 一个用户做互动，如头条小视频。

步骤 6：发表音频

登录头条号后台，点击“创作→音频”发表音频（图 10.18）。

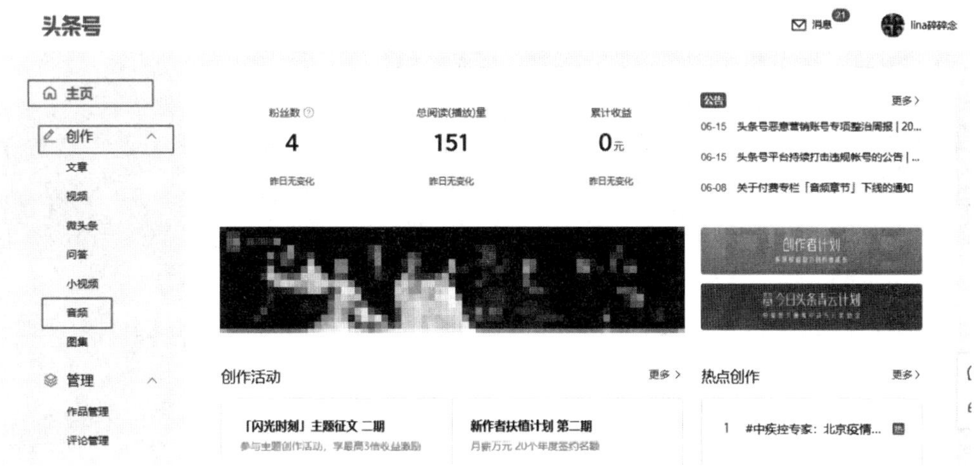

图 10.18　发音频

任务总结

本项目介绍了今日头条营销的方法与实践的相关知识点，分别从今日头条营销的思路、今日头条营销的策略研究、今日头条营销案例分析、今日头条营销任务实践等方面展开学习，以逐条分步的形式帮助读者掌握今日头条营销的方法和流程，使读者学习之后可以对今日头条营销有更好的认识与了解。

英语角

头条　headlines

优化　optimization

投放　launch

兴趣　interest
点击率　click through rate
转化率　conversion rate
优质　high quality
反馈　feedback
多维　multidimensional
植入　implantation
策略　strategy

任务习题

一、单选题

1. 新媒体在为我们带来便捷的同时，也产生了一些新的问题。下面属于新媒体面临的问题的是（　　）。

A. 网络谣言　B. 网络暴力　C. 侵权抄袭　D. 以上都是

2. 什么是作为今日头条平台给用户提供的重要创作形式（　　）。

A. 短视频　B. 爱奇艺　C. 百度　D. 阿里巴巴

3. 下列选项中，属于传统电视节目演变类短视频的是（　　）。

A. 纪录片　B. 电视剧　C. 电影　D. 以上都不对

4. 什么是今日头条为鼓励优质问答内容创作者推出的奖励计划（　　）。

A. 青云计划　B. 问答收益　C. 活动奖励　D. 问答红包

5. 大部分新媒体平台内容变现的主要渠道是（　　）。

A. 新媒体　B. 网络　C. 微信　D. 广告

二、多选题

1. 新媒体平台可分为（　　）。

A. 图文平台　B. 音频平台　C. 视频平台　D.VR/AR 平台

2. 新媒体平台的发展历程可以分为（　　）。

A. 起步期　B. 发展期　C. 成熟期　D. 繁荣期

3. 以下哪些选题，更容易脱颖而出，被今日头条平台重点推送（　　）。

A. 稀缺问题　B. 个人问题　C. 实用问题　D. 热点问题

4. 回答内容的推荐量，不仅取决于内容的原创度，内容创作者还应考虑的问题包括（　　）。

A. 内容是否满足用户的需求

B. 内容是否包含能被平台提取的关键词

C. 平台进行兴趣匹配和分批次推荐时用户是否感兴趣

D. 以上都不对

5. 下列选项中属于查看小视频的方法是(　　)。

A. 微博 APP　　B. 今日头条 APP　　C. 微信 APP　　D. 西瓜视频 APP

三、判断题

1. 针对不同的今日头条账号类型,用户需要准备不同的注册资料。(　　)

2.“热点”是指一段时期内受到大众关注的热门新闻、热门事件、热门话题等。(　　)

3. 今日头条的推荐频道中只能看到文章的标题和封面,当用户进入该页面,决定其是否点击阅读的关键就是标题。(　　)

4. 在标题中使用用户感兴趣的关键词是为了根据今日头条的推荐机制来获得更多的推荐量。(　　)

5. 微头条是今日头条平台内一种基于社交的内容形式。(　　)

四、实践题

1. 总结今日头条运营规范?(不少于 10 条)

2. 如何在今日头条中发布文章?发布过程中有什么需要注意的问题?

项目十一　新媒体营销效果的数据分析

学习目标

本项目重点学习新媒体营销效果数据分析。数据分析是指用适当的统计分析方法对收集来的大量数据进行分析，提取有用信息和形成结论而对数据加以详细研究和概括总结的过程。在任务实施过程中：

- 了解新媒体营销数据分析的思路；
- 掌握新媒体营销数据分析的工具；
- 具有新媒体营销效果的数据分析能力。

学习路径

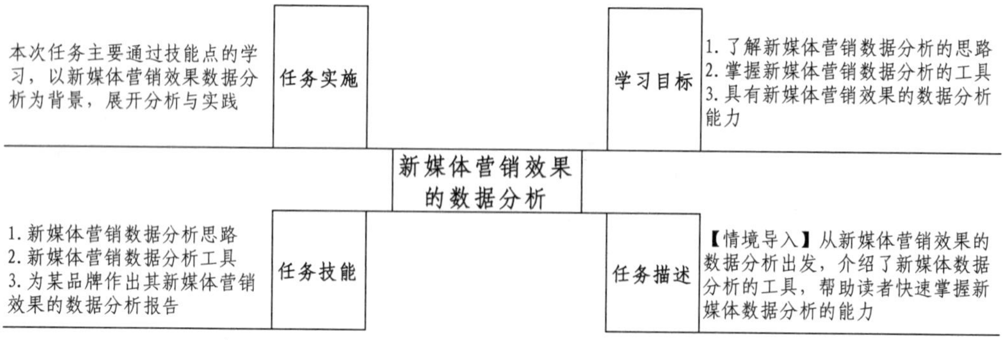

任务描述

【情境导入】

随着大数据和人工智能的发展，数据分析已成为必不可少的环节，在数据分析时可以更为高效地运营新媒体，在了解运营质量、预测运营方向、控制运营成本以及评估运营方向方面具有重要的作用。

本项目从新媒体营销效果的数据分析出发，通过对新媒体数据分析思路的讲解，介绍了新媒体数据分析的工具，帮助读者快速掌握新媒体数据分析的能力。

一、新媒体营销数据分析的思路

数据分析是指用适当的统计分析方法对收集来的大量数据进行分析，提取有用信息和形成结论而对数据加以详细研究和概括总结的过程。

本项目讲解了新媒体数据分析的流程，包括确认分析目标、挖掘数据、数据处理、数据分析、数据总结。详细地讲解了几种分析方法，包括直接评判法、对比分析法、分组分析法、结构分析法、平均分析法、矩阵分析法、漏斗图分析法、雷达分析法。

二、新媒体营销数据分析的工具

正所谓"知己知彼，百战不殆"，通过专业的抖音数据分析，不仅能了解到行业的最新玩法，还能学习到同行的热门"套路"，实现事半功倍的效果。

本项目通过学习新榜、清博大数据、易撰、神策数据、GrowingIo、新抖等常见的新媒体数据分析平台加强数据分析能力。

实训：为某品牌作出其新媒体营销效果的数据分析报告

通过蜀中桃子姐新媒体营销数据分析，结合本项目的知识点，来了解新媒体营销的数据分析方式。

抖音是短视频社区的典型，与工具类短视频和资讯类短视频相比，社区型短视频因为社交互动的属性，本质上拥有更强的用户黏性和更大的用户吸引力，所满足的用户需求蕴含着赵大的用户情感。

本项目主要通过对新媒体营销数据分析的思路、新媒体营销数据分析的工具、短视频营销的案例分析与实践等技能点的学习，加深读者对新媒体营销效果的数据分析能力，并培养读者的新媒体数据分析的实践能力。

任务技能

技能点一　新媒体营销数据分析的思路

随着移动互联网的发展，企业的营销推广阵地从传统的电视、广播、杂志、报纸等平台转移到了新媒体平台。

目前新媒体平台包括抖音、快手、头条、微信、微博、西瓜视频等。互联网每天都有大量数据产生，新媒体运营团队每天都会对数据进行分析总结，这些数据对新媒体运营有着至关重要的作用，因此，想要提升新媒体平台运营效果，数据分析师必不可缺少的。

一、新媒体数据分析

数据分析指用适当的统计、分析方法对收集来的大量数据进行分析，将它们加以汇总和理解并消化，以求最大化地开发数据的功能，发挥数据的作用。数据分析是为了提取有用信息和形成结论而对数据加以详细研究和概括总结的过程。

数据分析的目的是把隐藏在一大批看起来杂乱无章的数据中的信息集中和提炼出来，从而找出所研究对象的内在规律。在实际应用中，数据分析可帮助人们作出判断，以便采取适当行动。数据分析是有组织有目的地收集数据、分析数据，使之成为信息的过程。这一过程是质量管理体系的支持过程。在产品的整个寿命周期，包括从市场调研到售后服务和最终处置的各个过程都需要适当运用数据分析过程，以提升有效性。

1. 确定分析目标

在做数据分析前先制定目标，明确进行数据分析的目的是什么，是想了解运营情况还是想了解销售情况，如果没有精确的目标设定，那么做出来的数据分析也会很不精准。

例如如果你是想了解为什么最近公众号粉丝情况不太好，那么你背后实际上要了解的是近期微信公众号涨粉比较缓慢，通过这个需求可以进一步得到的点是最近公众号推广没有运营好，那么只需要针对寻找近期推广公众号的渠道，查找哪个渠道出了问题，以此作为目标来设定就好了。

2. 挖掘数据

挖掘数据的前提是目标设定已经完成，因为目标不同，所以对数据的需求也是不同的，因此挖掘数据这个环节需要将目标对应的相关数据整合起来，当所有数据都整合起来后，对相关数据进行挖掘。现在平台都非常个性化，大部分平台都有系统的统计工具，直接借鉴就可以了，不过也会有些比较个性化的数据，还是需要新媒体运营人员手工统计。

3. 数据处理

在挖掘数据过程中所得到的都是原始数据，我们在工作中通常无法直接使用原始数据，所以还需要进行一定的处理。数据处理主要包括删除无效数据、合并重复数据、组合相关数据。删除无效数据是指在统计过程中难免会有一些无用的字符或与目标不相关的数据，那么在数据处理中就可以处理掉这部分，不然会为后面的工作带来一定难度。合并重复数据是因为有些后台的一些数据有重复性，合并到一起统计出的数据更直观。原始数据中还有一部分是过程数据，因此需要进行特定的数据组合。

4. 数据分析

经过处理后的数据就可以分析了，常见的数据分析类别主要有流量分析、销售分析、内容分析以及执行分析等。

流量分析主要是针对网站流量进行分析，包括对跳出率、访问量、访问时间等数据进行分析，评估网站运营的质量。

销售分析主要是对网上销售的数据进行分析，销售数据除了包括下单数量、二次购买率以及支付比例等，也要核算网上预订线下支付的订单。

内容分析就很简单了，就是指对各新媒体平台的内容数据进行统计，比如微信公众号阅读量、微博粉丝数、头条号推荐量等。通过基础数据分析，我们可以及时调整文章内容和标题。

执行分析就是对日常运营人员的考核，对该运营人员的工作进行统计和评估，包括文章撰写速度、文章质量、软文发布频率等。

5. 数据总结

新媒体运营工作整体情况、同行业新媒体运营状态、行业新媒体运营数据都会影响到企业整体的营销计划，因此在数据分析完毕后需要定期地将数据进行总结，一方面方便内部沟通，另一方面也对整体营销规划有所帮助。

二、分析方法

数据是运营的基础，就像一条绳索，贯穿整个运营工作。它既是运营 KPI 考核的直接呈现方式，同时也是运营方向的理论支撑点。

KPI 即关键绩效指标，是通过对组织内部流程的输入端、输出端的关键参数进行设置、取样、计算、分析，衡量流程绩效的一种目标式量化管理指标，是把企业的战略目标分解为可操作的工作目标的工具，是企业绩效管理的基础。

KPI 可以使部门主管明确部门的主要责任，并以此为基础，明确部门人员的业绩衡量指标。建立明确的切实可行的 KPI 体系，是做好绩效管理的关键。关键绩效指标是用于衡量工作人员工作绩效表现的量化指标，是绩效计划的重要组成部分。

1. 直接评判法

直接评判法是指通过多年积累的运营经验，对分析出的数据作出好与坏的判断，通常评判的数据有：规定时间内阅读量、规定时间内销量、粉丝数量、转化率、点击率等。

直接评判法需要运营人员有丰富的新媒体运营经验，可以对总结出的数据作出正确的判断，能够分出具体数据的优劣。

例如，某企业新媒体部门于 2021 年 1 月 1 日起利用抖音平台展开一系列的活动推广，并在推广后进行了抖音号粉丝数量统计，如图 11.1 所示。

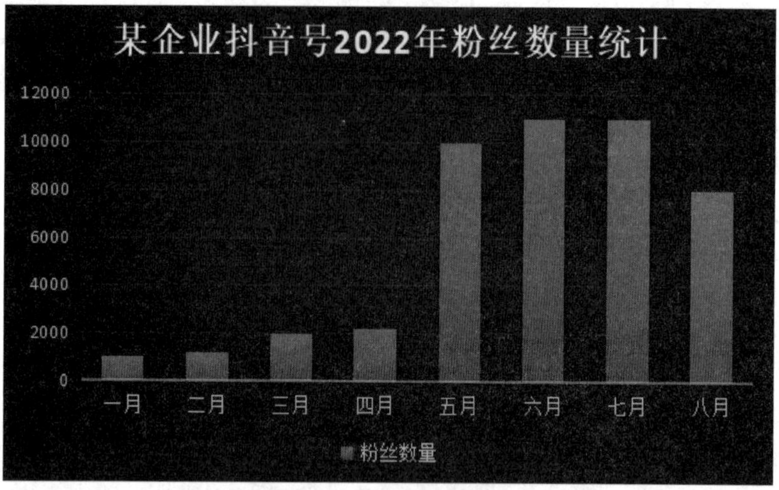

图 11.1 抖音粉丝数量

通过数据可以很明显地看出，5 月粉丝出现明显的增长，维持到 7 月无明显变化，8 月粉丝数量开始下滑，因此可以直接利用粉丝数量变化评估运营情况。

2. 对比分析法

对比分析法，顾名思义，是至少有两组及以上数据才能使用的方法，不然无法进行对比。

对比分析法是分析数据之间的差异进而了解数据所代表的规律，分为纵向分析法和横向分析法，横向是指同一时间段不同指标的对比，而纵向是指不同时间段同一指标的对比，通过对比分析法可以直接了解运营质量，以及目前运营的水平，通过了解目前的运营水平可以总结分析出优点缺点，优点当然要继续保持甚至更进一步，缺点自然是要调整改变重点突破了，所以对比分析法更适用于对运营质量的考核。

例如，A 公司是一家食品企业，其新媒体运营团队进行了同行当月淘宝评价整理，如图 11.2 所示。

项目公司	好评数	中评数	差评数
A	1752	126	28
B	879	102	16
C	687	12	3
D	1523	64	15
E	987	89	12
F	1698	5	1

图 11.2 淘宝评价

3. 分组分析法

分组分析法是通过一些数据进行统计分组并计算分析，用于更深入地了解要分析对象的不同特征、性质以及相互关系的方法。

分组分析法需要遵循相互独立且完全不同的枚举分析法，分组之间不能有交叉、组别之间必须具有明显差异，每个数据只能归为一类，且分组中不能遗漏任何数据，确保数据最终的完整性，每个组别都可以容纳下所有的数据。

例如，新媒体运营团队可以统计客户购买同类产品的价格组成占比，统计按照价格段划分的人群数量比例，如图 11.3 所示。

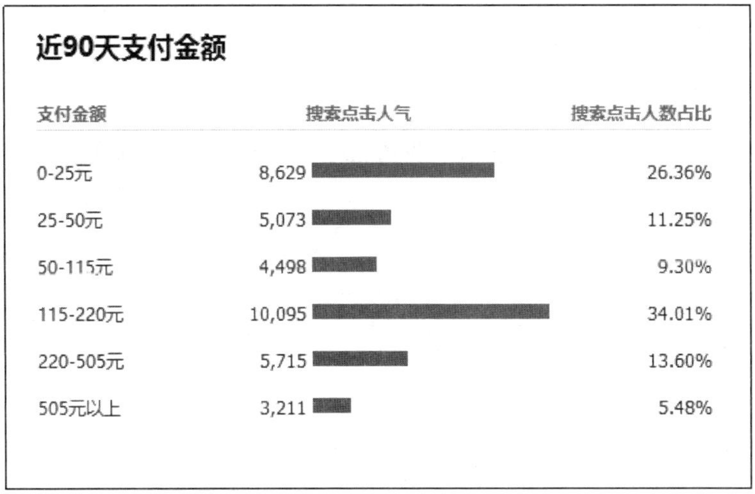

图 11.3　价格段占比

4. 结构分析法

结构分析是指在有统计数据的分组上将现有的数据与总体的数据进行对比的分析方法，分析各种部分占总体的比例多少，在新媒体平台后台通常可以看见统计的饼形图，这就是最好的例子了。

例如，新媒体运营团队可以统计客户的职业分布，统计出每个职业的占比情况，如图 11.4 所示。

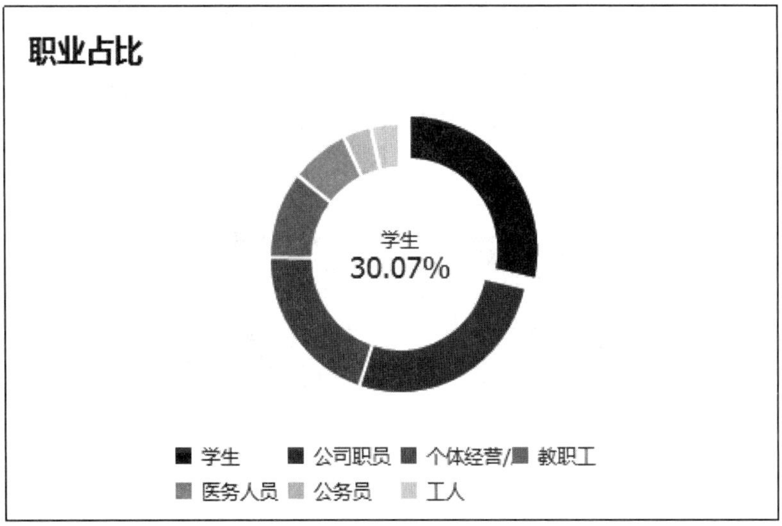

图 11.4　职业占比

5. 平均分析法

平均分析法是用平均数来衡量总体在一定时间和地点且某个条件下某一类数据的一般水平，平均数据相对于其他数据来说更具客观性，可以帮助运营者预测接下来的趋势和规律。平均数据包括算数平均值、几何平均值、对数平均值等，其中最常用的是算数平均值，算数平均值的公式是，算数平均值 = 总体各数据总和 / 数据个数。

例如，分析西瓜视频的观看量，借助 Excel 导出的数据可以快速找到阅读量大于平均值的视频，如表 11.1 所示。

表 11.1　西瓜视频

标题	链接	观看量
【南瓜芝士蛋糕】猫和老鼠最爱的奶酪，原来可以这样做！	https://www.ixigua.c	82.5w
因为一个片段，看完了整部电影，当你撑不下去时一定要看的励志片	https://www.ixigua.c	21.8w
今天才知道，用一根筷子剥芒果，不流汁不脏手，方法简单实用	https://www.ixigua	12.3w
西瓜甜不甜，瞧一眼这里就知道，一挑一个准，老瓜农的方法真管用	https://www.ixigua.c	45.1w
甜瓜甜不甜，瞧一眼这里就知道，一挑一个准，老果农的方法真实用	https://www.ixigua.c	20.3w
打了激素的西红柿怎么辨别？看一眼这个位置就知道，以后别买错了	https://www.ixigua.c	16w

如表 11.5 中所示，填充的单元格是观看量高于平均值的视频。

6. 矩阵分析法

矩阵分析法是一种定量分析问题的方法，它是指用 2 个重要数据指标作为分析依据，并将这两个指标定为横坐标和竖坐标，构成 4 象限，从而更直观地找出解决方法，为运营者提供数据参考。

例如，某新媒体公司根据客户反馈进行分析，可以借助 4 个象限“紧急且重要、重要但不紧急、紧急但不重要、既不紧急也不重要”进行矩阵分析，并重点处理紧急且重要的事项，如图 11.5 所示。

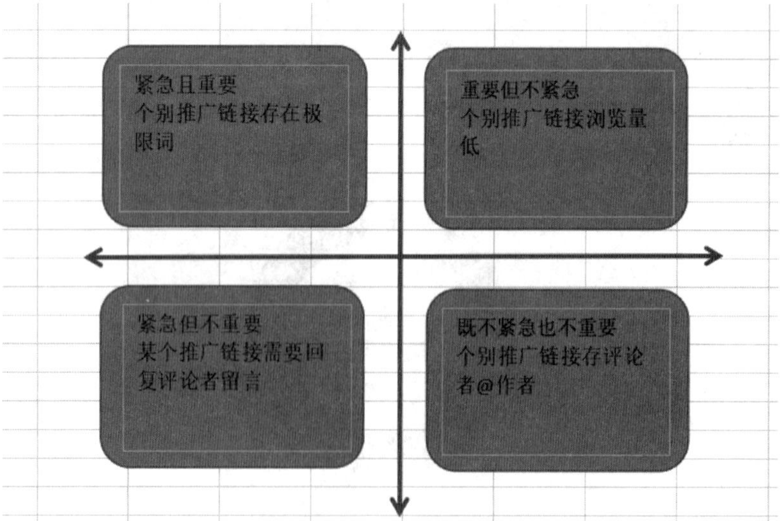

图 11.5　四象限

7. 漏斗图分析法

漏斗图是一个倒立的金字塔，把你总结好的相关数据从高到低由上而下填入进去就可以直观地看出数据每一步转化的情况了。

例如，某电商后台，访客 792 638 人，下单买家数 19 526 人，支付买家数 18 066 人，如图 11.6 所示。

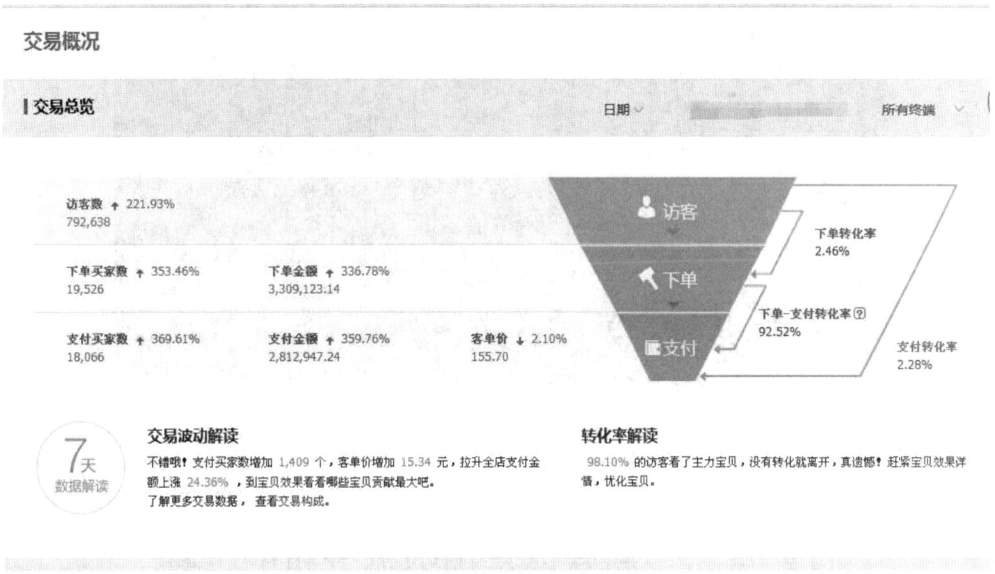

图 11.6　漏斗图分析

根据上图可以分析出每个环节的情况，运营者可以结合情况进行优化。

8. 雷达分析法

雷达图用于指数分析，可以对新媒体账号的各项指标进行不同维度的计算而得出评分结果。

百家号百家指数、大鱼号数据分析用的都是雷达图分析法，所以雷达图分析法通常用于指数分析，也就是自媒体平台对账号权重的一种评判。如图 11.7 所示。

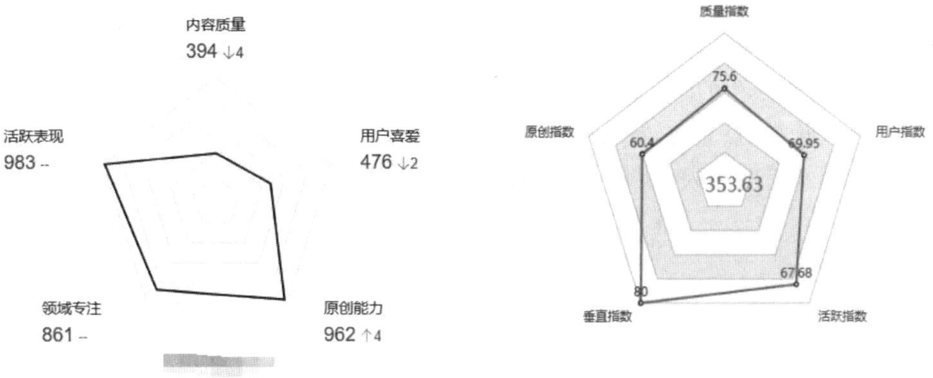

图 11.7　百家号指数

9. 回归分析法

回归分析法是通过研究事物发展变化的因果关系来预测事物发展走向，它是研究变量间相互关系的一种定量预测方法，又称回归模型预测法或因果法，如图 11.8 所示。

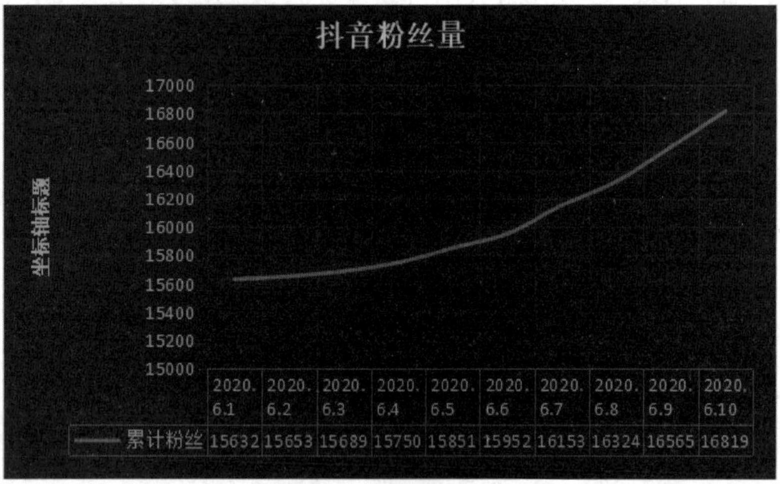

图 11.8　抖音粉丝量

技能点二　新媒体营销数据分析的工具

想要做好新媒体运营，定期复盘内容推送情况是十分必要的，而精准的数据分析工具，则可以帮助我们有针对性地了解当前运营存在的问题，降低运营难度，提升运营效率。

一、数据分析工具

1. 新榜

网址 https://www.newrank.cn/

新榜是一个综合性的内容产业服务平台，在新榜可以搜索到当前比较主流的新媒体平台数据，比如图文为主的微信号、微博、百家号、头条号，以及视频类的抖音号、快手等。

此外，针对数据产生的时间，分为日榜、周榜、月榜 3 种，数据分类也很清晰，包括发布作品数、转发数、评论数、点赞数、新增粉丝数、累计粉丝数等等。 用户可以在平台清晰地看到新媒体平台的整体发展现状，为账号决策提供参考，如图 11.9 所示。

图 11.9　新榜

2. 清博大数据

网址 http://www.gsdata.cn/

清博大数据也是一款比较常用的数据网站，不过它包含的平台数据较少，只有微信、微博和头条 3 个平台的榜单数据，但如果你正好是这几个平台的运营者，那它还是很实用的。

清博数据和新榜一样，将榜单数据分为日榜、周榜和月榜 3 种，不过不同的是，除了账号榜单以外，它还有热文榜单，在这里你可以一键查询到很多爆款热文，及时了解市场爆文情况，为自身的内容创作提供参考。

3. 易撰

网址 http://www.yizhuan5.com/work.html#1-4

易撰是一款很多新媒体创客都在用的新媒体工具，它包含了 19 款主流新媒体平台数据，并根据数据来源及类型做了详细的分类，在易撰你不仅可以详细了解到行业的发展数据，还可以利用它的 8 大核心功能，查询到丰富的内容创作素材，图文、视频等，甚至文章排版都可以帮你解决，此外还有文章查重、爆文标题助手、视频批量下载、去水印等十分实用的小工具（图 11.10）。

图 11.10 易撰

4. 神策数据

网址 https://www.sensorsdata.cn/auto

如果你想做精准的用户画像，那么神策数据很适合你，它拥有多维度满足你的数据实时分析功能，并根据事件分析、漏斗分析、留存分析、分布分析等 8 大分析模型，满足你的数据分析需求，然后根据数据模型作出更加准确的决策分析，调整运营策略，提高运营效果，深度洞察用户行为（图 11.11）。

图 11.11 神策数据

5.GrowingIO

网址 https://www.growingio.com/

GrowingIO 和神策数据一样，也是实时采集用户行为的数据工具，不过它主要适用于网站，它可以针对数据可视化实时出图，帮助你更加直观地了解数据发展情况，洞察用户行为，灵活定制推广方案（图 11.12）。

图 11.12　GrowingIO

6. 新抖

网址 https://xd.newrank.cn/home/index

全方位洞察抖音生态，发掘热门视频、直播，爆款商品及优质账号，有效助力账号运营变现，进行品牌策略投放。100+ 细分品类，曝光、销量、淘客等 5 大评估指标，KOL 带货风向等多维度商品排行，还有商品口碑舆情，14 个维度、5 项排序精准定位日标主播；106 项数据指标全面解读主播热度；秒级追踪每场有价值的直播，记录每个上架商品（图 11.13）。

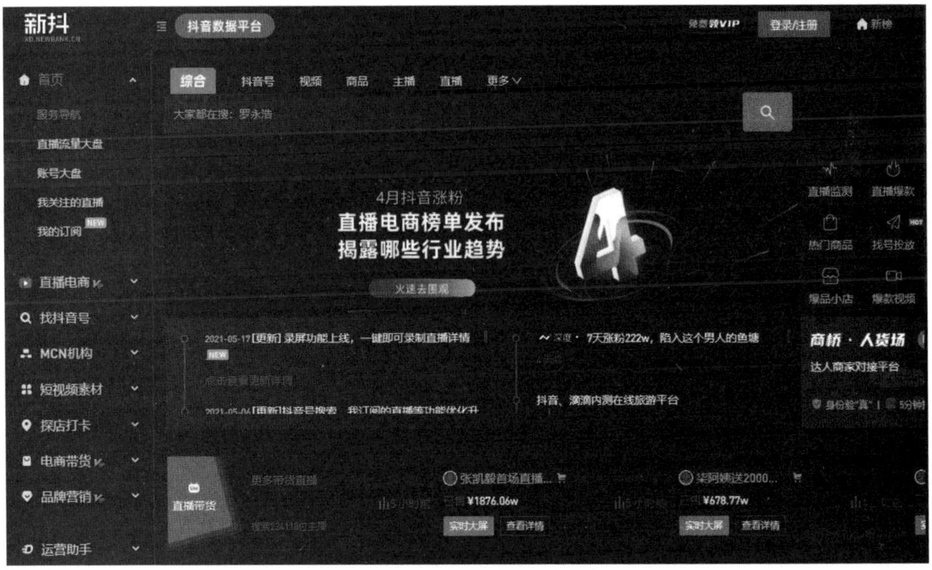

图 11.13　新抖

二、飞瓜数据应用

飞瓜数据是致力于短视频的专业数据分析平台（图 11.14）。提供热门短视频排行榜、直播和电商类数据分析等服务。帮助运营者更好地创作和运营短视频，助力更精准的投放合作。

网址 https://dy.feigua.cn/

图 11.14　飞瓜数据

1. 界面认知

进入飞瓜数据工作台（图 11.15、图 11.16）。

图 11.15　进入工作台

图 11.16　飞瓜工作台

2. 左侧导航栏

左侧导航栏包括直播分析、电商分析、播主查找、热门素材、数据监控、品牌投放、小店推广、我的收藏、工具箱等（图 11.17）。

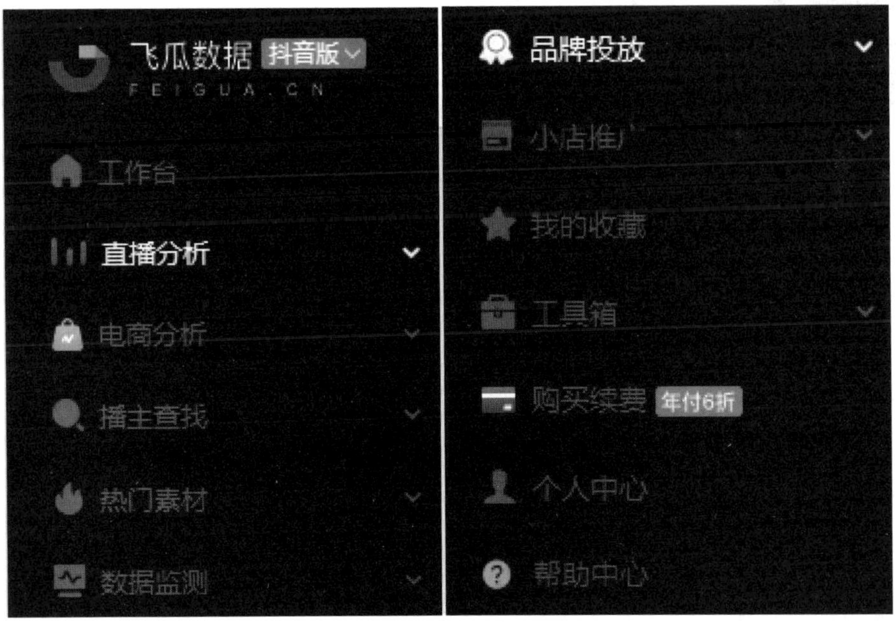

图 11.17　导航栏

3. 搜索框

后台有搜索功能，可搜索播主、商品、小店、直播间等（图 11.18）。

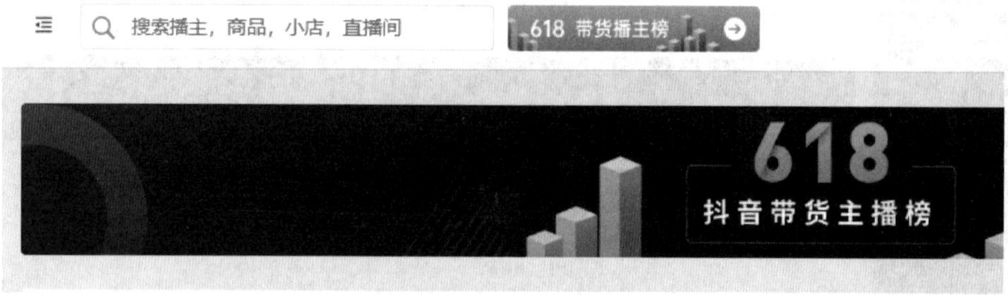

图 11.18 搜索框

4. 通过飞瓜工作台进行直播分析

路径：飞瓜数据工作台→直播分析→带货主播（图 11.19）。

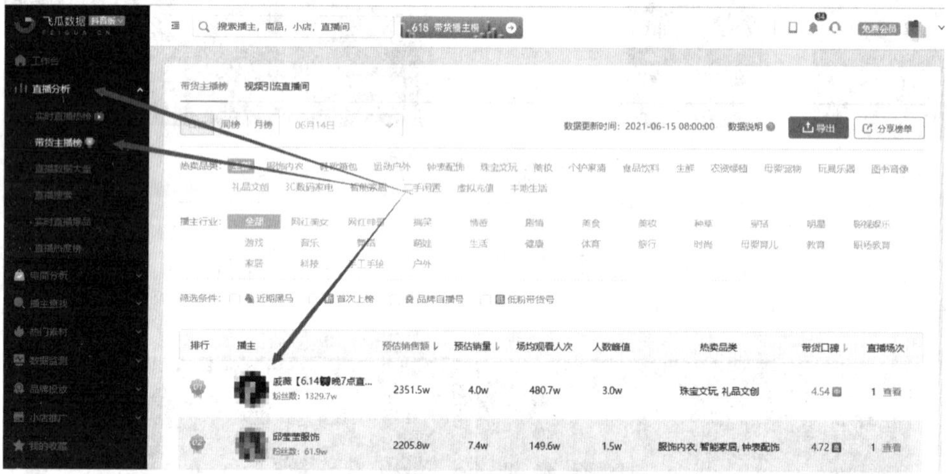

图 11.19 带货主播

（1）进入直播，如图 11.20 所示点击查看进入。

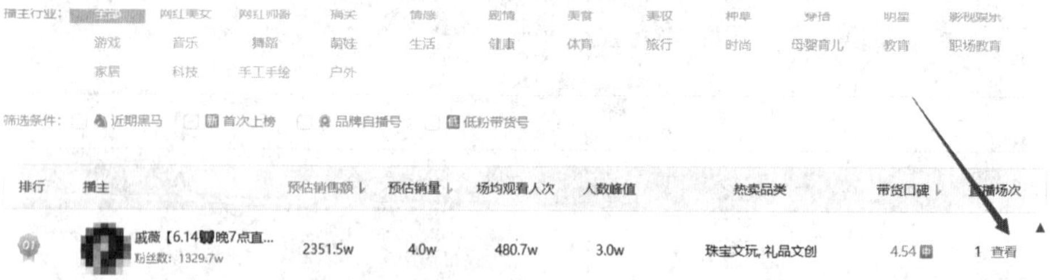

图 11.20 直播场

（2）直播间基本数据查看，如图 11.21 所示。

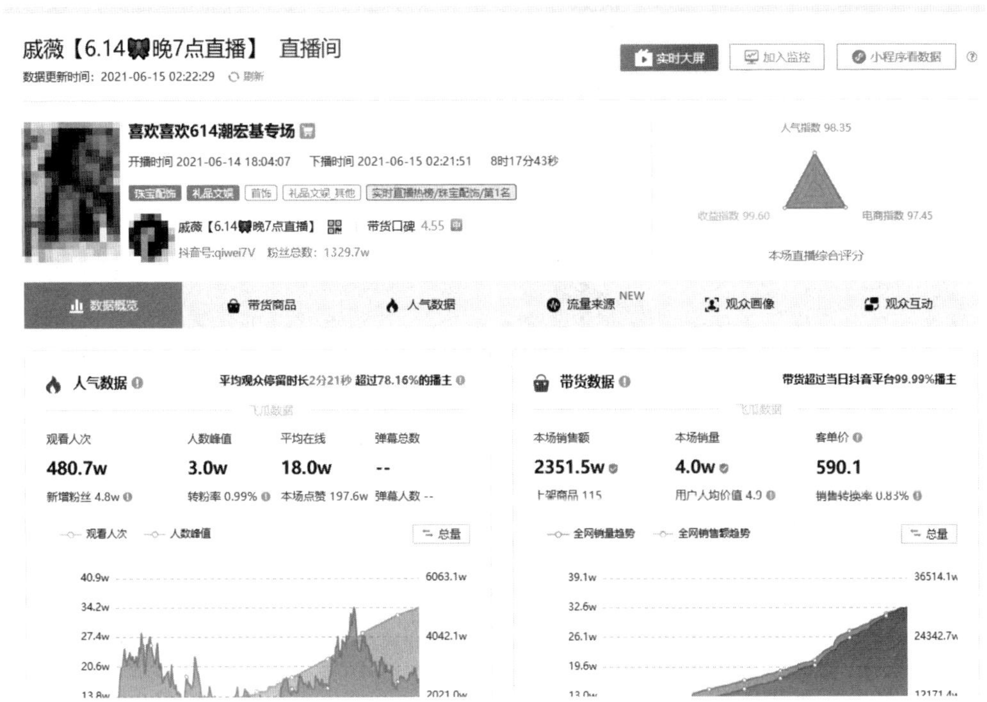

图 11.21　直播间数据

（3）查看带货商品，如图 11.22 所示。

图 11.22　带货商品

（4）分析人气数据，如图 11.23 所示。

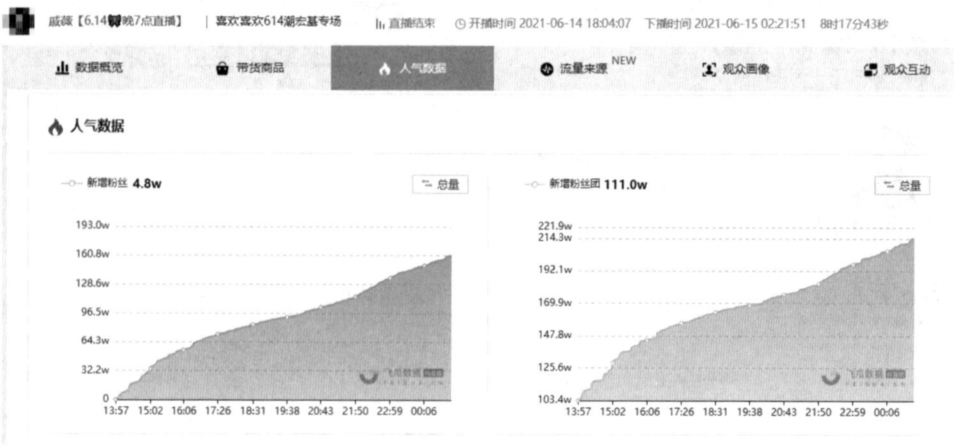

图 11.23　人气数据

（5）分析流量来源，如图 11.24 所示。

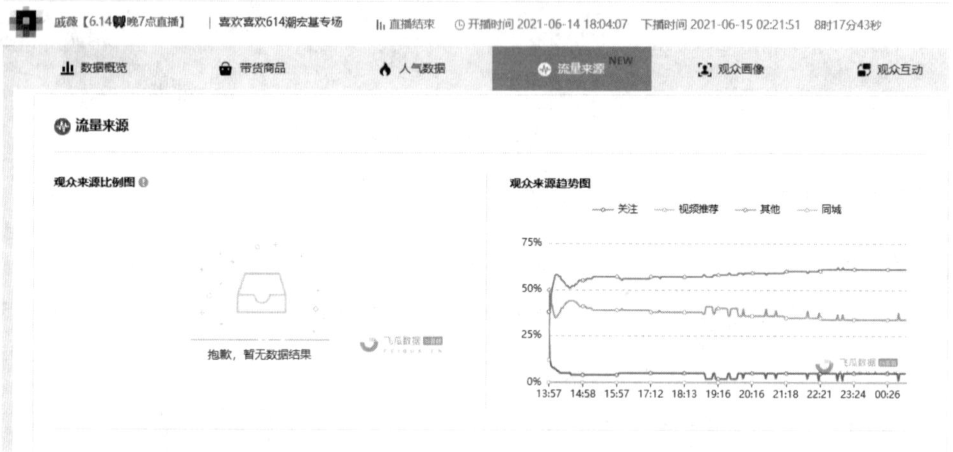

图 11.24　流量来源

（6）分析观众画像，如图 11.25 和图 11.26 所示。

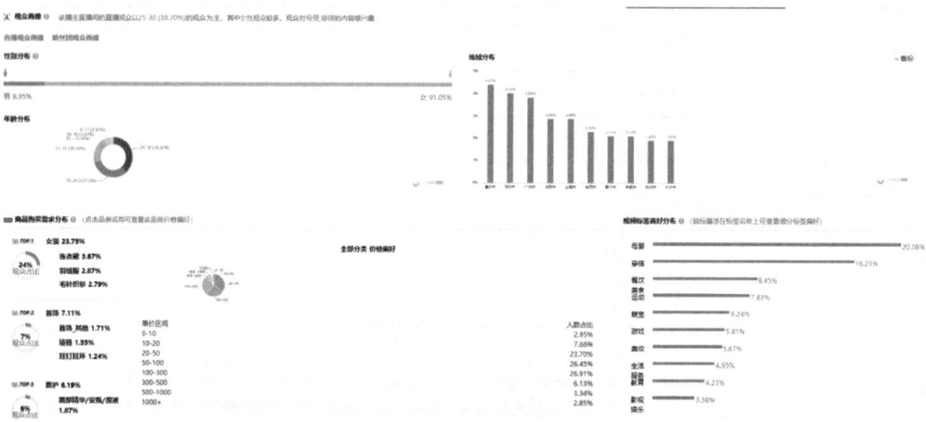

图 11.25　观众画像

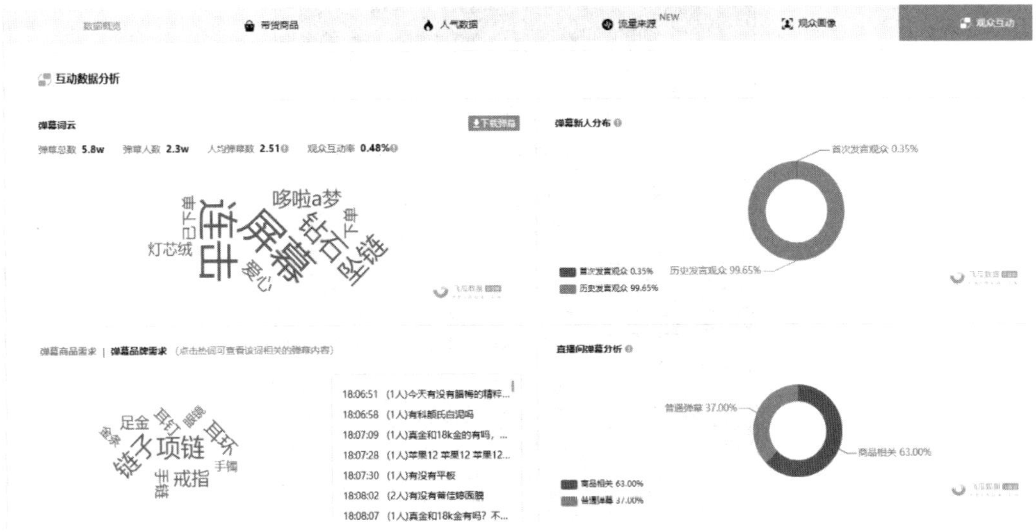

图 11.26　互动数据

任务实施

为某品牌作出其新媒体营销效果的数据分析报告

实训目标

本实训分享蜀中桃子姐（图 11.27）新媒体营销数据分析，结合本项目的知识点，使读者了解新媒体营销的数据分析方式。

案例：蜀中桃子姐新媒体营销数据分析

1. 项目介绍

项目名称：蜀中桃子姐小店数据分析

投放时间：2021 年 8 月 25 日—2021 年 9 月 18 日

投放渠道：抖音

背景 & 目标：如果说 2020 年最火的美食博主，那非蜀中桃子姐莫属。自 2020 年 6 月起，桃子姐的抖音粉丝迎来了爆发性增长，从 6 月到 12 月粉丝数量已经从 300 万涨到了 1 900 万，视频获赞和话题点击率突破亿次，曾有 3 个月涨粉近千万的傲人成绩。

截至 2021 年 2 月，蜀中桃子姐的粉丝已经高达 2 115 万。

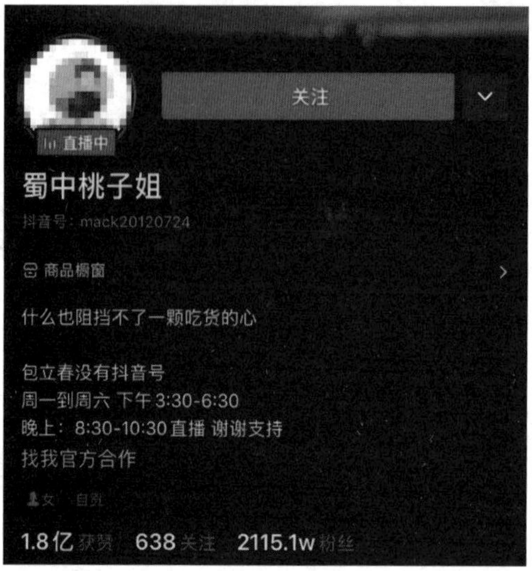

图 11.27 蜀中桃子姐

2. 蜀中桃子姐抖音账号分析

桃子姐的视频中没有精美的滤镜，没有完美的角度，没有豪华的食材，只有农村最真实的生活点滴。简单温馨的一日三餐，烧柴火的农村灶台，与丈夫包立春的日常拌嘴，家庭生活的琐碎，柴米油盐中满满的烟火气。

桃子姐的账号发展以粉丝增长基数为标准可以简单分为两个阶段，2018 年—2020 年 6 月前为账号发展期；2020 年 6 月—2021 年 2 月为账号成长期。

3. 运营分析

桃子姐的成功离不开她自己的坚持，当然也离不开公司的运营。截至 2021 年 2 月，桃子姐在抖音美食赛道中高居前七。在相同的乡村美食赛道中桃子姐位居第二，第一是具有全球粉丝视野，龙头地位不可撼动的李子柒（图 11.28）。

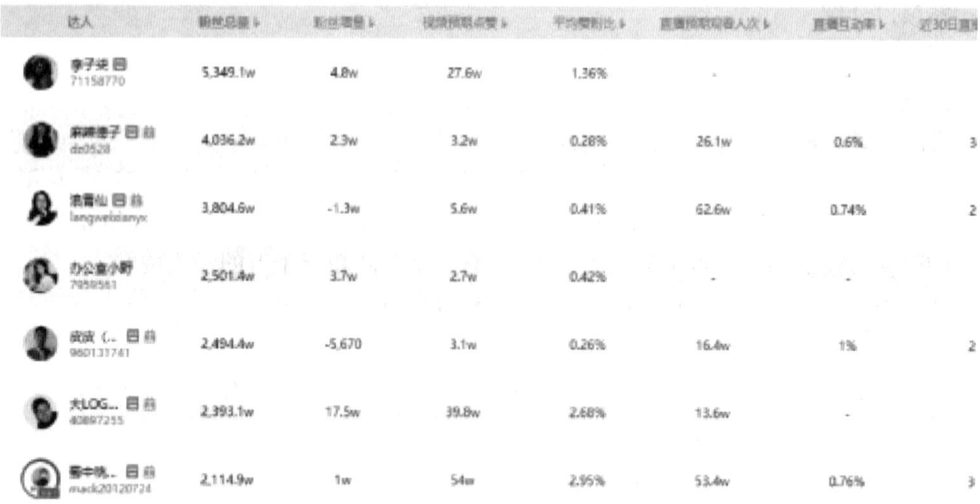

达人	粉丝总量	粉丝增量	视频预期点赞	平均赞粉比	直播预期观看人次	直播互动率	近30日直[illegible]
李子柒 71158770	5,349.1w	4.8w	27.6w	1.36%	-	-	
麻辣德子 dz0528	4,036.2w	2.3w	3.2w	0.28%	26.1w	0.6%	3
浪胃仙 langweixianyx	3,804.6w	-1.3w	5.6w	0.41%	62.6w	0.74%	2
办公室小野 7959561	2,501.4w	3.7w	2.7w	0.42%	-	-	
[illegible] 980131741	2,494.4w	-5,670	3.1w	0.26%	16.4w	1%	2
大LOG... 40897255	2,393.1w	17.5w	39.8w	2.68%	13.6w	-	
蜀中桃... mack20120724	2,114.9w	1w	54w	2.95%	53.4w	0.76%	3

图 11.28 蜀中桃子姐

桃子姐不是没有公司包装跟运营，而是对于桃子姐来说，最好的包装就是不包装。她所要做的，就是尽量还原他们的真实生活，保持纯真质朴的农村风格。所以桃子姐并不是包装出来的人设，公司的包装只是锦上添花而已。真实的人物和生活痕迹才是桃子姐从一众美食教学中体现差异化的核心。

桃子姐的粉丝定位不再是简简单单的想学美食的人，而是生活在农村的人，喜欢和向往农村生活的城市人，在外漂泊思乡的打工人。这样的粉丝定位，让生活在农村的普通人产生了共鸣，从一定程度上弥补了很多城市里生活的人不能回到乡村的遗憾，也慰藉了在外漂泊不能归乡的乡土情。

正因如此，桃子姐才能登上央视的新闻周刊，被央视提名表扬："灶台上的乡愁"。大家看李子柒是在看远方，看中国，看一个美丽的田园画境。而看桃子姐更像是看身边，看熟悉的人，甚至就是看自己的生活。

4. 营销效果分析（图 11.29）

图 11.29　蜀中桃子姐

（1）带货能力强。桃子姐带货以来，带货累计金额已上亿元，每个月带货超百万元。而且桃子姐带货只带自家工厂生产的"蜀中桃子姐"商品，如钵钵鸡调料、麻辣兔头、麻辣萝卜干等。

（2）客单价低。桃子姐是美食教学视频起家，主要销售的都是自家工厂生产的一些调味品产品和四川小吃。这些商品的定价也大多是在十几元左右，所以客单价不高，仅 21 元。对于消费者来说并没有购买门槛。价位低，便于销售走量。

（3）粉丝转化率高。粉丝转化率为 20%，基于 2000 多万的庞大粉丝基数来讲，那么销售转化率为 200 多万人。

5. 利用飞瓜数据分析（图 11.30）

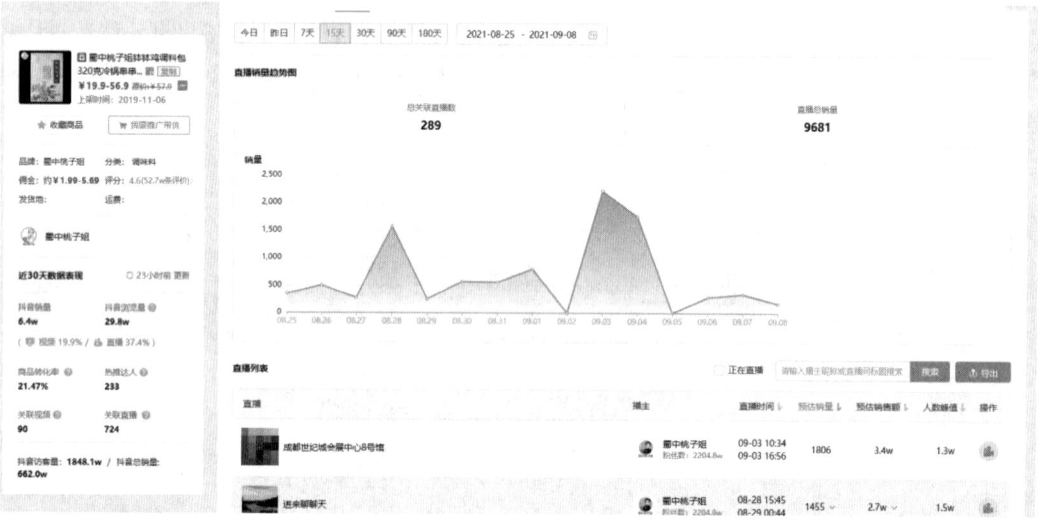

图 11.30　带货直播

桃子姐的粉丝大部分来源于四川，因为桃子姐是四川荣县的美食博主，口味麻辣。所以她卖的商品具有当地特色，美食深受川渝人喜欢。

桃子姐的粉丝主要还是女性为主，有 71% 的女性粉丝且年龄多在 18~35 岁之间，具有一定的购买力。女性粉丝多为家庭厨房的主力，所以她们在做菜做饭时可能会选择购买桃子姐的商品。

任务总结

本项目介绍了新媒体营销数据分析相关知识点，分别从媒体营销数据分析的思路、新媒体营销数据分析的工具任务实践等方面展开学习，以逐条分步的形式帮助读者掌握新媒体营销数据分析的方法和流程，读者学习之后可以对新媒体数据营销数据分析有更好的认识与了解。

英语角

挖掘	excavate
目标	target
总结	summary
分组	grouping
矩阵	matrix
漏斗	funnel
雷达	radar
回归	regression
来源	source
评判法	evaluation method
售卖	sale

任务习题

一、单选题

1. 所有读者阅读文章内容的总数量是指（　　）。

A. 平均阅读量　　B. 读完量　　C. 收藏量　　D. 阅读量

2.（　　）是指用户对内容的点赞、留言等互动的情况，是衡量用户黏性的重要数据。

A. 新增用户数据　　B. 活跃用户数据　　C. 留存用户数据　　D. 用户互动数据

3. 用户画像指标不包括（　　）。

A. 性别　　B. 职业　　C. 外貌　　D. 喜好

4. 活动促销的本质是（　　）。

A. 免单　　B. 秒杀　　C. 折扣　　D. 销售

5. 给产品定价时我们常用到的一个方式是尾数定价，下列哪个不属于尾数定价（　　）。

A.9.9　　B.19.9　　C.159.9　　D.178

二、多选题

1. 通过数据化运营增加新用户的手段和途径有哪些？（　　）。

A. 投放广告　　B. 策划营销活动

C. 制造具有传播性的话题和事件　　D. 产品活动策划

2. 提升用户活跃度的方法有（　　）。

A. 搭建用户模型　　B. 勾勒分类用户画像

C. 激活和召回沉默用户　　D. 完善用户激励机制

3. 一般来说，可以将商品划分为（　　）。

A. 引流款　　B. 利润款　　C. 形象款　　D. 活动款

4. 流量的类型分为（　　）。

A. 免费流量　　B. 付费流量　　C. 站内流量　　D. 站外流量

5. 关键词可分为（　　）几类。

A. 核心词　　B. 长尾词　　C. 修饰词　　D. 品牌词

三、判断题

1. 引流款商品价位较低，利润较少，需要有市场热度，这样才能成功吸引到流量。（　　）

2. 活动能给我们带来的好处是：薄利多销、清库存、打爆款、引流。（　　）

3. DER 动态评分会影响商品在淘宝搜索中的排名顺序。（　　）

4. 尾数定价只能用数字“9”结尾。（　　）

5. 20% 的客户决定企业 80% 收益，即为二八定律。（　　）

四、实践题

1. 新媒体营销数据分析的方法有哪些？

2. 简述新媒体数据分析的流程？